Ralf Gréus

W0331986

MIT DEM WOHNMOBIL INS ELSASS

Die Anleitung für einen Erlebnisurlaub

DER WOHNMOBIL-VERLAG
D-98634 Mittelsdorf/Rhön

Die Deutsche Bibliothek – CIP-Einheitsaufnahme

Bibliografische Information der Deutschen Bibliothek

Die Deutsche Bibliothek verzeichnet diese Publikation in der Deutschen Nationalbibliografie.
Detaillierte bibliografische Daten sind im Internet über <http://dnb.ddb.de> abrufbar.

Titelbild: Strasbourg – Blick von den Ponts couverts (Tour 5)

Neu bearbeitete 4. Auflage 2008

Karten: alle vom Autor
Fotos: S. 99 von Gisela Gréus, S. 168 unten von Reinhard Korn, alle anderen vom Autor

Druck:
Fuldaer Verlagsanstalt, 36037 Fulda

Vertrieb:
GeoCenter, 70565 Stuttgart

Herausgeber:
WOMO-Verlag, 98634 Mittelsdorf
Position: N 50° 36.696'; E 10° 08.010' (WGS 84)

Fon: 0049 (0) 36946-20691
Fax: 0049 (0) 36946-20692
eMail: verlag@womo.de
Internet: www.womo.de

Autoren-eMail: Greus@womo.de

ISBN 978-3-939789-06-2

Inhaltsverzeichnis

Zeichenerklärungen für die Tourenkarten

Touren / abseits der Touren

- Autobahn
- 4-spurige Straße
- Hauptstraße
- Nebenstraße
- Schotterstraße
- Wanderweg, Radweg
- S, W, P, B: WOMO-Stellplatz, Wander-, Picknick-, Badeplatz (nicht für freie Übernachtungen)
- 11, 12, 13, 14: WOMO-Stellplatz, Wander-, Picknick-, Badeplatz (geeignet für freie Übernachtungen)

Alle übernachtungsgeeigneten Plätze sind im Text und auf den Tourenkarten fortlaufend durchnummeriert:

- Kirche, Kloster
- Burg, Schloss, Ruine
- Berggipfel (1493 m)
- Ausgr./antik. Bauw.
- Sehenswürdigkeit
- Aussicht, Rundsicht
- Trinkwasser/Dusche
- E: Ver-/Entsorgung
- WC: Toilette
- 24, C: empf./sonst. Camping

GPS: N 50° 36.382' E 10° 07.125'

Gebrauchsanweisung

Das Elsass gehört zu den beliebtesten Kurzurlaubs-Zielen, die man von Süddeutschland in wenigen Stunden erreichen kann. Entsprechend umfangreich ist auch die Reiseliteratur, zu der im Jahre 1990 die erste Auflage unseres Buches noch hinzu kam, das auch in der jetzt überarbeiteten Fassung natürlich die wohnmobilistischen Aspekte dieses Teils Frankreichs besonders beleuchtet. Ich berichte Ihnen auch jetzt wieder von meinen Fahrten, bei denen mich diverse Freunde und Familienmitglieder begleitet haben. Sie werden also einen Reiseführer lesen, in dem das Subjektive ähnlich viel Raum einnimmt, wie die üblichen Ortsbeschreibungen. Neben rein praktischen Ratschlägen möchte ich Ihnen eine Gebrauchsanweisung in die Hand geben, mit welcher sich Ihre Fahrten nicht nur im Abklappern von Sehenswürdigkeiten erschöpfen.

Ich gehe davon aus, dass Sie das Elsass vor allem für die Dauer eines Kurzurlaubs besuchen. Sie können dann nicht das ganze Elsass bereisen, sondern müssen sich für einen kleinen Teil entscheiden und andere Gebiete für das nächste Mal aufheben. Schlagen Sie sich ein zu großes Programm von vornherein aus dem Kopf! Wenig ist mehr. Lieber besuchen Sie drei Dörfer als eine ganze Region, und eine einzige Dorfkneipe ist oft tausendmal besser als drei Gourmet-Tempel im Konsumrausch.

Das Elsass eignet sich natürlich auch für einen ganzen Urlaub. Gerade bei den Arbeiten für dieses Buch und seine Folgeauflagen ist mir bewusst geworden, dass ich selbst noch Monate dort verbringen könnte, um jeden Tag auf's Neue den Reizen dieses wunderbaren Landstrichs zu erliegen.

Damit Sie Ihre Ziele leicht finden, sind diese, wie in allen WOMO-Führern, übersichtlich in Touren gegliedert, wobei Sie aber schnell merken werden, dass ich gelegentlich etwas mogeln musste, denn nicht immer haben wir die Touren so in einem Stück durchgezogen, wie ich diese literarisch darstelle. Und vor allem werden Sie merken, dass ich das Elsass natürlich nicht vollständig bereisen und beschreiben konnte. Zwar taucht ein Großteil der bekannten Ziele in diesem Buch auf, aber insgesamt liefere ich Ihnen nur eine subjektive Auswahl, bei der ich besonders den Aspekt des Kurzurlaubs berücksichtigt habe.

Dabei kommen natürlich die **Bau- und Kunstdenkmäler** nicht zu kurz, wobei Sie aber bitte daran denken, dass ich nicht mit den Kunstreiseliteraten wetteifern möchte. Die angegebenen **Öffnungszeiten** und noch mehr die **Preise** haben ein sehr kurzes Verfallsdatum, sie dienen hauptsächlich einer groben Orientierung.

Zur Fahrt ins Elsass gehört auch der Besuch im **Restaurant** oder in der **Winstub** (Weinstube); das Elsass wäre ohne Gaumenfreuden nicht das Elsass. Ich nenne Ihnen daher gute Restaurants, und zwar ausschließlich solche, die wir auch selbst erprobt haben; schlichte und noblere, billige und teure. Häufig informieren wir Sie über das Preisgefüge und zumeist auch über die (mitunter von Jahr zu Jahr wechselnden) Ruhetage.

Wer schon einmal in den Vogesen **gewandert** ist, weiß, dass zum Elsass auch das Erlebnis zu Fuß gehört. Es braucht ja nicht gleich eine ganztägige Wanderung zu sein. Bei Ihnen ist vielleicht nur ein Spaziergang von zwei Stunden drin, bei dem auch Ihre Kinder nicht meutern. Kein Problem, wir führen Sie auf den schönsten Wanderwegen und erzählen Ihnen auch von unseren Spaziergängen. Ich nenne Ihnen die erforderliche Wanderkarte (häufig geht es auch ohne, weil die Markierungen erstaunlich gut sind) und die von uns benötigten Gehzeiten. Damit ich im Text die gehfaulen Leser nicht quäle, und damit diese leichter weiterlesen können, sind längere Beschreibungen von Wanderstrecken grün unterlegt.

Aber deswegen haben Sie diesen Reiseführer nicht gekauft. Sie planen eine Reise mit Ihrem Wohnmobil und erwarten nun von uns Vorschläge für **Stellplätze**. Wir helfen Ihnen dabei, und häufig haben wir die Plätze sogar fotografiert. Sie sind farbig hervorgehoben, damit Sie hinterm Steuer nicht lange blättern müssen: Blau sind die wenigen Badeplätze, grün die Wanderparkplätze, rot die Picknick-Plätze, an denen zumindest Bänke und Tische für Sie installiert sind, und gelb ist der große Rest, auf dem Sie, wie auf allen vorgenannten, übernachten können. Für alle gilt, dass sie nicht ausnahmslos für Wohnmobile im Lastwagenformat in Frage kommen, wenngleich wir meistens auch auf die möglichen WOMO-Größen eingehen (wobei es sehr schwierig ist, sich nur in der Vorstellung in ein Wohnmobil größerer Dimensionen zu setzen - Maßangaben sind daher nicht mehr als eine grobe Schätzung). Manche unserer Tipps sind Fahrzeugen mit einem Gesamtgewicht über 3,5 to nicht zugänglich, weil einige von uns genannten Strecken für LKW verboten sind (zumeist um Lastwagen aus Wohngebieten fern zu halten). Bitte beachten Sie auch, dass sich nicht alle Plätze - ebenso wenig wie die empfohlenen Campingplätze - für jede Jahreszeit gleichermaßen eignen. Bei unseren Reisen haben wir uns beispielsweise im Herbst für Stellen begeistert, die uns aus verschiedenen Gründen im Sommer kaum aufgefallen sind. Wir berichten Ihnen, wenn die Plätze einsam liegen, und den Übervorsichtigen sagen wir meistens, welche Plätze »offiziell«, also von der Gemeinde oder privaten Betreibern, eingerichtet und beschildert worden sind.

Zusätzlich haben wir die **Positionen** aller Stellplätze angegeben. Einzelheiten dazu finden Sie hinten bei den Tipps unter der Überschrift *GPS*.

Mit anderen Autoren des Verlages habe ich intensive Diskussionen über die Behandlung der **Campingplätze** geführt. Die einen sind der - zutreffenden - Überzeugung, dass Sie diesbezüglich mit dem dicken Wälzer des ADAC besser bedient sind. Durchgesetzt hat sich die Auffassung, dass ein Campingplatz, besonders in einem Urlaub mit Kindern oder wenn Sie für ein paar Tage völlig zur Ruhe kommen möchten, eine Facette des Wohnmobil-Urlaubs ist. Zu einem Wohnmobil-Reiseführer gehört nach unserer Meinung demnach auch die Erwähnung der besten Zeltplätze (zumal wir wissen, dass viele unserer Leser häufiger auf Campingplätzen als frei nächtigen). Die Entscheidung, wo Sie Ihr Haupt betten, ob frei oder gegen in Frankreich maßvolles Entgelt, soll Ihnen überlassen bleiben. Wir bieten Ihnen nur die Auswahlkriterien. Aber ich differenziere nicht nach der sanitären Ausstattung, denn viele von Ihnen ziehen den Sanitärraum des Wohnmobils einer Campingplatz-Dusche vor. Mein Augenmerk liegt auch nicht in der detailgenauen Differenzierung der Campingplatzführer, sondern bei den landschaftlichen und atmosphärischen Reizen. Und ich bitte Sie, nicht zu vergessen, dass sich die WOMO-Führer dem »freien« (das heißt nicht zwingend kostenlosen) Übernachten verschrieben haben. Auch die Campingplätze sind in grüner Farbe aus dem übrigen Text hervor gehoben, und alle Plätze sind nummeriert.

Von einem Wohnmobil-Führer erwarten Sie Angaben über

Entsorgungsstationen und über **Wasserstellen**. Diese werden von uns bei den Stellplätzen, gelegentlich auch nur auf den Touren-Karten genannt. Aber nicht an jedem erwähnten Wasserhahn kann das WOMO mit dem Schlauch befüllt werden. Oft müssen Sie das Wasser in Behältnissen eine gewisse Strecke tragen.

Jeder unserer Touren stellen wir eine Übersicht voran, in der wir Ihnen Übernachtungs- und Campingplätze anbieten, Besichtigungsvorschläge machen, bisweilen eine oder mehrere Gaststätten empfehlen und Sie auf Wanderrouten hinweisen. Die den Touren vorangestellten Angaben sind dann im folgenden Text näher beschrieben.

Die den Touren vorgeschobene **Tourenkarte** soll Ihnen die Orientierung ermöglichen, sie kann aber keinesfalls die professionelle Straßenkarte (eine solche im Maßstab 1: 200.000 oder größer setzen wir voraus) ersetzen. Unsere Karte soll vor allem denjenigen helfen, die Probleme mit den Himmelsrichtungen haben, da diese bei unseren Beschreibungen eine große Rolle spielen. Weil Sie nicht sklavisch den Tourenbeschreibungen hinterherfahren, ist es mit den Hinweisen ‚rechts' oder ‚links' nicht getan, weshalb Sie sich für das Verständnis dieses Buches leider doch etwas mit den Himmelsrichtungen anfreunden müssen. Machen Sie sich bitte mit der Zeichengebung vertraut (siehe Seite 7).

In der hinteren Umschlagseite finden Sie eine **Übersichtskarte** der Touren dieses Buches, die Ihnen ein erstes Verständnis darüber verschafft, in welchen Teilen des Reisegebietes die einzelnen Fahrten verlaufen.

Wir haben daher den Touren einen weiteren, allgemeinen Teil hinzugefügt. Wenn Sie also mit diesem Buch verreisen wollen, lesen Sie bitte zunächst die allgemeinen **Tipps** im hinteren Abschnitt vollständig, und folgen Sie erst dann den einzelnen Touren.

Sie wissen, dass weder der Verlag noch ich als Autor dafür einstehen können, dass das Übernachten auf den von uns erwähnten Plätzen erlaubt ist. Genauso wenig übernehmen wir die Gewähr dafür, dass auf unseren Plätzen keine Gefahren, zum Beispiel durch Hochwasser, drohen und dass alle sonstigen Angaben richtig sind. Wie alle Reiseführer enthält auch dieses Buch Fehler, und es wird unaktuell. Eine Restaurant-Empfehlung, erst recht ein Geheim-Tipp, ist kurzlebig, was noch gar nichts gegen das möglicherweise kurze Leben eines Stellplatz-Tipps ist. Sie helfen uns also wirklich sehr, wenn Sie uns schreiben und uns dabei auch Orte nennen, die in diesem Buch (noch) nicht vorkommen. Gehen Sie bitte nicht davon aus, dass uns von Ihren Erfahrungen schon ein anderer Leser berichtet hat. **Wir sind auf die Mithilfe unserer Kunden angewiesen**. Sie unterstützen uns genauso, wenn Sie berichten, dass alles noch so ist, wie wir es beschrieben haben (nichts ist öder als für die Neuauflage tagelang bereits empfohlene Stellplätze abzuklappern, um dann festzustellen, dass sich nichts verändert hat). Wir bitten Sie daher dringend um Ihre Zuschrift an den Verlag oder an

Dr. Ralf Gréus
Bahnhofanlage 18
D 68723 Schwetzingen
Fax: 0049/6221/980531,
e-mail: greus@womo.de

denn ein Wohnmobil-Reiseführer lebt besonders von den Tipps seiner Leser. Um Ihnen das Feedback zu erleichtern, befindet sich am Ende des Buches eine vorbereitete **Antwortkarte** .

Wie in allen meinen Büchern bitte ich Sie ganz besonders darum, die empfohlenen Stellplätze nicht zu übervölkern und sie nicht mit Müll, Abwasser oder gar dem Inhalt Ihrer Toilette zu verunreinigen.

Ein ständig überbelegter Übernachtungsplatz wird auf Dauer gesperrt !! Das ist schlimmer als wenn Sie sich um ein paar Ecken eine Ausweichlösung suchen.

Tragen Sie bitte dazu bei, dass den Stellplätzen noch eine lange Zukunft beschieden ist. Schließlich möchte auch ich dort gerne selbst mal wieder Kurzurlaub machen.

Da ich wegen der Grenznähe zu Deutschland und der Schweiz eine Beschreibung der Anreisewege für entbehrlich halte, wollen wir uns nun den Touren zuwenden, bei denen ich Ihnen viel Freude und den richtigen Draht zu einer wundervollen Kultur- und Naturlandschaft und deren Bewohner wünsche.

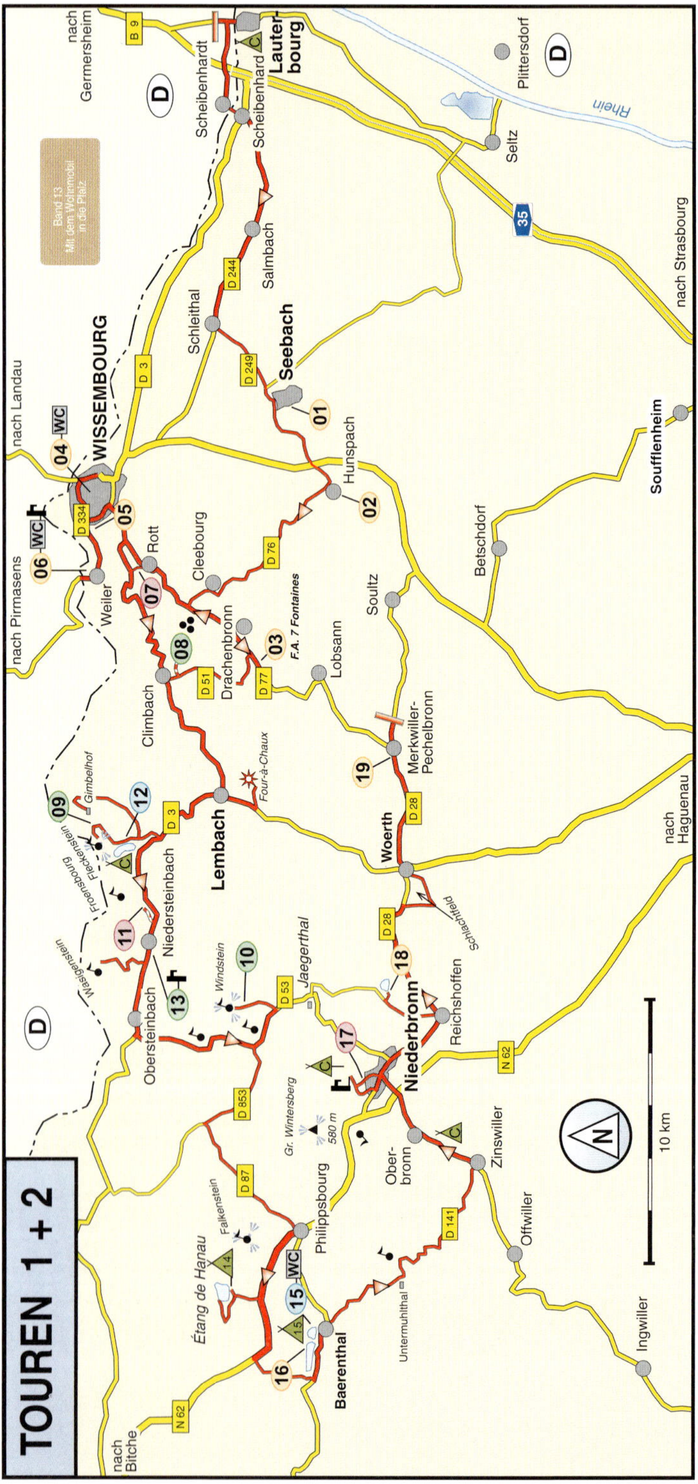

TOUREN 1 + 2
WISSEMBOURG
Lauterbourg
Seebach
Lembach
Niederbronn
Woerth
Soufflenheim
Baerenthal
Philippsbourg
Obersteinbach
Niedersteinbach
Climbach
Drachenbronn
Cleebourg
Rott
Weiler
Hunspach
Soultz
Lobsann
Merkwiller-Pechelbronn
Betschdorf
Schleithal
Salmbach
Scheibenhardt
Seltz
Plittersdorf
Reichshoffen
Jaegerthal
Oberbronn
Zinswiller
Offwiller
Ingwiller
Untermuhlthal
Étang de Hanau
Falkenstein
Gr. Wintersberg
580 m
Windstein
Wasigenstein
Froensbourg
Fleckenstein
Gimbelhof
Four-à-Chaux
F.A. 7 Fontaines
Schlachtfeld
Rhein
nach Germersheim
nach Landau
nach Pirmasens
nach Bitche
nach Haguenau
nach Strasbourg
Band 13
Mit dem Wohnmobil
in die Pfalz
10 km

Die Touren

Tour 1: Kleinode im Norden

Scheibenhard(t) - Seebach - Hunspach - Wissembourg

Stellplätze:	in Seebach, in Hunspach, bei Drachenbronn, in Wissembourg, bei Rott
Besichtigen:	Seebach, Hunspach, Wissembourg
Wandern:	Rundwanderung bei Rott und dem Col du Pigeonnier
Essen:	im Restaurant *La Poële d'Or* in Lauterbourg, Flammenkuchen in der *Rose* in Seebach, in der *Ferme-Auberge Du Moulin des Sept-Fontaines* bei Drachenbronn, Restaurants *Cygne* und *Couronne* in Wissembourg

In Frankreich sähe es inzwischen fast so aus wie in Deutschland, im Elsass sowieso; die Eurobürokraten hätten das verbrochen, lamentieren selbst ernannte Elsasskenner, die neuerdings lieber in der Pfalz ihren Wein schlotzen. Gewiss, die Zeiten ändern sich, der *Döschwo* ist so gut wie ausgestorben, die Autos haben weiße Lichter und an den Duft einer blauen, filterlosen *Gauloise*, daran wie ganz Frankreich früher roch, erinnern sich nur noch die Großväter unter uns. Und nun habe ich mich auch noch maßgeblich an dem neu erschienenen WOMO-Führer über die Pfalz beteiligt.

Der Fachmann weist zurecht auf die globalen Konzerne hin, die den Elsässern dasselbe angetan haben wie uns (allerdings zeugt es von einem verschobenen Tourismusverständnis, wenn man es nur dort schön findet, wo die Menschen noch hinterm Mond hocken). Aber unser Elsassexperte hat dennoch keine Ahnung, vielleicht ist er auch nur mit der falschen Literatur unterwegs. Um Ihnen das zu beweisen, müssen wir Sie in der nordöstlichen Ecke des Elsass lediglich an den richtigen Einstiegsort in ein Reisevergnügen führen, das Sie süchtig machen könnte und vermutlich auch machen wird:

Fahren Sie an **Lauterbourg** vorbei. Das Städtchen (schöner Blumenschmuck im Sommer) ist deutscher Klientel eigentlich nur wegen des Supermarktes (mit riesigem Wein- und Delikatessenangebot) und des **Restaurants *La Poële d'Or*** *(Tel. 03 88 94 84 16; mittwochs und donnerstags, im Januar sowie Anfang August für 10 Tage geschlossen)* bekannt, die ganz genau weiß, weshalb sie gerade mal den großen Zeh nach Frankreich gestreckt hat.

Gönnen Sie sich einen kleinen Umweg und wählen Sie den »Grenzübergang« in **Scheibenhardt/Scheibenhard**, einer Ortschaft mit einem Namen in zwei Ländern. Die Grenze verläuft ziemlich genau durch die Mitte des Dorfes, und als es noch Zöllner gab, saßen die Hüter beider Nationen in einem Häuschen zusammen. Der kleine, zweigeteilte Ort ist völlig unbedeutend. Jedoch für den, der französische Lebensart im direkten Vergleich spüren will, wer mit der Nase draufgestoßen werden möchte auf den immer noch existierenden Unterschied zwischen Deutschland und Frankreich, für den hat der Ort eine größere Wichtigkeit als manche kunsthistorische Stätte: Hier sind die Häuserfassaden mit Eternitplatten vernagelt, wo drüben Schwalben an Fachwerkbauten nisten. Hier hat man Vorgärten zementiert, wo jenseits der Lauter Sonnenblumen an alten Zäunen festgebunden werden, oder wo mitten im Dorf noch ein wenig Unkraut wuchert. In der Pfalz haben Baumärkte und Schwarzarbeiter schon lange die Runzeln im Gesicht des Dorfes geglättet, das im französischen Teil weder seine schroffen noch seine lieblichen Züge verbirgt. Beim Durchfahren des Dorfes fällt mir jedes Mal die Vorher-/Nachher-Abbildung mieser Werbeprospekte ein, wenn auch jedes Jahr weniger. Und neuerdings fast gar nicht mehr, seit im französischen Teil ein Neubaugebiet mit überwiegend deutscher Population entstanden ist.

Schon im Jahre 1815 gab es beim Wiener Kongress Bürokraten, die ihre Aufgabe darin sahen, die deutsch-französische Grenze zu begradigen und den Jahrhunderte alten Ort inmitten entzweizuschneiden. Seitdem ist Scheibenhard(t) ein Doppeldorf: Kirche und Kindergarten, Kneipe und Bürgermeisteramt und sogar Fußballvereine samt Sportplatz gibt es beiderseits

der *Lauter* (die in der Pfalz *Wieslauter* heißt) auf wenigen hundert Metern gleich zweimal. Nur der (französische) katholische Pfarrer hat doppelstaatliche Aufgaben, er betreut nämlich französische wie auch deutsche Seelen, wenngleich von ihm in den letzten 30 Jahren in Scheibenhard(t) keine gemischt-nationale Ehe zu schließen war. Das hat sich auch nach der Öffnung der Grenzen am 1. Januar 1993 nicht geändert, obwohl die Scheibenhard(t)er diesen Tag besonders zu feiern wussten: Ihr Feuerwerk von der Lauterbrücke wurde im deutschen wie auch im französischen Fernsehen gleichermaßen als Sinnbild für das Zusammenwachsen der Völker gefeiert.

Derart eingestimmt dürfen Sie sich nun auf eine beinahe furiose Steigerung freuen, wenn Sie auf der D 244 (also nicht der Hauptdurchgangsstraße) über **Schleithal**, einem malerischen Fachwerkdorf, nach Westen vorstoßen. Denn der Landstrich zwischen Wissembourg und Lauterbourg im Norden sowie dem Hagenauer Forst im Süden ist ebenso bekannt für seine Fachwerkbauten wie kaum besucht, nach unserem Geschmack einer der **schönsten** Teile des ganzen Elsass. So ist es kein Zufall, dass ich häufig meinen ersten Abend in **Seebach** verbringe, einem der malerischsten Dörfer, wo die

Seebach

klassischen Fachwerkbauernhöfe die Jahrhunderte überdauert haben: Auf der einen Seite steht das Herrenhaus, gegenüber haben Magd und Knecht gewohnt, und in U-Form dahinter sieht man die Stallungen und die Scheune. Alles ist mit Fachwerk errichtet, und besonders charakteristisch sind die kleinen Ziegelvordächer, von denen oft mehrere an die Fassade gezimmert wurden. Viele Höfe sind verlassen, einige sind schon stark verfallen, und es ist nur eine Frage der Zeit, bis das Gesamtbild der Dörfer nachhaltig zerstört sein wird. Sie müssen sich also beeilen. Das heute noch sichtbare, über Generationen gewachsene Dorfbild entdeckt man in der hiesigen Form sonst selten und wahrscheinlich irgendwann auch hier nicht mehr.

So hat der Modernisierungszwang auch das **Restaurant *À la Rose*** *(Tel. 03 88 94 75 40)* nicht verschont, seit in der alten Gaststube ein deplazierter Biertresen der Dorfjugend einen Tick von Großstadtflair vermitteln soll. Unserer Liebe zu diesem schlichten Dorfgasthaus hat das neue Möbelstück aber nicht geschadet, denn die **Flammekueche** (Flammenkuchen, *Tartes flambées*), die hier am Freitag- und Samstagabend aufgefahren werden, sind noch wie früher und definitiv die besten weit und breit. Der Flammenkuchen, eine Elsässische Spezialität, besteht aus hauchdünnem Brotteig, auf den Speckwürfel, gehackte Zwiebeln und *Crème fraiche* gelegt bzw. gestrichen werden, in neumodischen Varianten auch Käse oder anderes. Er wird im Ofen (früher neben der offenen Glut - daher der Name) gebacken und auf einem Brett serviert. Man bestellt immer ganze Fladen, die Stücke werden aus der Hand gegessen und zuvor unter den am Tisch sitzenden Freunden oder Familienmitgliedern verteilt. Wenn der erste Kuchen vertilgt ist, bestellt man den Nächsten, und je nach Kopfzahl der Runde kommt so im Laufe des Abends oftmals eine stattliche Anzahl von *Flammekuechen* zusammen. Wir ordern auch eine große Schüssel unnachahmlich mit Knoblauch angereicherten Salates. Dazu gibt es pro Esser eine Gabel - sonst nichts. Im Hinterzimmer der *Rose* kann man auch kultivierter speisen, woran uns aber die Flammenkuchen stets gehindert haben. Die ganze Wirtsfamilie ist auf den Beinen, denn die nette Atmosphäre dieser kleinen Kneipe hat sich herumgesprochen. Man findet sie, wenn man von Norden kommt und dann im Ort Richtung Aschbach und Hatten und an der großen Kreuzung mitten im Ort rechts fährt.

Auch dem Weißwein darf man sich dank eines optimalen Stellplatzes hemmungslos hingeben:

(001) WOMO-Stellplatz: Seebach

GPS: N 48°58.189' E 7°59.098'; *Rue Kamm*; **max.WOMOs**: >5;
Ausstattung/Lage: Gaststätte, Geschäfte, Mülleimer, Ortsrand;
Zufahrt: von Norden kommend 50 m vor der *Rose* (dahin wie im Text

beschrieben) und links der Bank geradeaus auf den Parkplatz der Mehrzweckhalle *(Salle des Fêtes)*; selten ist wegen einer Veranstaltung auch mal Krach, dann sollten Sie sich hinter die Halle stellen.

Besuchen Sie Seebach im Frühjahr oder Sommer und bei Sonnenschein, nur dann kommt die Blumenpracht des Ortes richtig zur Geltung. Gemeinhin gilt aber nicht Seebach, sondern **Hunspach** als das schönste Dorf des so genannten Unterlandes, am Ortseingang kann man auf einem sehr amtlichen Schild sogar lesen, dass man sich in ‚Einem der schönsten Dörfer Frankreichs' aufhält (insgesamt gibt es rund 140 solcher Dörfer, die nicht mehr als 2.000 Einwohner haben dürfen). Der Ort ist auch wirklich romantisch, trotzdem ziehen wir Seebach vor, das ursprünglicher und weniger herausgeputzt wirkt. Wer in Hunspach schlafen möchte, findet den ruhigen

(002) WOMO-Stellplatz: Hunspach
GPS: N 48°57.047' E 7°56.479'; *D 76*; **max.WOMOs**: >5;
Ausstattung/Lage: Mülleiner, Gaststätte, Geschäfte, Ortsrand;
Zufahrt: beim Sportplatz; dem Wegweiser *‚Stade'* folgen,

der allerdings dem von Seebach nicht das Wasser reichen kann.

Bis zur letzten Auflage hatten wir hier einen Abstecher zum Badesse nach **Seltz** und einem schönen Stellplatz am Rhein eingebaut. Aber dann hat uns (wir vermuten auf Betreiben des Campingplatzbesitzers) der Bürgermeister persönlich angeschrieben und gerichtliche Schritte angedroht, wenn wir das Gelände weiterhin empfehlen. Dieser Abmahnung kommen wir glatt nach: Liebe Leser übernachtet bitte nicht in Seltz! Und fahrt am besten erst gar nicht hin!

Auf der Strecke von Hunspach nach Wissembourg machen Sie nur dann einen Fehler, wenn Sie den kürzesten Weg wählen, gar noch den auf der Umgehungsstraße. Sie müssen durch möglichst viele der Fachwerkdörfer fahren, durch Riedseltz oder Steinseltz zum Beispiel. Vor allem müssen Sie (Reiseführerautoren befehlen Ihnen gerne das eine oder andere ‚Muss') schon wieder essen (Sie ‚müssen' mit diesem Buch öfter essen als mit allen anderen Büchern der WOMO-Reihe, aber die führen Sie ja auch nicht ins Elsass), denn an der ultimativen Entenbrust führt einfach kein Weg vorbei, zumal

Sie sich auch schon mal mit einer Variante elsässischer Gastlichkeit vertraut machen können, die Ihnen in den Vogesen häufiger begegnen wird: Sie speisen in einer Ferme-Auberge, einem Bauernhof mit Gastwirtschaft und regionaler Küche aus überwiegend eigenen Produkten. Die *Ferme-Auberge* **Du Moulin des Sept-Fontaines** bei Drachenbronn (an der D 51 zwischen dem Camp Militaire und Lobsann) ist nicht nur ein schönes Beispiel eines ehemaligen Mühlenkomplexes - der Name rührt daher, dass hier bis zum Jahre 1924 sieben Quellen das Mühlrad, welches inzwischen leider abmontiert ist, antrieben -, die Wirtsleute verstehen es auch, traditionelle Speisen zu günstigen Preisen anzubieten *(Tel. 03 88 94 50 90; montags, donnerstags, im Januar und im Februar geschlossen, im Sommer mit Gartenbewirtschaftung; www.auberge7 fontaines.com).* Ihre Kinder werden während des Essens, nachdem sie die *frites* reingestopft haben, nicht nörgeln, sondern sich mit dem zahlreichen bäuerlichen Getier anfreunden. Und wenn Sie frühzeitig am Nachmittag angereist sind, werden Sie sogar einen Stellplatz finden. Zwar eher eine Notlösung, aber wenn Sie am nächsten Morgen die Vögel hören und die Geräusche von der nahen Kuhweide, wenn Ihr Nachwuchs schon wieder mit den Katzen spielt, während Sie noch dösen, haben Sie sich längst mit dem Wegrand angefreundet:

(003) WOMO-Stellplatz: *Moulin des Sept-Fontaines*

GPS: N 48°59.098' E 7°51.102'; *kein Straßenname*; **max.WOMOs**: 2-3; **Ausstattung/Lage**: Gaststätte, Wanderwege, für sehr große WOMOs nicht geeignet, außerorts; **Zufahrt**: auf der D 77 und der D 51 von Drachenbronn nach Lobsann; dann zur Mühle abbiegen, durch das Tor der Mühle oder schon nördlich der Mühle auf ein Zufahrtssträßchen hinter die Mühle; dort muss man sich an den Straßenrand quetschen oder weiter oben, am Waldrand, eine Nische suchen – oder die freundlichen Wirtsleute fragen.

Falls Sie sich schon im Nordelsass mit Wein eindecken möchten, empfiehlt sich ein Abstecher ins benachbarte **Cleebourg**, 6 km südlich von Wissembourg, der nördlichsten offiziellen Weinbaugemeinde im Elsass. Das malerische Straßendorf (500 Einwohner) lohnt sich auch für Biertrinker.

Von hier ist es nicht mehr weit in die Kleinstadt **Wissembourg** (7.300 Einwohner). Der westliche Teil, *Le Bruch*, wurde im 15. Jahrhundert als Stadterweiterung geplant; dieses Viertel und die daran angrenzende Altstadt sind der sehenswerteste Bereich, genauso wie die gotische **Kirche St. Peter und St. Paul** - die zweitgrößte im Elsass nach dem Straßburger Münster - mit ihrer seltsamen baulichen Aufteilung und einem Fresko vom Schutzpatron aller Wohnmobilfahrer, dem Christophorus, ganze 11 m hoch. Wir schlendern durch den beschaulichen Ort und dabei immer wieder entlang der Arme des Flüsschens Lauter. Besonders beeindrucken uns dabei das so genannte **Salzhaus** (*Maison du Sel*) mit seinem hohen, dreistöckigen Dach und das **Palais Stanislas**, das ehemalige Schloss des gleichnamigen polnischen Königs (Näheres über sein Leben in unserem Pfalzführer). Wenn Sie ein bisschen Zeit haben, besuchen Sie doch auch das **Musée Westercamp** *(April bis Ende Dezember Mo, Mi und Do 14-18 Uhr, freitags und am Wochenende auch vormittags; 2,50 €)* nördlich des Rathauses, ein reich verziertes Fachwerkhaus, in dem ein sehenswertes Heimatmuseum untergebracht ist.

Wissembourg

Ob Sie den Stadtbummel mit einem Rundgang auf, neben und unterhalb der Remparts beschließen, der ehemaligen Stadtmauer, schein mir nicht ganz sicher, dass Sie in der **Konditorei *Rebert*** vorbeischauen, erheblich wahrscheinlicher. Farbenfrohere Törtchen werden Sie selten finden, teurere allerdings auch nicht. Aber sie schmecken so phantastisch, dass sich die Sünde gelegentlich lohnt (an der Hauptstraße nicht zu übersehen; wir lassen uns die Kunstwerke immer einpacken, weil das Café eher ungemütlich wirkt).

Falls Sie in Wissembourg mehr suchen als nur Gebäck,

im Schaufenster der Konditorei *Rebert*

empfehlen wir Ihnen nicht mehr das zuletzt enttäuschende Restaurant *Ange*, sondern den ***Cygne*** *(Tel. 03 88 94 00 16; mittwochs und donnerstags mittags geschl.)* besonders, wenn Sie - die Jugend hört mal kurz weg - den Sänger Hannes Wader kennen und mögen. In einem seiner schönsten neueren Lieder, es heißt *Kleine Stadt*, besingt er Wissembourg und den *Cygne*. Gute Flammkuchen gibt es, zumindest am Wochenende, in der preiswerteren, aber keinesfalls lieblosen ***Couronne***.

Erwarten Sie dort keine Franzosen! Denn die grenznahe Kleinstadt ist fest in pfälzisch-badischer Hand. Aber Sie fühlen sich trotzdem in Frankreich und erahnen vieles von unserer Liebe zu diesem Landstrich westlich des Rheins.

Nicht mehr ganz so erfreulich sind die Stellplatzbedingungen, nachdem der schöne Platz am Wasser verboten ist:

(004) WOMO-Stellplatz: Wissembourg *(Stadt)*

GPS: N 49°02.276' E 07°56.920'; *Rue de la Poudrière*; **max.WOMOs**: >5;
Ausstattung/Lage: Toilette, Gaststätten, Geschäfte, Mülleimer, zentral.
Zufahrt: Sie stehen auf dem größten Parkplatz der Stadt; fahren Sie auf der D 334 Richtung Weiler und biegen Sie an der ersten Gelegenheit westlich des Kreisverkehrs bergab zur Stadt hin ab.

Weniger stadtnahe, aber deutlich ruhiger, schöner und vermutlich nicht mal unlauter, ist der Stellplatz an der Lauter wenn man das Verbotsschild auf der nahen Wiese so interpretiert, wie es aufgestellt ist, für die Wiese:

(005) WOMO-Stellplatz: Wissembourg *(Lauter)*

GPS: N 49°02.366' E 7°55.764'; *Rue de la Walck*; **max.WOMOs**: >5;
Ausstattung/Lage: Gaststätte, Schwimmbad in der Nähe, Ortsrand;
Zufahrt: Sie stehen am Rand der Lauter nicht weit vom Schwimmbad und dem Restaurant *La Walck*. Biegen Sie von der D 334 (Richtung Weiler)

zwei Straßen westlich der Route de Bitche nach links ab, wo der Wegweiser für Fahrräder nach Wissembourg weist. Sie fahren entlang der Lauter und gelangen am Rand einer großen Wiese beim Anglerclub auf eine asphaltierte Fläche. *Voilà!*
Wenn Sie noch ein Stück weiter fahren, können Sie alternativ, nun schon eher illegal, auf einem **anderen Platz** in der Nähe des Restaurants *La Walck* (nicht übel) auf dem Asphalt bleiben (das Campingverbot bezieht sich auf die Wiese, den früheren Zeltplatz von Weißenburg). Beide Plätze erreichen Sie auch in umgekehrter Richtung, wenn Sie vom Schwimmbad kommend beim Restaurant vorbeifahren.

Wir haben auch schon in Sichtweite der deutschen Grenze, hinter Weiler, hervorragend genächtigt:

(006) WOMO-Stellplatz: Wissembourg *(Weiler)*

GPS: N 49°02.608' E 7°54.191'; *D 334*; **max.WOMOs**: >5;
Ausstattung/Lage: Toilette, Wasser, Mülleimer, Ortsrand;
Zufahrt: von Wissembourg auf der D 334 durch Weiler Richtung Deutschland (also ganz durch den Ort hindurch); kurz vor der Grenze kommen Sie an einer Wallfahrtskirche mit riesigen Parkplätzen auf beiden Seiten der Straße vorbei, an deren Rand tagsüber sogar Toiletten geöffnet sind.

Als wir uns beim Frühstück gerade frische *Croissants* schmecken lassen (den Bäcker finden Sie in Weiler vom Stellplatz kommend bald auf der rechten Straßenseite), duzt uns der Pfarrer bei einem morgendlichen *»Grüß Gott«*, um dann die Frage anzuschließen: *»Habt Ihr Geld dabei?«* Offenbar machen wir reichlich verdutzte Gesichter, und bevor wir artig nach dem Übernachtungspreis fragen, beeilt sich Hochwürden, hinzuzufügen: *»Hört Ihr nicht den Kuckuck? Ihr müsste schnell Euer Portemonnaie schütteln, dann vermehrt sich das Geld!«*

Auch den Liebhabern freier Hanglagen kann gedient werden, wenn sie sich kein allzu großzügiges Plätzchen erhoffen. Dafür ist die Sicht umso besser:

(007) WOMO-Picknickplatz: Rott

GPS: N 49°01.609' E 7°54.558'; *kein Straßenname*; **max.WOMOs**: 3;
Ausstattung/Lage: Bänke und Tisch, Wanderwege, etwas einsam, sehr schöne Sicht auf Rott, außerorts.
Zufahrt: Fahren Sie von Wissembourg Richtung Lembach, an der Kreuzung auf der Höhe rechts (nicht geradeaus Richtung Rott!); ca. 1 km nach der Kreuzung und noch ca. 200 m vor einem links liegenden Forsthaus zweigt eine kleine Nebenstraße nach links ab. Auf ihr fahren Sie steil bergab. Nun sehen Sie bald rechts Tisch und Bänke, wo mit Unterlegkeilen ein WOMO hinpasst. Fahren Sie noch 30 m nach links, folgt eine kleine Ausbuchtung für etwa 3 Fahrzeuge. Sie kommen auch hierher, wenn Sie in Rott hinter der Kirche bergauf fahren.

Hier (oder auf dem kleinen Parkplatz neben der Kirche von Rott) ist der Ausgangspunkt einer netten, abwechslungsreichen Wanderung:

Mit dem Zeichen des grünen Rings gehen Sie bergauf und folgen ab der D 3 dem Wegweiser zum **Col du Pigeonnier**. Dort nehmen Sie den Weg mit grüner Scheibe, der Sie abwärts führt, vorbei an einem Steinbruch und der Winzergenossenschaft von Cleebourg. Sie überqueren die D 77, gehen noch ca. 800 m ziemlich geradeaus, ehe Sie durch einen kurzen Hohlweg zwischen Wiesen und Feldern zurück nach Rott finden, wo Sie hinter der Kirche das Sträßchen zum WOMO nicht verfehlen können *(2,5 Stunden; Karte: TOP 25, 3814 ET, Haguenau-Wissembourg)*.

Tour 2: Burgen, Weiher und besternte Köche

Lembach - Niedersteinbach - Baerenthal
Niederbronn - Woerth

Stellplätze:	bei Climbach, bei den Burgen Fleckenstein, Froensbourg und Windstein, am Étang de Fleckenstein, in Niedersteinbach, in Baerenthal, in Niederbronn-les-Bains, bei Reichshoffen, in Merkwiller-Pechelbronn
Campingplätze:	am Étang de Fleckenstein, am Hanauer Weiher, am Baerenthaler Weiher
Besichtigen:	Burgruinen Fleckenstein, Wasigenstein, Froensbourg, Windstein, Falkenstein und Wasenbourg; Bunker der Maginotlinie bei Lembach, Museum und Kriegsdenkmäler in und um Woerth
Wandern:	von Niedersteinbach zu den Ruinen Wasigenstein, Froensbourg und Fleckenstein; von Baerenthal über die Ruine Falkenstein zum Hanauer Weiher; Spaziergang zur Burg Falkenstein und zum Weiher von Lieschbach; Spaziergang am See von Baerenthal; Spaziergang zum Großen Wintersberg bei Niederbronn; Rundgang bei den Denkmälern von Woerth
Essen:	Restaurants *Deux Châteaux* in Windstein, *Cheval Blanc* in Lembach, *Cheval Blanc* in Niedersteinbach, *Anthon* in Obersteinbach, *Gimbelhof* bei Lembach, *L'Arnsbourg* in Untermühlthal
Karte:	Seite 12

Bevor Sie über die ausgetretenen Sandsteinstufen von Burgruinen in schwindelnder Höhe oder über die Schwellen von Gasthäusern mit teilweise Schwindel erregenden Preisen treten, ist es vielleicht keine schlechte Idee, einen Sommertag zu vertrödeln. Nichts wäre dafür besser geeignet als die beschauliche Wiese vor der **Kapellenruine** bei der **Climbronn-Quelle** bei Climbach (Erklärungstafel am Parkplatz). Wenn Sie furcht-

Climbach

los oder im Grüppchen unterwegs sind, können Sie auf dem Parkplatz bei prächtiger Sicht auch naturnah übernachten:

(008) WOMO-Wanderparkplatz: Climbach

GPS: N 49°00.843' E 7°51.453'; *kein Straßenname*; **max.WOMOs**: >5;
Ausstattung: Picknickbank, Wanderwege, sehr einsam, teilweise abschüssig, wunderbare Sicht, Wasser an der Zufahrt noch in Climbach;
Zufahrt: in Climbach südlich auf die D 51 Richtung *'Col du Pfaffenschlick'* abbiegen; nach etwa 500 m - beschildert zur Ruine - nach links abbiegen und zuletzt über einen Schotterweg bis zum Waldrand.

Irgendwann jedoch werden die Burgen unvermeidlich, von denen wir uns als Erste die **Ruine Fleckenstein**, nordwestlich von Lembach, vornehmen. Nach der Zerstörung von 1689 (durch die Franzosen – auch dazu Näheres in unserem Pfalzführer) ist zwar nicht mehr viel von der eigentlichen Burg zu sehen, die Ruine zählt gleichwohl zu den spektakulärsten Anlagen des ganzen Elsass, deren Erbauer sich im 12. Jahrhundert einen 43 m hohen, 52 m langen, aber nur 8 m breiten Sandsteinsockel ausgesucht haben, um dort eine Festung zu konstruieren, welche die nächsten 400 Jahre als uneinnehmbar galt.

Burg Fleckenstein

Als unsere Kinder noch im entsprechenden Alter waren, freuten sie sich jedes Mal, weil sie geduckt in langen, dunklen, teilweise elektrisch beleuchteten Gängen »Ritter« spielen konnten. Allerdings durfte man sie keine Sekunde aus den Augen lassen, die Reste der größtenteils aus dem Fels gehauenen Ruine sind nämlich keinesfalls aureichend abgesichert. Wenn Sie in beängstigender Höhe zaghaft am Geländer in den Abgrund blicken, halten Sie Ihre Kinder automatisch an der Hand. Die Besichtigung kostet Eintritt (*10-17 oder 18 Uhr; 2 €)*, dafür dürfen Sie noch ein kleines Museum ansehen und den Nachbau eines mittelalterlichen Lastenkrans, bei dem von einem gigantischen Holzrad ein Seil aufgerollt wurde, an welchem die Last befestigt werden konnte. Um das Rad zu bewegen, mussten Menschen wie bei einem Hamsterrädchen hinein steigen. Im Innern der Burg sieht man noch die Stelle, wo der Kran ursprünglich montiert war.

Auch im 21. Jahrhundert har man hier wieder hochgerüstet, aus einem alten Bauerngehöft wurde unter dem Namen ***P'tit Fleck*** ein *Centre d'Animation* (speziell für Kinder). Das klingt bedauerlich und ist auch so – trotz des löblichen Anspruchs. Zumal der Gigantomanie einer unserer Lieblingsstellplätze zum Opfer fiel. Dafür können Sie heutzutage, gottlob noch in gehörendem Abstand zur Burg, Nippes kaufen, wo früher Wicken rankten. Wer zum ersten Mal hierher kommt, wird sich an der immer noch fantastischen Lage und der schönen Streuobstwiese freuen. Ob man allerdings auf dem Parkplatz, 250 m unterhalb und ziemlich duster im Wald, übernachtet, ist Geschmacksache, eher etwas für laut zechende Grüppchen und scheint mir deshalb gar nicht so unbeliebt:

(009) WOMO-Wanderparkplatz: Burg Fleckenstein
GPS: N 49°02.927' E 7°46.849'; *D 525*; **max.WOMOs**: >5;
Ausstattung/Lage: Wanderwege, einsam im Wald;
Zufahrt: zwischen Lembach und Niedersteinbach dem Wegweiser zur Fleckenstein folgen.

Als kleinen **Spaziergang** empfehle ich Ihnen den Weg vom Fleckenstein zum *Gimbelhof*, auf eine größere Wanderung, an der Fleckenstein vorbei, führe ich Sie weiter unten.

Auch die weiteren Stellplätze werden zunächst zurückgestellt, weil wir auf den Burg-Geschmack gekommen sind, thematisch dabei bleiben und zwischen Niedersteinbach und Obersteinbach den **Wasigenstein** ansteuern, der als die schönste Doppelruine des Unterelsass gilt. In der Schlucht zwischen den beiden Burgfelsen haben der Sage nach die Ritter Hagen von Tronje, König Gunther von Worms und Walther von Aquitanien ziemlich verlustreich gekämpft. Hagen beklagte hinterher die Einbuße eines Auges, Walther die einer Hand, und Gunther humpelte nur noch auf einem

in der Burg Wasigenstein

Bein. Vermutlich kam dann keiner der Loser mehr auf den steilen, in den Stein gehauenen Treppen nach oben, auf denen aber auch gründlich aufpassen muss, wer noch im Besitz aller Gliedmaßen ist *(kostenlos)*.

Da wir uns mit den Sandsteinfestungen aus der Stauferzeit beschäftigen, noch drei weitere: Die **Froensbourg** zwischen Wasigenstein und Fleckenstein kann nicht direkt angefahren werden, auf ihrem Parkplatz verbringen wir gerne die Nacht am gelöschtem Grillfeuer (dazu später); man darf sie auslassen, sie gehört nicht zum Wohnmobil-Elsasswochenende-Pflichtprogramm.

Blick von der Ruine Windstein (Stellplätze bei den Pfeilen)

Sehenswerter sind die beiden **Ruinen** von **Windstein** südlich von Obersteinbach kurz vor **Jägerthal** (mit dem romantischen Gemäuer einer alten Schmiede). Ihre steilen Sandsteinsockel dienen häufig Kletterern als Herausforderung, und unterhalb eignet sich ein Parkplatz vorzüglich für die Nacht; eine Stelle, genau wie man sie wünscht: fast eben, in freier Natur, zwei bis drei Häuser in Rufweite, aber doch weit genug entfernt, und mit einer wunderbaren Sicht über das nordelsässische Hügelland ins Tal. Noch toller ist der Parkplatz des **Restaurants *Deux Châteaux*** *(Tel. 03 88 09 24 41)*, einer der schönsten Gasthausparkplätze im Nordelsass. Dass man in genanntem Lokal vorher zu Abend essen sollte, ist kein allzu schlimmer Tribut. Der Flammkuchen (samstags und sonntags) ist lecker und preiswert wie auch die anderen schlichten Speisen. Der Wirt hat nur ein wenig säuerlich genickt, als wir um seine Erlaubnis zur Übernachtung baten (weil auch einige Nichtesser und Nichtfrager dort standen - was ihm auf Dauer seinen Laden und uns Essern den Stellplatz ruiniert). Aber er verkauft allen am nächsten Morgen frisches Baguette:

(010) WOMO-Wanderparkplatz: Windstein

GPS: N 48°59.708' E 07°41.002'; *Rue des Châteaux*, **max.WOMOs**: >5;
Ausstattung/Lage: Gaststätte, Wanderwege, im Ort;
Zufahrt: biegen Sie von der D 53 zum Château de Windstein ab und nehmen Sie an der nächsten Gabelung das linke Sträßchen; es geht nun steil bergauf, ehe Sie nach ein paar hundert Metern rechts ein blaues Parkplatzschild entdecken.
Noch schöner ist der **im Text beschriebene Parkplatz** beim schlichten Gasthaus *Deux Châteaux* oben an der Ruine. Hier hat aber der Wirt ein Reservierungsschild für seine Gäste angebracht - Näheres siehe im Text.

Wer die Grillade über eigener Kohle fremdgefertigten Flammkuchen vorzieht, wählt besser einen Picknickplatz, der zugleich Parkplatz der Froensbourg ist, drei Kilometer östlich von Niedersteinbach. Dort ist zwar die Sicht nicht so schön, dafür gurgelt der Bach, und wenn nicht schon die Anderen vor Ihnen angereist sind, steht Ihnen sogar eine gemauerte Feuerstelle hinter Bänken und Tischen zur Verfügung (wer zu spät kommt, nimmt die eigenen Klappstühle und den eigenen Grill, der ist sowieso sauberer). Als wir dort einst Lammkoteletts brieten, gesellte sich vorübergehend ein vorbeiziehender Hirten mit über 100 Schafen zu uns. Der Abend wurde lang, umso

Schäfer bei der Froensbourg

kürzer die Nacht: Um zehn nach sechs klopfte nämlich ein sehr unfreundlicher Herr an die Wohnmobiltür und erklärt, er sei der Waldhüter. Es sei verboten, im *Forst* zu übernachten (obgleich wir am Rand des Weges standen), er habe sich die Kennzeichen aufgeschrieben, es gäbe nun eine *Büße* vom *Tribünal* in Wissembourg. ***Er*** habe extra einen so schönen Campingplatz gebaut, er deutete dabei in Richtung Lembach, dass er das

Übernachten im Wald (?) nicht mehr dulden könne. Schimpfend stieg er in seinen olivgrünen Citroen. Auf die *Büße* warten wir noch heute, das *Tribünal* von Wissembourg kennen wir nach wie vor nur von außen und den Waldfrevel haben wir mehrfach unbeanstandet wiederholt:

(011) WOMO-Picknickplatz: Froensbourg

GPS: N 49°01.741' E 7°44.040'; *kein Straßenname*; **max.WOMOs**: >5;
Ausstattung/Lage: Bänke und Tische, Grillstelle, Wanderwege, etwas uneben, , außerorts, sehr einsam;
Zufahrt: ca. 3 km östlich von Niedersteinbach gegenüber dem Sportplatz bei einer kleinen Brücke, einer Kurve und einer Schautafel nach Norden von der D 3 abbiegen, dann noch 200 m.

Damals hatte der Waldhüter sogar Recht, denn es gab noch den urigen Zeltplatz am Weiher unterhalb der Burg Fleckenstein (Étang de Fleckenstein). Letzteren gibt es zwar immer noch, aber davor nur den richtigen **Campingplatz** an der Abzweigung von der D 3 zur Fleckenstein (Richtung Schönau in der Pfalz); mit Dauercampern von der unverfälschten Sorte: Die Wohnwagenvorzelte sind Wellplastikdächern und Holzseitenwänden gewichen, die Räder wurden durch Backsteine ersetzt und gegen die Langeweile kämpft ein Meer von Satellitenschüsseln. Es gibt aber auch einen kleinen Bereich für mobile Camper. Der Naturplatz weiter hinten ist leider seit Jahren geschlossen. Zu sehr wurde er von grölenden Jugendlichen und Freudenfeuern verschandelt. Aber der Badetag am Weiher, in dem man immer noch wunderbar schwimmen kann und an einem schönen Sandstrand nebst Begleitnacht ist außerhalb des Campingplatzes weiterhin möglich, wenngleich nachts ohne Blick auf's Wasser:

(012) WOMO-Badeplatz: Étang de Fleckenstein

GPS: N 49°01.888' E 7°46.173'; *D 925*; **max.WOMOs**: >5;
Ausstattung/Lage: Toilette (vor dem Campingplatz rechts mit Dusche), Badestelle, tagsüber Diebstahlgefahr, außerorts, nachts leicht einsam;
Zufahrt: zwischen Lembach und Niedersteinbach dem Wegweiser zur Fleckenstein folgen; gegenüber der Campingplatzzufahrt rechts, dann gleich wieder links.

In diesem Bereich des Nordelsass ist die Landschaft, besonders im Frühsommer, wunderschön, und die Dörfer Lembach, Niedersteinbach und Obersteinbach sind in den

Frühling bei Lembach

Ohren eines Feinschmeckers Musik. Kenner bilden folgende Rangordnung: An erster Stelle das *Cheval Blanc* in Lembach, gefolgt vom *Anthon* in Obersteinbach und schließlich das *Cheval Blanc* in Niedersteinbach. Etwa in dieser Reihenfolge liegen auch die Preise. Jedes Lokal hat seinen speziellen Reiz:

Das ***Cheval Blanc*** in **Lembach** empfehlen wir eher dem anspruchsvollen Gourmet *(Tel. 03 88 94 41 86; montags und dienstags, im Februar und im Juli jeweils knapp drei Wochen geschlossen).* Der Meister, Herr Mischler, hat unlängst einen von zwei Michelinsternen verlorenen, auf die Preise hat sich das noch nicht ausgewirkt. Aber seine Leistung zählt immer noch zur Spitzenklasse im Elsass. Und trotz viel *Renommée* wird der Genuss guten Essens nicht vom Getue hochnäsiger Kellner überlagert.

Das ***Anthon*** in **Obersteinbach** ist das steifste der drei Lokale, wenngleich Schwellenängste ebenfalls nicht aufkommen müssen. Auch hier wird Sie die ausgezeichnete Küche ins Schwärmen bringen *(Tel. 03 88 09 55 01; dienstags, mittwochs und im Januar geschlossen).*

Wenn Sie also dienstags speisen möchten, bleibt ihnen nur das ***Cheval Blanc*** in **Niedersteinbach** *(Tel. 03 88 09 55 31).* Hier ruht der Küchenchef, Monsieur Zinck, donnerstags, außerdem macht er ausführlich Urlaub, und zwar in den ersten Dezembertagen, im Februar und zwei Wochen im Juni. An diese Ferien muss sich auch Helmut Kohl halten, der uns in der Vitrine auf dem Foto neben Madame Zinck sen. gut gelaunt und genährt zulächelt. Seine Leibspeise sind die Hechtknödel, meine übrigens auch. In keinem elsässischen Lokal waren wir häufiger, und es vergeht auch kein Jahr ohne Wiederkehr (Sie sehen, es ist ein verdammt harter Job, einen Reiseführer zu schreiben). Das Preis-/Leistungsverhältnis ist noch im Lot,

Cheval Blanc mit vorderem Stellplatz

man ist immer zufrieden und kulinarisch geht die Kurve seit Jahren nach oben. Und es gibt noch zwei unschätzbare Vorteile: Im Haus befindet sich auch eine traditionelle Weinstube, wo wir schon manchen Abend beim Tratsch mit Niedersteinbachern und einem kühlen Bier beendet haben. Außerdem können Sie wirklich problemlos seitlich des Lokals übernachten. Der Parkplatz ist geräumig, mit viel Grün am Rande, genauso wie der Bereich 150 m weiter östlich:

(013) WOMO-Wanderparkplatz: Niedersteinbach

GPS: N 49°01.943' E 7°42.440'; *D 3*; **max.WOMOs**: >5; **Ausstattung/Lage**: Gaststätten, Wanderwege, Ortsrand; **Zufahrt**: an der D 3 in Niedersteinbach beim Hotel *Cheval Blanc*; bitte weichen Sie auf den **weiteren**, großen Parkplatz etwa 150 m Richtung Obersteinbach aus, wenn schon zu viele WOMOs seitlich des Lokals stehen.

Wenn wir aber auf die hohe Küche pfeifen und wenn wir in schöner Landschaft speisen möchten, kurven wir zum ***Gimbelhof***, einem gastronomisch bewirtschafteten Gehöft nordwestlich von Lembach (biegen Sie zwischen Lembach und Niedersteinbach, zum Campingplatz ab, Richtung Deutschland, und dann gleich wieder nach rechts - Wegweiser). Allein schon der Blick zur Fleckenstein und die schöne Lage sind die Reise hierher wert, vor allem, wenn man im Sommer zum Kaffee oder zur Vesper draußen sitzen kann; aber nicht zum richtigen Essen, das nur innen serviert wird. Dafür stehen aber auch schon mal Reisebusse auf dem Parkplatz, deren Fahrgäste sich aber zumeist in einem eigenen Spei-

Gimbelhof

sezimmer die Bäuche voll schlagen. *(Tel. 03 88 94 43 58; montags und dienstags geschlossen; toller Kinderspielplatz).*

Alle Lokale dieser Gegend haben gemeinsam: Man kocht französisch mit elsässischem Einschlag für deutsche Esser. Auf den Parkplätzen sind Autos mit einheimischen Kennzeichen fast die Ausnahme, und ohne telefonische Reservierung bleibt man am Wochenende draußen vor der Tür.

Beim *Cheval Blanc* in Niedersteinbach sollten Sie die für diese Gegend klassische Wanderung beginnen:

Laufen Sie am Rand der D 3 bis zu den ersten Häusern von Obersteinbach. Dort geleitet Sie dann eine Markierung mit einem roten Kreuz rechts durch ein Tälchen hinauf zur Ruine Wasigenstein, wo es dann über den Zigeunerfelsen zur Ruine Froensbourg und vorbei am Lembacher Badeweiher zur Fleckenstein (beschildert) weiter geht. Zurück wählen Sie ab dem Weiher den Weg am nördlichen Ufer des Steinbachs. Die Strecke hat eine Länge von etwa 16 km, sie ist mit der Wanderkarte leicht zu finden und beliebig abzukürzen. So kann man vom Weiher direkt nach Niedersteinbach zurück stiefeln. Die Wälder sind pilzreich und ein Eldorado für Steinpilzfreunde *(Karte: 3814 ET, Haguenau-Wissembourg).*

Von Kriegen zeugen nicht nur die vielen Burgen, sondern auch die Verteidigungsanlage **Four à Chaux** (Kalkofen) südlich von Lembach an der D 27, der Straße nach Woerth. Zwischen den beiden Weltkriegen hat man unter dem damaligen Kriegsminister Maginot einen gigantischen Wehrgürtel um Frankreichs Westgrenze gebaut, die Maginot-Linie. Rund 50 Großbunker sollten bis hinunter nach Korsika Schutz vor den Deutschen bieten. Nach den Vorschriften des Völkerbundes durfte die Verteidigungslinie erst 5 km hinter der Grenze beginnen, um nicht einem Angriffskrieg zu dienen. Viel hat die Wehranlage bekanntlich nicht genutzt, der Four à Chaux wurde schon am 1. Juli 1940 den deutschen Angreifern, die von Norden über Holland und Belgien in den Rücken der Verteidiger vordrangen, übergeben. Der Lembacher Verkehrsverein hat vor etwa 25 Jahren vom französischen Militär die Erlaubnis erhalten, Führungen durch den Bauch des Bollwerks zu veranstalten, durch Gefechtsstände, Munitionslager, durch Mannschaftsunterkünfte, die Apotheke, das Lazarett und die Leichenhalle; aber auch durch den ehemaligen Weinkeller und die Küche *(Führungen 1 ½ Std. um 10, 14, 15 u. 16 Uhr, nach Jahreszeit auch mehr oder weniger; 4 €).*

Steht man wieder in der lieblichen nordelsässischen Waldlandschaft, kann man sich die Schrecken jener Zeit kaum noch vorstellen. Und doch ist man nachdenklich, als Deutscher auch unangenehm berührt. Ein wenig Verdrängung muss dann sein; und dafür gibt es in dieser Gegend genügend Möglichkeiten, wie wir bald feststellen werden.

Wir sind an einem langen Wochenende unterwegs und frühstücken an einem lauen Sonntagmorgen im Juni in unserem Auto vor dem *Cheval Blanc* in Niedersteinbach. Ein Teil der Burgen ist besichtigt, was tun? Für unsere Töchter gibt es nur Eines: Sie bestehen auf einem Badetag, und weil unsere Freunde sogar drei Kinder haben, müssen wir Eltern uns in der Minderzahl geschlagen geben und alsbald den **Étang de Hanau** (Hanauer Weiher) ansteuern. Dieser hat in unserem Reiseführer eigentlich nichts zu suchen, er liegt nämlich schon in Lothringen. Aber da die guten Bademöglichkeiten im Elsass rar sind, machen wir eine Ausnahme. Wir wissen, dass das Gewässer Naherholungsgebiet der Westpfälzer und Saarländer ist, weshalb wir an diesem schwülen Sonntag erst gar nicht einen Parkplatz in der unmittelbaren Nähe des Weihers erwarten. Der See ist jedoch keineswegs überlaufen, und der Badetag rundet unseren Kurzurlaub erfreulich ab, ehe uns am Nachmittag ein kräftiges Gewitter zur Heimreise treibt.

Wenn Sie ein paar Tage an diesem Gewässer bleiben und am Ufer stehen möchten, kommt nur der Campingplatz in Frage, der sich beinahe rund um den See zieht. Die Dauercamper belegen zwar die schönsten Plätze, aber sie müssen im Winter abräumen, was den Platz gerade noch erträglich macht, wenn nicht mal wieder feuchtes Holz in großen Mengen verfeuert wird und Schwaden die Unschuldigen räuchern:

(014) Campingplatz-Tipp: Étang de Hanau

GPS: N 49°00.567' E 7°32.413'; **Ortszentrum**: ca. 6 km; **Zeiten**: 1.4. - 30.9.; **Ausstattung**: Bademöglichkeit, Laden, Restaurant (in der Nähe); **Zufahrt**: nordwestlich von Philippsbourg von der N 62 beim Wegweiser abbiegen.

Die von mir früher empfohlenen freien Stellplätze in der Nähe des Sees sind inzwischen für Wohnmobile gesperrt. Vielleicht kann man außerhalb der Saison immer noch auf den dann kostenlosen Campingplatz:

Es ist schon einige Jahre her, und ich bin einem Freund an un-serem alljährlichen Männer-Wanderwochenende unterwegs. Die Campingplatztore sind geöffnet (Zufahrt von Norden an den See), das Leitungswasser ist abgestellt, und wir sind schon am Samstagnachmittag mutterseelenallein. Nur in einem der beiden Gasthäuser am anderen Seeufer erkennen wir in der Dunkelheit ein einziges, beleuchtetes Fenster. Es ist keine Spur mehr von dem sommerlichen Trubel zu spüren, wir haben aber auch Mitte Oktober. Der Herbst beschert uns noch ein paar ungewöhnlich milde Tage, so können wir in der Abenddämmerung sogar unseren kleinen Grill aufbauen. Der einsame Waldsee liegt vollkommen still. Weil schon früh die Nacht hereinbricht, wird es uns sogar ein wenig mulmig. Als dann kurze Zeit später eine Horde Tiere (Wildschweine?) mit lautem Hufschlag direkt an unserem Auto vorbeitrampelt, blasen wir die Petroleumlampe aus und ziehen den sicheren Wohnmobiltisch den um dem See aufgestellten Picknickbänken vor. Eine sehr eindrucksvolle Wanderung liegt gerade hinter uns:

Wir verlassen Baerenthal (dazu gleich) durch die Rue du Ramstein und finden dabei unsere Wegemarkierung, ein weißes Dreieck. Am Waldeingang weist uns eine Markierungstafel zu den spärlichen Überresten der Burg Ramstein, wo wir auf einer in den Stein gehauenen Treppe an der Rückseite der Felsen absteigen. Der Weg führt nun größtenteils durch einen schattigen Laubwald, ehe wir nach einem Wiesengelände auf die Bahnlinie und die Nationalstraße stoßen. Jenseits derselben folgen wir einem Pfad nach rechts zur **Ruine Falkenstein**, die von weitem sichtbar hoch oben auf einer Bergkuppe thront. Nach einem schweißtreibenden Anstieg treten wir durch ein gut erhaltenes Sandsteintor in den Burgbereich ein und genießen dort eine der umfassendsten Aussichten im ganzen Nord-Elsass.

Nach ausgiebiger Erholungspause steigen wir von der Falkenstein wieder ab und folgen dem Wegweiser ‚Étang de Hanau'. Nun kommt der schönste Teil der Wanderung, wir stehen nämlich bald am **Étang de Lieschbach**, den ich Ihnen weiter unten auch als Ziel eines kleinen

Étang de Lieschbach

Spaziergangs ans Herz lege. Wir wandern an der Süd- und später an der Westseite des Tümpels entlang und biegen kurz vor Erreichen des Nordendes nach links auf einen ansteigenden Weg, der uns nach einiger Zeit allmählich wieder bergab zum Hanauer Weiher führt. Auf den Picknickbänken bei dem jetzt im Herbst stillgelegten Campingplatz genehmigen wir uns erst einmal eine ausgiebige Mittagspause, ehe wir am Anfang des großen Parkplatzes nach rechts auf einem Pfad zwischen See und der Umzäunung weiterstiefeln. Wir finden nun einen Pfad mit einem blauen Kreuz, und werfen bald einen Blick auf den charakteristischen Turm der Ruine von **Schloss Waldeck**. Angeblich ist Goethe von

Strasbourg aus hier schon herumgeklettert. Ein sonniger Forstweg geleitet uns nun wieder zur Nationalstraße bei dem Weiler Bannstein, wo wir nach Überqueren der Straße ein Stück nach links gehen, um dann beim Bahnhof die Schienen zu überqueren. Nach dem Forsthaus wählen wir links den breiten Waldweg, ehe wir einen Pfad mit weißer Raute finden, der uns auf einen schmalen Kamm führt. Bald wird die Markierung von einem weißen Rechteck abgelöst, das uns nun abwärts vorbei an zwei Höfen zum westlichen See von Baerenthal geleitet, der in der Nachmittagssonne vom bunten Laub der Herbstwälder besonders malerisch umrahmt wird. Das letzte Stück des Weges entlang dem kleinen Kanal, der die beiden Seen verbindet, ist einer der schönsten Teile der Wanderung, die nach etwa 19 km wieder in Baerenthal endet *(Karten: TOP 25, 3714 ET und 3713 ET).*

Die **Burg Falkenstein** gleicht den anderen nordelsässischen Ruinen, bei allen war roter Sandstein der Hauptbaustoff. Von der Falkenstein hat man den schönsten Blick über die waldreiche Gegend. Sie können die Ruine auch nach einem kurzen **Spaziergang** vom östlich gelegenen Parkplatz des Hanauer Weihers erreichen. Wir raten Ihnen dabei unbedingt zu einem kleinen Abstecher hinunter zum **Étang de Lieschbach** (Foto Seite 34):

Folgen Sie in westlicher Richtung dem Wanderzeichen mit dem blauen Kreuz! Der Spazierweg ist dann auf Hin und Rückweg insgesamt ca. 2,5 km lang. Der kleine, teilweise mit Seerosen und Schilf zugewachsene Weiher ist mit seinen Wildenten eine richtige Natursehenswürdigkeit, die sich Ihnen erst vollkommen erschließt, wenn Sie an seiner Seite entlangwandern.

am westlichen See von Bärenthal

Auch am See von **Baerenthal** können Sie übernachten und baden. Entweder auf dem **Campingplatz** ***Ramstein-Plage*** *(mit Dauercampern, 1.4 - 30.9.)* oder am Ufer des kleineren, direkt bei Baerenthal gelegenen Sees:

WOMO-Bade- und Stellplätze: Baerenthal

(015) östlicher See und Campingplatz

GPS: N 48°58.943' E 7°30.943'; *kein Straßenname*; **WOMO-Zahl**: > 5; **Ausstattung**: Toilette, Wasser, Mülleimer, Gaststätte, Badestelle; im Sommer hat uns schon mal eine Kirmes Bade- und Übernachtungsfreuden verdorben, und **wir sind nicht sicher, ob man hier nachts noch stehen darf**, aber 100 m vorher, vor einer Brücke, liegt links unterhalb der Straße ein kleiner legaler Parkplatz.

Zufahrt: In Baerenthal zum See (Wegweiser *,Camping'*), am Beginn des Wassers gleich links;

(016) westlicher See

Viel schöner stehen Sie am **größeren, westlichen See**, wo Sie aber nur wenige Stellen seitlich der nördlich am See vorbeiführenden Straße antreffen. Dort gibt es keine Bademöglichkeiten.

GPS: N 48°58.934' E 72°30.359'; **Zufahrt**: in Baerenthal Richtung Bitche, zwischen den beiden Seen abbiegen.

Die Landschaft ist wunderschön, und ein **Spaziergang** auf der Nordseite des westlichen Sees entschädigt für die weiteste Anfahrt.

Möglicherweise ist Ihre Stimmung aufgeräumt, vielleicht stehen Ihre Aktien gut oder Sie haben Geburtstag. Eventuell sind Sie auch nur gut betuchte Feinschmecker und haben früh genug reserviert, um in einem Gourmettempel eine kulinarische Liturgie zu feiern. Das **Restaurant *L'Arnsbourg*** - drei Sterne bei Michelin - in **Untermühltal** bei Baerenthal (das nur aus einer Hand voll Häusern bestehende Örtchen liegt im Tal der Zinsel, ziemlich genau auf halbem Weg zwischen Baerenthal und Zinswiller an der D 141) ist für jeden Anlass gut, bei dem man ohne Reue über die Stränge schlägt. Eines der edelsten Restaurants Frankreichs! Entsprechend distinguiert - aber trotzdem angenehm - ist auch die Gaststube, in der ausgesprochen freundliche Kellner ein Feinschmeckermenü allerfeinster Art, vielleicht das beste unserer ansonsten entbehrungsreichen Recherchetouren, zelebrieren, bevor sie dem geschundenen (und stark geschröpften), inkognito reisenden Autor eine gute Nacht in seinem WOMO auf dem gasthauseigenen Parkplatz wünschen *(der Autor ist trotzdem weitergefahren; Tel. 03 87 06 50 85; dienstags, mittwochs, und von Ende August bis Mitte September geschlossen).*

Landschaftlich reizvoll ist das Straßenstück von Zinswiller nach **Niederbronn-les-Bains** (4.500 Einwohner), das wegen seiner Quellen der einzige bedeutende Kurort im Elsass ist. Außerdem haben Sie nur in Niederbronn die Gelegenheit zum erlaubten Glücksspiel. Die Thermalquellen waren angeblich schon in der Römerzeit bekannt und werden auch heute noch rege benutzt. Trotz der Kombination zwischen Badeort und Kasino spüren wir nichts von der befürchteten Großmannssucht. Wegen der hervorragenden Aussicht empfehlen wir eine Fahrt zum Grand (großen) **Wintersberg**, Sie müssen am Ende der Zufahrtsstraße ein kleines Stück zum Aussichtsturm laufen. Die Strecke ist in Niederbronn und auf der Michelin-Karte beschildert. Etwas weiter ist der Weg zur **Wasenbourg** nordwestlich von Niederbronn (2,5 km einfache Strecke).

Wir erwähnen die Kleinstadt aber hauptsächlich deswegen, weil wir dort einen ordentlichen Übernachtungsplatz entdeckt haben, den Parkplatz des Hallenbades von Niederbronn, das übrigens eines von zwei Hallenbädern im Nordelsass ist (das andere liegt in Haguenau). Am Schwimmbad schläft man dann am Waldrand eben und wegen nahe gelegener Häuser auch sicher, wenn nicht mal wieder die Dorfjugend mit Mopeds testet, wer am schnellsten im Kreis fahren kann ohne in Ihr WOMO zu rasen (dann können Sie ein paar hundert Meter weiter unten seitlich der Straße fast genauso gut stehen):

(017) WOMO-Stell- oder Picknickplatz: Niederbronn

GPS: N 48°57.554' E 7°38.301'; *Rue du Nord*; **max.WOMOs**: >5;
Ausstattung/Lage: Mülleimer, Bademöglichkeit, Wanderwege, Grillplatz, schöner Spielplatz, Ortsrand;
Zufahrt zum Parkplatz beim Hallenbad: fahren Sie unten im Ort seitlich des Restaurants *Bristol* halblinks den Hang hoch; an der nächsten Straßengabelung geht es wieder halblinks dem Wegweiser zum ‚*Piscine*' hinterher. Sie können auch schon an der Zufahrt unterhalb des Bades bleiben. Sie kommen fast leichter hierher, wenn Sie westlich von Niederbronn dem Wegweiser zum Campingplatz folgen.
Der von uns früher empfohlene Stellplatz direkt oberhalb des Hallenbadparkplatzes musste einer Straße weichen.

Falls Sie frisches Quellwasser brauchen, müssen Sie auf dem Weg zum Campingplatz (siehe oben beim Stellplatz) ein Stück weitergehen oder fahren (also in nordöstlicher Richtung), Sie kommen dann an einer eingemauerten Quelle vorbei, wo man sich im Sommer auch wunderbar erfrischen kann.

Wer gerne in freier Natur schläft, findet am kleinen Stausee nördlich von Reichshoffen, der leider kein Badesee ist, eine schöne Möglichkeit:

(018) WOMO-Stellplatz: Plan d'eau de Reichshoffen

GPS: N 48°56.820' E 7°40.562'; kein Straßenname; **max.WOMOs**: >5;
Ausstattung/Lage: einsam, Wanderwege, außerorts;

Zufahrt: biegen Sie nördlich von Reichshoffen bei der kleinen Kirche von Wolfartshoffen von der D 53 ab; Sie überqueren eine kleine Brücke, hinter der Sie links bis zum Parkplatz kurz vor dem Staudamm fahren.

Auf dem Weg zurück in Richtung Rheinebene machen wir endlich einmal in **Woerth** Halt, um das **Heimatmuseum** im Schloss des Städtchens anzusehen *(dienstags geschlossen, 14-17 Uhr, im Sommer auch vormittags, Feb., März, Nov. und Dez. nur samstags und sonntags, im Jan. geschl.; 3 €)*. Der kleine Ort ist nämlich in die Geschichte eingegangen, weil hier im August 1870 die französischen Heere vom deutschen Kriegsgegner entscheidend geschlagen wurden. Im Museum hat man mit 4000 handbemalten Zinnfiguren im Mini-Spielzeugformat die Schlachtordnung einer bestimmten Uhrzeit des 6. August nachgebaut. Auf den ersten Blick glauben wir, eine Modelleisenbahnanlage vor uns zu haben. Daneben ist das kleine Museum voll gestopft mit Militaria und Kuriositäten

dieses Krieges. Wenn Sie Glück haben, erklärt Ihnen die Leiterin des Museums jede Einzelheit der Schlachten. Erschreckend ist die Erkenntnis, dass auch vor weit über hundert Jahren schon 140.000 Soldaten in einer einzigen Schlacht gegeneinander kämpfen mussten, knapp 40.000 Franzosen gegen eine Übermacht von 100.000 Deutschen. Dabei wurden etwa 10.000 Menschen getötet und noch mehr verwundet. Noch schlimmer ist die Feststellung, dass man damals zwar schon mit viel Gerät, letztlich aber doch noch Mann gegen Mann gekämpft hat, dem äußeren Anschein gar nicht viel anders als Epochen zuvor. Welche Vernichtungsmaschinerie hat sich der Mensch in den nächsten Jahren mit Hilfe der technischen Entwicklung geschaffen! So versteht sich das Museum auch nicht als Demonstrationsort einer längst veralteten Kriegstechnik, sondern als tragisches Symbol einer unzeitgemäß gewordenen Völkerfeindschaft. Man ist vom Gedanken der *Gloire* abgerückt und hat die von der Bevölkerung auf den Schlachtfeldern aufgelesenen, jahrelang auf Speichern und in Gaststuben aufbewahrten Überbleibsel des Krieges nüchtern ausgestellt und hofft auf die Resonanz dieser Versöhnungsbotschaft. Schauen Sie sich lange die grellen Gemälde der Schlachtszenen an: Preußische und französische Soldaten, ineinander verknäulte Menschen, die sich vor pittoresken Fachwerkhäusern, einem brennenden Kirchturm und vor lieblichen Vogesenhügeln in ihrem Blut wälzen. Und das Gemälde, auf dem der preußische Kronprinz respektvoll an der Bahre seines Gegners, des schon am Anfang des Kampfes gefallenen französischen Generals, steht.

Die Geschichte zwingt uns zu einem **Rundweg**, von Woerth über Froeschwiller nach Elsasshausen und zurück zum Ausgangspunkt (je nach Wegstrecke rund 6 km). Die Gegend um Woerth wird nämlich zu Recht als *»Freilichtmuseum für Wilhelminische Denkmalsarchitektur«* beschrieben. Jedes

Aussichtsturm mit Kanonenrohren bei Woerth

deutsche Regiment hat sich nach der Schlacht ein pompöses Denkmal im Stil der Zeit gebaut, wir finden sogar Gedenksteine für einzelne Offiziere und auf dem Schlachtfeld einen Aussichtsturm, dessen Fensterbogen von Kanonenrohren getragen werden. In neuerer Zeit hat man in der Nähe auch ein französisches Mahnmal errichtet. Wir sehen die großen Denk- und Grabmäler schon von weitem und können sie mit Hilfe der Wanderkarte, auf der mehr als zwanzig eingezeichnet sind, leicht erreichen. Am besten folgt man zunächst mit dem

Auto in Woerth dem Wegweiser zum Schlachtfeld (*Bataille*) des 6. August 1870. Im Verkehrsbüro von Woerth bekommt man auch eine Karte, auf der die Denkmäler eingezeichnet sind. Wegen der lieblichen Landschaft ist dieser Weg, den man auch mit dem WOMO abfahren kann, besonders in Frühjahr zur Zeit der Baumblüte, eines der Top-Ziele im Nordelsass, wenn auch ein ziemlich unbekanntes.

Da wir nun schon historischen Stätten unseren Besichtigungstribut zollen, lassen wir uns auch in **Merkwiller-Pechelbronn**, 6 km östlich von Woerth, das Erdölmuseum nicht entgehen *(Musée du Pétrole; sonntags, im Juli/August auch donnerstags von 14:30-18 Uhr; 3 €).* Bis in die 60er Jahre wurde in der Nähe Erdöl gefördert, wovon noch die alten Pumpen zeugen (im Wald sieht man die Stelle der ältesten Öhlbohrung der Welt - von 1813). Gegen Ende der 30er Jahre konnte man von hier ein Sechstel der von Frankreich zur Benzinherstellung benötigten Menge decken. Kein Wunder, dass die deutschen Besatzer im Krieg für sich förderten, dass aber auch im Jahr 1944 die Alliierten die Anlagen (und den Ort) mit 1.600 Bomben zerstörten. Von einem alten Dorfkern ist also heute nichts mehr zu sehen. Die zerbombten Raffinerien wurden wieder aufgebaut, später aber nach dem Versiegen der Quellen abgerissen. Und wer sie nicht kennt, kann heute die Vergangenheit des Örtchens nicht einmal erahnen. Am Rand des Sportplatzes finden Sie einen akzeptablen Stellplatz:

(019) WOMO-Stellplatz: Merkwiller-Pechelbronn

GPS: N 48°56.394' E 7°49.532'; kein Straßenname; **max.WOMOs**: >5;
Ausstattung/Lage: Gaststätte, Geschäft, im Ort;
Zufahrt: an der D 28 im westlichen Ortsteil beim Sportplatz.

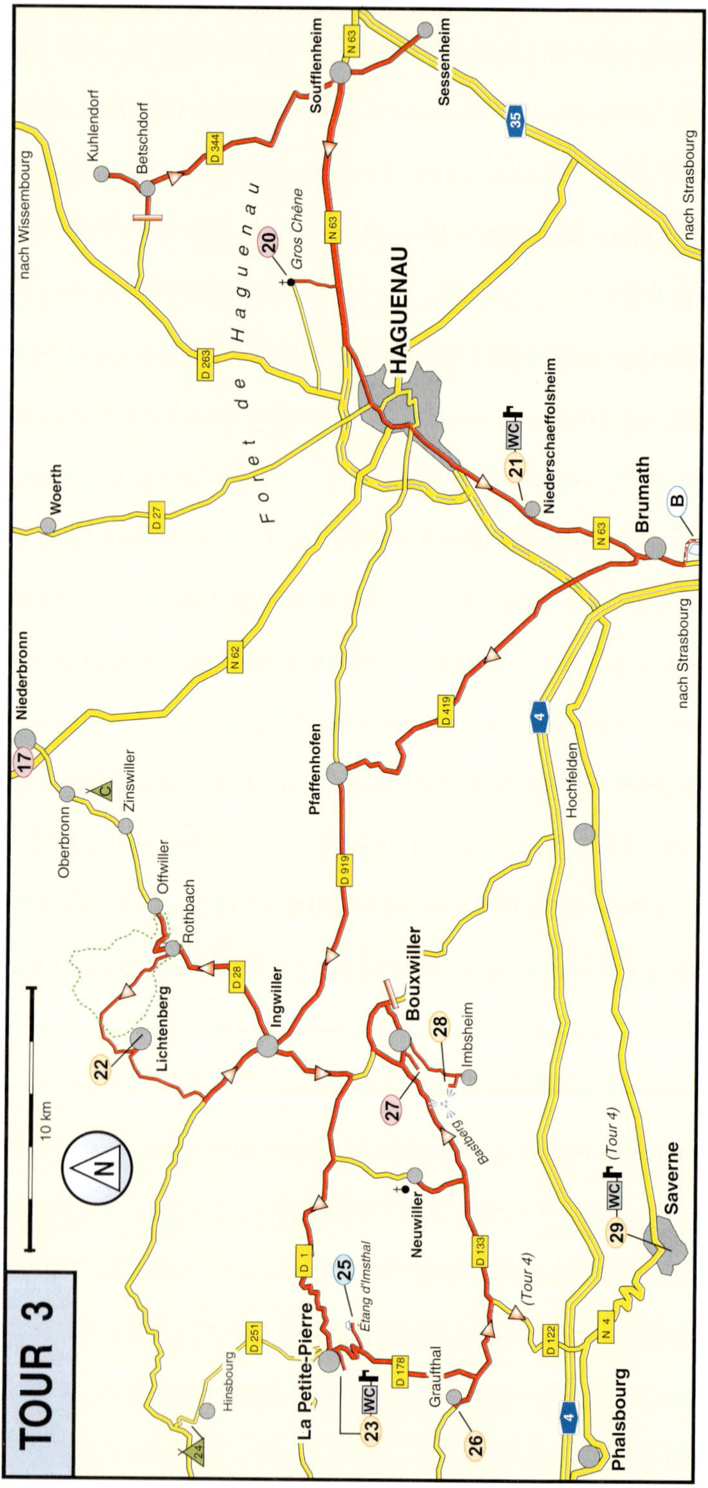

TOUR 3
10 km
N
nach Wissembourg
Kuhlendorf
Betschdorf
D 344
Soufflenheim
N 63
Sessenheim
35
Forêt de Haguenau
20
Gros Chêne
HAGUENAU
D 263
nach Strasbourg
Woerth
D 27
21
WC
Niederschaeffolsheim
Brumath
B
Niederbronn
17
N 62
Oberbronn
C
Zinswiller
Offwiller
Rothbach
Pfaffenhofen
D 419
4
Hochfelden
D 919
D 28
Lichtenberg
22
Ingwiller
Bouxwiller
28
Imbsheim
27
Bastberg
(Tour 4)
Neuwiller
D 133
Saverne
29
D 1
25
Étang d'Imsthal
La Petite-Pierre
23
D 178
D 251
Hinsbourg
24
Graufthal
26
D 122
N 4
Phalsbourg

Tour 3: Ins »Krumme Elsass«

Soufflenheim - Sessenheim - Haguenau - Lichtenberg
La Petite Pierre - Neuwiller - Bouxwiller

Stellplätze:	im Hagenauer Forst, in Niederschaeffolsheim, in Lichtenberg, in La Petite-Pierre; am Weiher von Imsthal, in Graufthal, bei Bouxwiller
Campingplatz:	Naturcampingplatz bei Hinsbourg
Besichtigen:	Töpfereien von Soufflenheim und Betschdorf, Goethe gedenkstätte in Sessenheim, Festung Lichtenberg, La Petite-Pierre, Höhlenwohnungen von Graufthal, Benediktinerabtei von Neuwiller-lès-Saverne, Bouxwiller und den Bastberg
Wandern:	Radtour durch den Hagenauer Forst, von Lichtenberg nach Rothbach, Spazierweg von Bouxwiller zum Bastberg
Essen:	*Boeuf Rouge* in Niederschaeffolsheim, Restaurant *Vosges* in La Petite Pierre, *Auberge d'Imsthal* bei La Petite-Pierre, Restaurant *Cheval Blanc* in Graufthal

Ob man zu dieser Tour unbedingt in der Rheinebene starten muss, oder ob man nicht besser weiter westlich an die 2. Tour anknüpft, mögen Sie entscheiden. Wir jedenfalls beeilen uns südlich von Lauterbourg, um von der A 35 nach **Soufflenheim** abzubiegen, auch wenn uns dort heute die insgesamt 19 Töpfereien nicht mehr vom Sitz reißen. Falls Sie aber zum

Geschirr aus Soufflenheim

ersten Mal durch die Hauptstraße dieses Dorfes fahren, halten Sie unweigerlich an. Vor vielen Häusern sind die typischen Elsässer Schneckenpfannen, Kougelhopf-Formen und Baeckeoffe-Töpfe mit der farbigen Glasur und dem Margeritenmuster, ausgestellt, neuerdings zunehmend auch andere Muster. Angeblich töpfert man hier seit Kaiser Barbarossa (aber doch nicht Schneckenpfannen?), Jahrhunderte für den Hausgebrauch, seit Jahren aber nur noch für die Souvenirläden im ganzen Land, für die Touristenlokale und natürlich für den Direktverkauf, wenn auch zunehmend unzeitgemäßer. Wir haben hier früher so manches Stück eingekauft (wesentlich billiger als an anderer Stelle im Elsass) und dann zu Hause bald zerdeppert. Die Keramik ist nämlich nicht besonders haltbar; passt man nicht auf, verunzieren rasch abgestoßene Ecken die Gefäße und Teller. Beinahe genauso bekannt und deutlich widerstandsfähiger sind die blau-grauen Weinkrüge und Blumentöpfe *(Potiers de grès)*, die in **Betschdorf**, nordwestlich von Soufflenheim auf der anderen Seite des Hagenauer Forstes, gefertigt werden.

Der **Wald von Haguenau**, topfeben und gleichmäßig von schmalen, geteerten Straßen durchzogen, auf denen fast keine Autos fahren, ist sogar an heißen Hochsommertagen für Radtouren wie geschaffen: Auch wenn er unter dem Sturm von Weihnachten 1999 so sehr gelitten hat, dass erst nach Generationen die Wiederaufforstung abgeschlossen sein wird. Satteln Sie trotzdem die Stahlrösser und strampeln Sie eine Weile durch die Reste des schattigen Waldes. Vielleicht schaffen Sie es auch noch ein Stück über die Felder nach **Kuhlendorf**, wo die einzige Fachwerkkirche des Elsass steht, und das auch sonst wegen seiner schönen Fachwerkhäuser ein Augenschmaus ist..

Bei Spaziergängern ist der Hagenauer Forst gleichermaßen populär. Und sogar bei unseren Lesern ohne sportliche Ambitionen. Die parken beim **Forsthaus Gros-Chêne**, einem beliebten Ausflugsort mit großem Kinderspielplatz, Waldlehrpfad und Kneipe (Flammkuchen). Dort erinnert nichts mehr an die ruhigen Zeiten, die den Schutzheiligen des Elsass, den Eremiten St. Arbogast, hier einst einsiedeln ließen, aber man kann im WOMO schlafen:

(020) WOMO-Picknickplatz: Gros Chêne

GPS: N 48°51.038' E 7°51.751'; *kein Straßenname*; **max.WOMOs**: >5; **Ausstattung/Lage**: Mülleimer, Gaststätte, Wanderwege, Spielplatz, Tische und Bänke, große wunderbare Wiese, im Wald, etwas einsam; **Zufahrt**: von der N 419 zweigt ca. 3,5 km östlich von Haguenau auf dem Weg nach Soufflenheim ein Sträßchen nach Norden ab; genauso wie von der D 263 (Wissembourg - Haguenau, dort nach Osten), das jeweils mit *,Gros Chêne'* beschildert ist und auf dem Sie bis zum Gasthaus vorfahren; bei übergroßem Andrang wird kurz vor dem Ende eine Schranke geschlossen und man darf dann nur auf einen einsamen Parkplatz; u.U. ist die Wiese nicht mehr befahrbar.

Aber zurück nach Soufflenheim. Südöstlich davon sollte man nämlich das Dorf **Sessenheim** nicht versäumen. Dort wohnte weiland die Pfarrerstochter Friederike Brion, von Oktober 1770 bis Sommer 1771 Geliebte, oder sagen wir besser Angebetete, des jungen Goethe. Johann-Wolfgang studierte damals in Straßburg Rechtswissenschaften, und ist, so hat er es selbst überliefert, manches Mal mit klopfendem Herzen zur Freundin geritten, um mit ihr in der Gartenlaube des Pfarrhauses vermutlich nicht nur zu plaudern. An die Aufenthalte erinnern heute die Goethe-Gedenkstätte und eine Privatsammlung in der *Auberge Au Boeuf (montags und dienstags geschl.)* Das Pfarrhaus der Brions hingegen existiert nicht mehr.

Mit der viertgrößten Stadt im Elsass, **Haguenau** (Hagenau, 30.000 Einwohner), können wir uns bis heute nicht anfreunden. Vermutlich liegt dies einfach daran, dass sie nicht besonders sehenswert ist. Halten wir ihr zugute, dass sie mehrfach, unter anderem im letzten Krieg durch amerikanische Bomben, stark zerstört worden ist. Dafür gibt es hier das vielleicht schönste Freizeit-Hallenbad im Elsass (*Piscine*; im Süden an der N 63).

Besondere Reize fehlen auch dem Dorf **Niederschaeffolsheim**, 6 km südlich von Haguenau, nicht jedoch dem **Restaurant *Au Boeuf Rouge*** *(Tel. 03 88 73 81 00; sonntags abends und montags, Mitte Juli bis Anfang August geschlossen)*. Das Gasthaus macht von außen eher einen mittelmäßigen Eindruck, wir haben auch schon in gemütlicheren Speiseräumen getafelt, das Essen ist jedoch lecker, und die Preise sind für das Gebotene angemessen.

Der Stellplatz danach ist weniger fein. Wir sind nämlich in der Rheinebene, wo intensiv Acker- und Gartenbau betrieben wird. Zwischen solchen Kulturen findet man nur selten ein verschwiegenes Quartier. So gesehen steht man am Sportplatz von Niederschaeffolsheim gar nicht mal schlecht:

(021) WOMO-Stellplatz: Niederschaeffolsheim

GPS: N 48°46.184' E 7°44.644'; *Rue du Stade*; **max.WOMOs**: >5;
Ausstattung/Lage: meist verschlossene Toilette, Wasser, Mülleimer, Ortsrand;
Zufahrt: am südlichen Ortsende beim Restaurant Boeuf Rouge von der D 263 nach Osten (Wegweiser: *‚Tennis, Stade, Cimetière'*) abbiegen und den genannten Wegweisern bis zum Parkplatz beim Friedhof am nordöstlichen Ortsrand folgen.

Wie würde die Gegend aufgewertet, dürfte man am **Baggersee**, 7 km weiter im Süden, bei der Autobahnabfahrt Brumath, übernachten. Das Gelände um den See ist aber konsequent eingezäunt und muss während der Woche bis 20 Uhr und am Wochenende bis 21 Uhr wieder verlassen werden. Bis dahin kann man in dem weitläufigen Areal gleichwohl einen sehr schönen **Badetag** verleben, vielleicht beim Grillen, Ballspielen oder auch nur zum Sonnenbaden *(Zufahrt südlich von Brumath seitlich der N 63, Wegweiser ‚Plan d'eau'; GPS: N 48° 42.440' E 7°43.313'; 5 €/Tag; Toiletten, Dusche; Wasser).*

Am späteren Nachmittag könnten sie sich auf den Weg ins »Krumme Elsass« machen, zu dem tief nach Lothringen hineinragenden Zipfel zwischen Sarre-Union im Westen, Saverne im Süden und Niederbronn im Norden. Fragen Sie uns nicht, weshalb man diesen Landstrich so nennt. Wir vermuten, dass der geschwungene Vogesenrücken zur Namensgebung geführt hat. Wegen ihrer Abgeschiedenheit ist die Gegend touristisch wenig erschlossen und gerade deswegen sehr lohnend !

Zum Beispiel die **Festung Lichtenberg**, erstes Ziel im »Krummen Elsass«, wenn Sie nach der 2. Tour schon in Niederbronn nach Süden fahren. Wir erwischen dazu einen grauen, nebligen Herbsttag, der aber auch seinen Reiz hat und gut zu dem etwas rauen Landstrich passt. Den verbindet nichts mit dem lieblichen Weinstraßen-Elsass aus den Reiseprospekten, von vereinzelten Geranien mal abgesehen. Das Städt-

Lichtenberg - Blick von der Festung

chen Lichtenberg wird von der im 13. Jahrhundert begonnenen Festung überragt. Drei Mitglieder derer von Lichtenberg waren Straßburger Bischöfe, und Konrad von Lichtenberg ließ sogar das dortige Münster erbauen. Der heute in den gut erhaltenen Ruinen (und neuzeitlichen Verunstaltungen) sichtbare Grundriss der Befestigungsanlage stammt von Vauban, der sich als Festungsbaumeister unter Ludwig XIV. in ganz Frankreich verewigt hat. Im deutsch-französischen Krieg von 1870 wurde die Festung letztmals, gegen die Württembergische Artillerie aber erfolglos, verteidigt, und sogar im zweiten Weltkrieg suchten die Bewohner des Städtchens in den Untergeschossen Zuflucht. Inzwischen hat man in modernem Baustil einen Veranstaltungssaal und andere Nutzräume auf die Trümmer gesetzt, was leider ziemlich missraten ist *(Mittagspause 12-13:30 Uhr; 2,25 €)*. Aber die Aussicht vom Turm der Anlage ist immer noch wunderbar, wenn man über das Neue hinwegsieht. Man kann dann sogar das WOMO erkennen, welches unten an der (großen) Kirche geparkt ist:

(022) WOMO-Stellplatz: Lichtenberg

GPS: N 48°55.304' E 7°28.894'; *Rue de l'Eglise*; **max.WOMOs**: 5;
Ausstattung/Lage: Mülleimer, Gaststätten, Geschäfte, im Ort;
Zufahrt: in Lichtenberg an der (großen - nicht zu verwechseln mit der kleinen am Fuß der Festung) Kirche; neben den Busparkplätzen oder auf des Platzes Mitte.

Sehr empfehlenswert ist auch die Wanderung von Lichtenberg nach Rothbach durch einsame und pilzreiche Wälder:

In Lichtenberg folgen wir unterhalb und südöstlich der Festung dem blauen Balken und laufen an einem Kruzifix vorbei nach Rothbach und von dort durch das Rothbachtal östlich des Bachs (am Anfang blaue Scheibe) über die Pulverbrücke zurück *(ca. 10 km; Karte: 3714 ET, La Petite Pierre)*.

Von Rothbach wiederum lohnt sich auch ein kurzer Abstecher nach **Offwiller**, wo ein kleines Heimatmuseum in einem Vogesenhaus eingerichtet ist. Als Wohnmobilist interessiert Sie dort das Alkovenbett.

La Petite-Pierre - Burg

Wenn man nun schon einmal so weit nach Westen vorgestoßen ist, lässt man auch die weiteren Sehenswürdigkeiten nicht aus: Von Lichtenberg tasten wir uns über einsame Waldsträßchen, die ein Erlebnis für sich sind, nach **La Petite-Pierre** (Lützelstein). Das kleine Städtchen mit 650 Einwohnern ist schnell besichtigt, in ihm erkennt man den Touristenort schon beim Zählen der Gasthäuser. Die Attraktionen sind der alte Ortskern und die auf einem Felssporn errichtete Burg. Vor allem der Pfalzgraf Georg Johannes *(Jerrihans)* von Pfalz-Veldenz hat sich um den Ausbau der Schlossanlage verdient gemacht. Von der mittelalterlichen Burg ist allerdings nicht mehr viel zu sehen, die heutigen Bauten tragen die Handschrift Vaubans, der die Festung im Jahre 1680 verstärken ließ.

La Petite-Pierre

Zuletzt wurde die Anlage im Krieg von 1870 erweitert und bald danach zerstört (das klingt alles so ähnlich wie in Lichtenberg, die Burg von La Petite Pierre wurde jedoch wieder richtig aufgebaut). Man kann es sich heute gar nicht mehr vorstellen, dass in dieser stimmungsvollen, einsamen Waldgegend über Jahrhunderte erbittert gekämpft und getötet worden ist.

Der Übernachtungsplatz passt zur herrlichen, exponierten Lage des Städtchens. Wir finden links der Einfahrt zum alten Ortskern unter Kastanienbäumen auf dem oben erwähnten Felsvorsprung den entsprechenden Platz:

(023) WOMO-Stellplatz: La Petite-Pierre

GPS: N 48°51.404' E 7°19.120'; *Rue du Château*; **max.WOMOs**: >5;
Ausstattung/Lage: Toilette, Wasser, Mülleimer, Gaststätten, Geschäfte, Spielplatz, Wanderwege, im Ort;
Zufahrt: im südlichen Ortsteil von der D 178 die schräg bergauf führende Straße zum alten Ortsteil nehmen (Wegweiser *‚Église'*); bleiben Sie dann gegenüber der Schule unter den Kastanien oder gegenüber vor der Touristeninfo, wo sich auch die Toiletten befinden

Wir parken an einem gemütlichen, stimmungsvollen Ort, der uns auch einen Fußweg ins **Restaurant *Vosges***, das beste Lokal des kleinen Städtchens, erlaubt *(Tel. 03 88 70 45 05; dienstags und Ende Juli bis Anfang August geschlossen)*.

Für einen längeren Aufenthalt sollten Sie den häufig gelobten kleinen Naturcampingplatz bei Hinsbourg, 10 km nördlich von La Petite-Pierre, in Erwägung ziehen, der auf einem Bergrücken oberhalb des Modertales eingerichtet ist, wir kennen ihn selbst nur von außen und können ihn von dieser Anschauung aber empfehlen:

(024) WOMO-Campingplatz-Tipp: Hinsbourg

GPS: N 48°54.565' E 7°17.245'; *D 251*; **Ortszentrum**: 0,5 km;
Zeiten: 1.4. - 31. 10.; **Ausstattung**: keine Dauercamper;
Zufahrt: 10 km nördlich von La Petite Pierre und nördlich von Hinsbourg an der D 251 beschildert.

Vielleicht geht an einem heißen Hochsommertag nichts mehr ohne Abkühlung - und am Tümpel bei der ***Auberge d'Imsthal*** - nahe dem Étang de Imsthal - kein Weg vorbei. Gäste der Auberge, nehmen sie auch nur ein Getränk, dürfen in den kleinen See hüpfen (der große Étang de Imsthal hingegen ist samt seinem Campingplatz eine Enttäuschung). Die Anlage gehört zur *Auberge d'Imsthal*, einem Restaurant das zwar seinem Ruf als Feinschmeckerlokal nicht gerecht wird, wo man aber trotzdem am Ende des Abends ganz zufrieden - auch preislich - die Kreditkarte ablegt *(Tel. 03 88 01 49 00; dienstags geschlossen)*. Außerdem kann man in der Nähe übernachten, was Sie aber nur nach einem Essen tun sollten:

(025) WOMO-Badeplatz: Imsthal

GPS: N 48°50.733' E 7°19.681'; **max.WOMOs**: höchstens 5;
Ausstattung/Lage: Gaststätte, Badestelle, Ortsrand;
Zufahrt: südlich von La Petite Pierre von der D 178 beim Étang d'Imsthal zum Gasthaus abbiegen; entweder seitlich der Straße vor dem Restaurant an einer Wiese parken oder dahinter, dort dann am Rand eines breiten Waldweges.

Etwa 8 km weiter südlich belächeln wir die ehemaligen Höhlenwohnungen von **Graufthal**, in denen man zum Nachweis der Behauptung, dass hier bis zum Jahre 1958 noch Menschen gewohnt haben, ein altes Bett und rostigen Hausrat

Graufthal - Höhlenwohnungen

ausgestellt hat *(im Sommer sonntags von innen zu besichtigen, in der übrigen Zeit erkennt man aber auch durch die Fenster das Wesentliche)*. Gegenüber der in den Berg gebauten Häuser überzeugt ein respektabler Stellplatz am Rand einer Wiese beim Bach:

(026) WOMO-Stellplatz: Graufthal

GPS: N 48°49.158' E 7°16.679'; *D 122*; **max.WOMOs**: >5;
Ausstattung/Lage: Gaststätte, Wanderwege, im Ort;
Zufahrt: in Graufthal neben dem Restaurant *Cheval Blanc*

Das **Restaurant *Cheval Blanc*** *(Tel. 03 88 70 17 11; montags abends und dienstags geschlossen)*, neben dem Stellplatz wird positiv bewertet, wir haben es aber noch nicht getestet.

Außerdem schauen wir uns weiter östlich am Vogesenrand die ehemalige Benediktiner-**Abteikirche** von **Neuwiller-lès-Saverne** (Neuweiler) an. Die Église Stes. Pierre et Paul gilt als eines der schönsten kirchlichen Bauwerke im Elsass, mit einem romanischen, einem gotischen und einem barocken Teil. Am eindrucksvollsten sind die beiden übereinander liegenden Kapellen (die untere erreicht man durch die Tür rechts des Altars), und Prunkstücke sind die in der oberen Sebastianskapelle aufgehängten Bildteppiche von 1470, auf denen das Leben des Heiligen Adelphus, dem ehemaligen Bischof von Metz, dessen Gebeine hier möglicherweise geruht haben, dargestellt ist *(Führung zu den Teppichen auf Anfrage im gegenüberliegenden Pfarrhaus - Haus Nr. 6 am Platz - oder im Sommer samstags und dienstags von 14:30-17 Uhr; man kann auch durch das Türfenster im Chor hinter dem Altar einen Blick auf die Wandbehänge und die schönen Würfelkapitele an den Säulen werfen, wenn einem niemand die Tür aufschließt).*

in Bouxwiller

Für einen Besuch im nahe gelegenen **Bouxwiller** (Buchsweiler) reicht an einem Wochenende die Zeit vermutlich nicht mehr. Und das ist gut so, denn das Städtchen hat eine ausgedehnte Visite verdient und belohnt diese mit zwei sehr schönen Übernachtungsplätzen. Wir haben gelesen, in Bouxwiller sei die Zeit stehen geblieben. Genauso ist es, nur schade, dass auch hier viele der Fachwerkhäuser nicht mehr bewohnt sind und deshalb auch nicht gepflegt werden. Man sieht der kleinen Stadt aber noch an, dass sie einst Residenz der Grafen von Hanau-Lichtenberg und später derer von Hessen-Darmstadt war. Allerdings steht an der Stelle des zerstörten ehemaligen Schlosses heute ein beinahe schlossähnliches Gymnasium, gegenüber findet man aber noch die gräflichen Nutzgebäude wie Wagenremise und Marstall.

Picknickplatz bei Bouxwiller

Der Stellplatz bei Bouxwiller ist ein Traum für Griller und Bruzzler, weil sie Blick nach allen Seiten haben, hemmungslos auf Klappstühlen räkeln und das Fett in die Holzkohle tropfen lassen dürfen. Ein Lagerfeuer wäre allerdings verfehlt, und ein Glascontainer steht noch nicht in Wurfweite:

(027) WOMO-Picknickplatz: Bouxwiller

GPS: N 48°49.229' E 7°27.887'; *Rue du Bastberg*; **max.WOMOs**: >5;
Ausstattung/Lage: Holzbänke, Wiesengelände, schöne Sicht, Wanderweg, leicht einsam, außerorts;
Zufahrt: am südwestlichen Rand von Bouxwiller gabelt sich etwa 300 m oberhalb des Restaurants *Soleil* die D 133, wir wählen den mittleren, steilen Weg, auf dem man bald die Stadt verlässt. Nach einem kleinen Wasserwerk beginnt eine Allee, zunächst mit Birken und Linden, später mit Obstbäumen; links fährt man auf einem neueren, geteerten Weg, ein paar Meter rechts, parallel dazu, sieht man einen älteren Ackerweg; zwischen beiden sind Holzbänke aufgestellt, und wir finden auf einer Länge von fast einem Kilometer zahlreiche Übernachtungsplätze, manche am Rande eines Weinbergs, andere mit Blick ins Tal und wieder andere unter uralten Lindenbäumen; man steht überall optimal.

Nur die Weiterfahrt von diesem vor allem in den Sommermonaten geeigneten Stellplatz ist neuerdings nicht mehr möglich. So müssen wir die etwa 2 km zum großen Gipfelkreuz des **Bastberges** (auf der Michelinkarte eingezeichnet) auf einem

Spaziergang bewältigen (kürzer ist der Weg von der anderen Seite - siehe beim nächsten Stellplatz). Das Berglein müssen wir schon wegen der berühmten Rundumsicht, vor allem nach Westen auf Neuwiller und die Nordvogesen, besteigen. Leider suchen wir im Muschelkalk vergeblich nach Fossilien. Ob Goethe, der auch schon hier oben weilte, mehr Glück hatte? Vielleicht wurde er auch am 30. April von den Hexen inspiriert, die sich hier zum Tanz versammeln, bevor sie einen Tag später auf ihren Besen weiterfliegen. Früher durfte man ganz oben schlafen, heute muss man ein Stück unterhalb auf schrägem Gelände den Hexen zuschauen, was nur im Freien funktioniert und demgemäß auch hier grillend geschehen darf:

(028) WOMO-Stellplatz: Bastberg

GPS: N 48°48.715' E 7°27.350'; *kein Straßenname*; **max.WOMOs**: >5;
Ausstattung/Lage: eine schöne Sicht, einsam, schräg - man braucht taugliche Auffahrkeile und steht dann immer noch nicht ganz im Lot, außerorts;
Zufahrt: verlassen Sie nördlich von Imbsheim beim Friedhof die D 6 am in Richtung zum deutlich sichtbaren Berg (siehe Michelinkarte), bis Sie nach etwa 700 m auf dem geschotterten Parkplatz angekommen sind, von dem ein kurzer Fußweg auf den Bastberg führt.

TOUREN 4 + 5
N
10 km
STRASBOURG
Rhein
D
D
nach Lauterbourg
nach Saverne
nach Colmar
nach Sélestat
nach Schirmeck
La Wantzenau
Reichstett
Bischheim
Illkirch-Graffenstaden
Lingolsheim
Entzheim
Geispolsheim
Blaesheim
Marlenheim
Avolsheim
Dompeter
Molsheim
Mutzig
Heiligenberg
Niederhaslach
Cascade du Nideck
Wangenbourg
Engenthal
Wasselonne
Marmoutier
Saverne
Haegen
Haut Barr
Lutzelbourg
Haselbourg
Schaeferhof
Dabo
St. Louis
Schiffshebewerk
Plan incliné
Rhein-Marne-Kanal
(Tour 4)
(Tour 5)
N 4
N 420
D 468
D 392
D 224
D 218
D 132
D 98
4
35
352
WC
29
30
31
32
33
34
35
36
37
38
39
40
41
42
43
44
C

Tour 4: Im großen Bogen

Saverne - Marmoutier - Marlenheim - Wangenbourg
Dabo - Niederhaslach - Mutzig - Molsheim - Avolsheim

Stellplätze:	in Saverne, bei der Burgruine Haut-Barr, beim Schiffshebewerk, in Wangenbourg, in Dabo, in Niederhaslach, bei Mutzig, bei Avolsheim
Campingplätze:	bei Saverne, bei Dabo, in Molsheim
Besichtigen:	Saverne, die Burgruinen Haut-Barr und Géroldseck, Schiffshebewerk bei St.Louis-Arzviller, Abteikirche Marmoutier, Burgruinen von Wangenbourg und Nideck, Wasserfall von Nideck, Schlossberg von Dabo; Kir chenfenster von Niederhaslach, Molsheim, Dompeter bei Avolsheim
Wandern:	zur Ruine Haut-Barr (auch als Spaziergang), zur Ruine von Wangenbourg, zum Wasserfall und den Ruinen von Nideck (auch als Spaziergänge), von Schaeferhof nach Dabo
Essen:	Winstub *Taverne Katz* in Saverne; Restaurant *Le Cerf* in Marlenheim, *Auberge Cheval Blanc* in Molsheim

Im Verlauf dieser Tour nähern wir uns in einem großen Bogen der Weinstraße. Zunächst tummeln wir uns aber im Revier der Freizeitkapitäne, die beim Gedanken an den Rhein-Marne-Kanal und den schönen Hafen von Saverne feuchte Augen bekommen. Für den gemeinen Wohnmobilurlauber ist die Ankunft in **Saverne** (Zabern), einer Stadt mit rund 10.000 Einwohner am Fuß der Nordvogesen, am schönsten, wenn er sich von Nordwesten auf den Serpentinen der *Zaberner Steige* herabwindet. Da die Vogesen hier nur 4 km breit sind, hatte die Lage der Stadt Jahrhunderte lang eine erhebliche strategische Bedeutung.

Parken Sie auf dem gleich beschriebenen Stellplatz, Sie haben dann den interessantesten Teil des Städtchens unmittelbar vor der Tür: das Schloss, den Marktplatz und die dort beginnende Hauptstraße. Entlang der Grande Rue finden Sie die schönsten Häuser des alten Stadtkerns, wobei der quer durch die Stadt verlaufende Rhein-Marne-Kanal den Gesamteindruck angenehm abrundet. An der Brücke über den Kanal macht Sie eine Hinweistafel darauf aufmerksam, dass man täglich morgens um 9 Uhr auf dem Kanal mit dem Boot zum Schiffshebewerk von St. Louis-Arzviller fahren kann (dazu gleich). Beim ersten Eindruck erscheint uns das Städtchen

Saverne viel größer zu sein, weil wir ein breiteres Spektrum an Geschäften vorfinden als wir dieses aus Deutschland von ähnlich großen Orten gewohnt sind.

Nur wenig vom Parkplatz am Schloss entfernt bleiben wir vor dem schönsten Haus der Stadt stehen, dem *Maison Katz*. Das reich verzierte Fachwerkhaus bildet den richtigen Rahmen für die im Erdgeschoss und Keller eingerichtete **Winstub *Taverne Katz*** *(Tel. 03 88 71 16 56; dienstags und mittwochs mittags geschlossen)*, in deren Keller wir gerade noch Platz an einem typisch rot-weiß-kariert gedecktem Tisch finden. In der Winstub gibt es, wie erwartet, vornehmlich elsässische Gerichte, von denen uns *Schieffala*, eine geräucherte Schweineschulter mit Meerrettich, besonders mundet.

Am Nachmittag haben wir uns noch fest vorgenommen, zum Übernachten aus der Stadt heraus zur Burgruine Haut-Barr zu fahren. Als wir jedoch zu vorgerückter Zeit aus der Winstub treten, hat es angefangen zu regnen, und schon die Vorstellung an einen einsamen Stellplatz lässt uns frösteln. Von einem früheren Besuch in Saverne kennen wir ein schönes Plätzchen, das zwar mitten in der Stadt, jedoch in hinreichendem Abstand zu den Häusern und zudem noch ruhig gelegen ist. Südlich der Schlossmauer, die den Schlosspark umschließt, finden Sie einen schönen Übernachtungsplatz, der auf der einen Seite vom Hafenbecken des Rhein-Marne-Kanals und auf der anderen Seite von der Mauer des Château begrenzt ist:

(029) WOMO-Stellplatz: Saverne

GPS: N 48°44.546' E 7°21.953'; *Quai du Château*; **max.WOMOs**: >5;
Ausstattung/Lage: Toilette u. Wasser (an der Innenseite der Schlossmauer), Gaststätten, Geschäfte, zeitweise sehr gut besucht, im Ort;
Zufahrt: vom Marktplatz bergab und **vor** dem Kanal rechts um das Schloss herumfahren; wichtig ist es, dass man auf der Schlossseite am Kanal entlang fährt; man kann auch, wenn man von Osten in die Stadt hereinfährt, auf die letzte Straße **vor** der Ampel in der Stadtmitte nach rechts mit dem Wegweiser *'P – Rohan'* abbiegen, in die *Rue Neuve*; man überquert dann erst einen anderen Parkplatz, ehe man zur großen Fläche am Kanal und seitlich des Schlosses gelangt, auf einen der beliebtesten Stellplätze im Elsass, der ganz unten, fast am Wasser und bei der Schlossmauer als WOMO-Stellplatz ausgewiesen ist.

Vom nahen Hafenbassin, das den Durchgangsverkehr von uns fern hält, steigt der nicht unangenehme Geruch des Kanals zu uns hinauf und wir genießen den Blick auf die angestrahlte Gartenfassade (Hauptfassade) des Schlosses, bevor wir im Bett die Uhr der Kirche schlagen hören. Dieser Stellplatz hat den großen Vorteil, dass man zur Stadtmitte höchstens drei Minuten zu Fuß benötigt; die Schlossmauer hat nämlich an diesem Platz einen immer geöffneten Durchbruch.

Wegen der Stadtnähe steht am nächsten Morgen frisches Baguette auf unserem Frühstückstisch, bevor wir vor allem die Gartenfassade des **Schlosses *Château des Rohan*** besichtigen. Hier wohnten einst die Rohans, im 18. Jahrhundert in mehreren Generationen Bischöfe von Straßburg, wo sie natürlich auch ein Château besaßen, ehe der letzte Rohan 1790 vor der französischen Revolution ins Badische flüchtete. Das Schloss ist im klassizistischen Stil aus rotem Vogesensandstein gebaut und Nachfolger eines im Jahre 1779 niedergebrannten, bis dahin niemals vollendeten Vorgängerpalastes. Das heutige Gebäude wurde erst von Napoléon III. im Jahre 1852 vollendet und trägt den Beinamen *Elsässisches Versailles*, es ist also für Saverne zwei Nummern zu groß geraten. Im Inneren befindet sich glücklicherweise nicht mehr die Kaserne, von der aus die deutschen Besatzer in beiden Weltkriegen die Einheimischen unterdrückt haben, sondern ein Museum sowie die Jugendherberge.

Saverne - Château des Rohan

Da inzwischen die Sonne scheint, entschließen wir uns zu einer kleinen Wanderung auf einem Weg, der einer der schönsten in der Umgebung von Saverne ist:

Ausgangspunkt ist ein Parkplatz an der Feriensiedlung neben der schon in Saverne gut ausgeschilderten Straße von Saverne zur Ruine Haut-Barr. Die ganze Wanderung hat eine Länge von etwa 10 km, sie lässt sich auch unterwegs mit Hilfe der Wanderkarte erheblich verkürzen und bekommt dann den Charakter eines Spaziergangs. An dem Parkplatz ist eine Tafel mit Wanderzeichen aufgestellt, so dass wir keinerlei Schwierigkeiten haben, den in südlicher Richtung am Berghang verlaufenden Weg zum Château Haut-Barr zu finden. Wir genießen die schönen Ausblicke hinab auf Saverne und in die Rheinebene (*Karte: TOP 25, 3715 OT, Saverne*).

Nach kurzem, steilen Aufstieg erreichen wir die **Burgruine Haut-Barr**, die zu den imposantesten der zahlreichen elsässischen Burgen gehört. Unterhalb der Burgmauer ist ein nicht sehr großer asphaltierter Parkplatz angelegt, an dessen Rand alleeartig Bäume gepflanzt wurden. Leider ist die prächtige Sicht auf den Vogesenrand und den Übergang zum Rheintal inzwischen weitgehend zugewachsen, aber an einer Stelle hat man noch den weiten Blick, weshalb das Plätzchen in unserer Elsass-Stellplatz-Hitparade ganz oben rangiert:

(030) WOMO-Wanderparkplatz: Burgruine Haut-Barr
GPS: N 48°43.426' E 7°20.255'; *D 171*; **max.WOMOs**: >5;
Ausstattung/Lage: Mülleimer, Gaststätte, Wanderwege, leicht einsam, außerorts;
Zufahrt: südlich von Saverne auf der gut ausgeschilderten Straße von Saverne zur Ruine Haut-Barr.

Innerhalb der Burgmauern können Sie im **Restaurant** eines schönen, um die Jahrhundertwende erbauten Fachwerkhauses, (*montags geschlossen* Riesling aus Krügen picheln), an einem lauen Sommerabend sogar im Burghof unter ehrwürdigen Kastanien.

Burg Haut-Barr

Zur Beschreibung und Geschichte der auf drei Felsen erbauten Bastion dürfen wir auf die in deutscher Sprache gehaltene und mit ausführlicher Zeichnung versehene Tafel am Eingang der Burg verweisen. Die tolle Sicht von den einzelnen Bereichen der Burgruine auf die Stadt Saverne und den rechtwinklig angelegten Rhein-Marne-Kanal bedarf keiner Anleitung.

Nach eingehender Besichtigung der Burg und der romanischen Burgkapelle setzen wir unsere Wanderung fort und gehen zunächst zu dem etwa 100 m südlich gelegenen **Zeigertelegraphen**, wo eine napoleonische Einrichtung der Telegrafenstrecke Paris-Straßburg rekonstruiert worden ist. Bis zum Jahre 1852 hat man zwischen beiden Städten mit Hilfe von 46 dieser Stationen durch Sichtkontakt und Schwenken von Zeigerarmen Nachrichten übermittelt (Vorführungen im Sommer täglich, sonst nur am Wochenende).

Vom *Telegraphe Chappe* gelangen wir nach ungefähr 10 Minuten zur **Ruine Grand-Géroldseck** mit abermals herrlichem Blick. Kurz hinter der südlich davon gelegenen und schlecht erhaltenen Burgruine Petit-Géroldseck überqueren wir am Waldparkplatz Hexentisch, wo man die Wanderung auch beginnen kann, die Straße. Man könnte von hier aus auf dem mit rotem Punkt gekennzeichneten Weg wieder in nördlicher Richtung zum Parkplatz zurücklaufen, was die Wanderung um etwa 4 km verkürzen würde. Wir machen jedoch noch einen Abstecher zum so genannten Brotschturm, einem um die Jahrhundertwende erbauten Aussichtsturm, und wandern am Brotschfelsen vorbei zum Forsthaus Schäferplatz, von dort zurück zum Hexentisch und dann bergab zu unserem Auto (*Karte: wie oben*).

In Saverne gibt es auf halbem Weg zur Haut-Barr auch einen

(031) WOMO-Campingplatz-Tipp: Saverne *(Municipal)*
GPS: N 48°43.856' E 7°21.326'; *Rue du Père Libermann*;
Ortszentrum: 1,3 km; **Zeiten**: 1.4 - 30.9.;
Zufahrt: im Südwesten an der D 102 beschildert.

Zu einer Reise nach Saverne gehört auch ein Ausflug nach Lothringen zum Schiffshebewerk (Plan incliné) von St. Louis-Arzviller. Sie nehmen dazu die D 132, die am Kanal nach Osten führt, und Sie werden sich wünschen, Ihr WOMO für ein paar Tage durch ein Flussschiff zu ersetzen. Leider dürfen Sie an der Anlegestelle von **Lutzelbourg** nicht mehr übernachten. Tagsüber eignet sich der Parkplatz auf der anderen Seite des Kanals in der Nähe der Hausbootvermietung. Leser haben von ruhigen Nächten auf dem Parkplatz der Burgruine von Lützelburg berichtet (südlich des Kanals). Sehr empfehlenswert ist der **Radweg** auf der Nordseite des Kanals.

Irgendwann erliegen Sie der Attraktion des **Schiffshebewerkes** (Plan incliné). Durch die 1969 errichtete Anlage, die einmalig in Europa ist, wurden 17 Schleusen des Rhein-Marne-Kanals überflüssig, zu deren Durchfahrt ein ganzer Tag benötigt worden war. Die Kähne werden stattdessen heute auf einer schrägen Ebene in einem Trog quer zum Hang auf Schienen nach oben gezogen. Das Ganze sieht spektakulär aus und zieht Touristen und Reisebusse scharenweise an. Heutzutage werde keine Lastkähne mehr, dafür aber umso mehr Freizeitboote geliftet. Trotzdem sind wir sehr froh, noch

Schiffshebewerk

rechtzeitig vor 17 Uhr *(9-12 und 14-17 Uhr; 6 €)* gekommen zu sein. Der Familienspaß kann dort auch fast einen ganzen Tag dauern, wenn man die 1 ½ Stunden lange „große" Bootsfahrt, danach die Fahrt mit dem kleinen Bähnchen und dann noch Eis oder Cola auf den bereitstehenden Bänken *(Pic-nic interdit)* über sich ergehen lässt. Die meisten Besucher wählen die „kleine" Bootstour, einmal absenken, eine kurze Rundfahrt und wieder heben - für 4 Euro. Man kann das Hebewerk auch kostenlos, aber dafür aus größerer Entfernung besichtigen. Wenn man ab Lutzelbourg über die D 98 zur D 97 B fährt (immer dem Schild *‚Plan incliné'* folgen); von Saverne sind es 17 km, die sich auf jeden Fall lohnen. Genau dort, wo man von Ferne zuschauen kann, gibt es auch einen riesigen Parkplatz am Kanal, den

(032) WOMO-Picknickplatz: Schiffshebewerk

GPS: N 48°42.847' E 7°13.010'; *D 97 B*; **max.WOMOs**: >5;
Ausstattung/Lage: Bänke und Tische, Toilette (im Kassenbereich weiter oben), außerorts;
Zufahrt: Wegweiser zum *‚Plan incliné'*

Danach geht die Reise wieder zurück nach Westen, zur **Abteikirche** von **Marmoutier**. Wählen Sie ab Saverne das kleine Sträßchen über Haegen und Thal-Marmoutier durch hügeliges Wiesengelände. So kurz der Weg auch ist, die ganze Schönheit und Natürlichkeit der nordelsässischen Landschaft fasziniert Sie auf den wenigen Kilometern. Wir halten unterwegs noch zweimal an, um zu den Burgen Haut-Barr und Géroldseck zurückzuschauen.

Zielstrebig parken wir in Marmoutier auf dem Platz vor der Kirche und müssen nur noch bedauern, dass wir nicht am späten Nachmittag hier sind, wenn die Sonne das Farbenspiel der wuchtigen, aber dennoch fein gemaserten Vogesen-Sandsteinfront der romanischen Westfassade erst richtig zur Geltung bringt. Wenn die bizarr auf der Wand verteilten Skulpturen kurze Schatten werfen und den Kontrast zu den klaren Formen des insgesamt schlichten Bauwerkes herstellen. Als wir das Innere betreten sind wir zunächst etwas enttäuscht. Denn die Fassade stammt aus dem 12. Jahrhundert, das Kirchenschiff ist jedoch schon gotisch und mehr als 100 Jahre jünger. Aber die Arkaden und Halbsäulen, die an die Künstler des Straßburger Münsters erinnern, sind dennoch wunderschön. Vergessen Sie nicht, sich die Orgel wenigstens von unten genauer zu betrachten, sie stammt von dem bedeutenden Orgelbauer Andreas Silbermann (1710) und gilt als eines seiner Meisterwerke. Am Kirchplatz erfreuen wir uns noch an den Stiftshäusern und dem kleinen Rathaus, einem Sinnbild der Beschaulichkeit dieser Gegend.

Abteikirche in Marmoutier

Wer es eilig hat - merkwürdigerweise haben es die meisten Wohnmobilisten eilig - fegt von Marmoutier in kurzer Zeit auf der Nationalstraße nach Strasbourg. Diese Strecke können wir aber wirklich nur dem empfehlen, der auf dem schnellsten Weg dorthin möchte - oder dem schon bei dem Gedanken an **Marlenheim** das Wasser im Munde zusammenläuft. Dann gelüstet es ihn nämlich nach einem der besten **Restaurants** im Elsass: Das ***Le Cerf*** hält beständig über die Jahre zwei Michelin-Sterne, was auch schon Gerhard Schröder und Jacques Chirac zu würdigen wussten. Wer für eine Mahlzeit zu zweit wenigstens 170 Euro übrig hat, einer gediegenen Atmosphäre knapp unterhalb der Schmerzgrenze gewappnet ist und vielleicht außer den Kniebundhosen noch ein paar andere Kleider in seinem Schrank hängen hat, kann dort absolute Spitzengastronomie genießen. An dieser Stelle muss aber mal gesagt werden, dass man auch in den besten Lokalen des Elsass nicht die rote Karte gezeigt bekommt, wenn man in den Klamotten aufkreuzt, die man üblicherweise noch im Wohnmobil dabei hat. Der Genießer ist der König *(Tel. 03 88 87 73 73; dienstags und mittwochs geschlossen)*. Wenn Sie danach von Marlenheim nicht mehr wegkommen, können Sie hier **nächtigen** - von der Durchgangsstraße, der N 4, an der Ampel beim Hôtel de Ville in die *Rue du Pensionat* bis zum Parkplatz.

Stellplatz in Wangenbourg

Zieht es Sie noch nicht nach Strasbourg, trödeln Sie doch quer durch eine stille, einsame Hügellandschaft nach Südwesten, nach **Wangenbourg**, einem Dorf in schöner und ruhiger Lage mit einem Superstellplatz. Zur Burgruine aus dem 14. Jahrhundert kann man nicht fahren, man muss im Ort parken und einen 10-minütigen Spazierweg auf sich nehmen. Am besten stellt man sein WOMO auf dem großen Platz ab und bleibt dann auch bei wunderbarem Blick über Nacht:

(033) WOMO-Wanderparkplatz: Wangenbourg

GPS: N 48°37.329' E 7°18.543'; *Rue du G. de Gaulle*; **max.WOMOs**: >5;
Ausstattung/Lage: Toilette u. Wasser, Mülleimer, Gaststätte, Geschäft, Wanderwege, im Ort;
Zufahrt: mitten in Wangenbourg gegenüber dem Hotel *Parc* (akzeptables Essen, aber nur bis 20:30 Uhr).

Von hier kann man auch zur eindrucksvollere Ruine des **Château du Nideck** wandern, was uns mit den Karten *(TOP 25, 3715 OT, Saverne und 3716 ET, Mont Sainte Odile)* problemlos gelungen ist. In Frage kommen aber auch zwei kürzere Möglichkeiten: Entweder parken Sie am Forsthaus Nideck, rund 9 km südlich von Wangenbourg, und steigen in

15-minütigem Fußweg bergab, oder Sie entscheiden sich für die mittelweite Alternative:

Fahren Sie am Forsthaus noch ungefähr 4 km hinunter ins Tal und parken Sie bei dem ehemaligen Café-Restaurant ***Cascades du Nideck***. Von dort wandern Sie zu dessen Namensgebern, den **Wasserfällen**. Diese rauschen (nach 1,2 km) von 25 m Höhe senkrecht den Fels herab, und

oberhalb der Cascades du Nideck

wenn Sie an einem heißen Sommertag die Badehose im Gepäck haben, können Sie sogar prustend duschen (da wir weit und breit die einzigen Wandersleute waren, habe ich mich sogar ohne getraut).

Sie haben hier etwa die Hälfte des gut markierten Weges hinter sich und steigen oberhalb des Wasserfalls zur Burgruine auf. Nach knapp einstündigem Weg stehen Sie vor dem gewaltigen (restaurierten) Turm der Unterburg des Château. Sie wagen sich über die steilen und schon etwas baufälligen Holztreppen (zur Zeit gesperrt) und blicken über ausgedehnte Waldlandschaften zur Oberburg, die schon von Anfang an von der Unterburg getrennt war. Eine eiserne Gedenktafel motiviert zum guten (aber dann doch nicht eingehaltenen) Vorsatz, zu Hause in der deutschen Lyrik Chamissos Ballade *Das Riesenspielzeug* zu lesen, in der die Burg eine zentrale Rolle einnimmt, .

Wenn Ihre Kinder schon beim steilen Anstieg vom Wasserfall zur Burg gemeutert haben, sollten Sie Ihre Vaterpflichten übernehmen und zurück zum Auto zu eilen, während die Mutter mit den Kids 15 Minuten weiter bergauf zum Forsthaus keucht, wo Sie die Familie wieder einladen.

Lassen Sie auf beiden Parkplätzen keine Wertsachen in Fahrzeug. Hier sind tagsüber Autoknacker am Werk.

Nördlich von Wangenbourg drängt sich ein Schlenker nach Lothringen, in die Gegend von **Dabo** (Dagsburg), geradezu auf. Sinnvoll wäre es auch, vom Schiffshebewerk bei St. Louis-Arzviller (siehe oben) nach Dabo weiterzufahren, nur eines ist klar: Hin muss man! Da wir natürlich nicht alles an einem Wochenende erleben können, berichten wir Ihnen an dieser

Stelle von einem anderen, einem Wanderwochenende ohne Kinder, genau genommen von der **Wanderung** von Schaeferhof (liegt an der D 45) über Haselbourg, Hellert und La Hoube nach Dabo:

Bei schönster Junisonne beginnt der Ausflug in Schaeferhof bei der Kirche, wo der Weg hinab zur Neustadtmühle führt. Gegenüber der Brücke geht es bei der Bushaltestelle hoch nach **Haselbourg** und dann auf sehr angenehmer Strecke über ehemalige Weiden nach Hellert.

Wir freuen uns an der schönen Wanderung, bis uns buchstäblich ein Blitz aus heiterem Himmel zur verfrühten Mittagspause im Eingang der Kirche von Hellert zwingt. Beim nächsten Schauer mitten im Wald greifen wir zur Regenkleidung.

Den Beginn des Dauerwolkenbruchs erleben wir wieder in einer Kirche, in der im 19. Jahrhundert auf dem **Rocher de Dabo** erbauten „Leokapelle". Der Regen lässt uns zur Besichtigung und zum Studium der Reiseführer viel Zeit: An dieser Stelle, auf dem mächtigen Felsen, stand bis zur Zerstörung von 1690 die Burg der Grafen von Dagsburg. Sozusagen das Elternhaus der Gräfin von Dagsburg, die hier im Jahre 1002

Zufahrt zum Rocher de Dabo

Bruno von Eguisheim, einen der berühmtesten Elsässer, zur Welt brachte; Vater war der Graf von Eguisheim. Bruno wurde als Bischof von Toul im Jahre 1048 zum Papst gewählt. Er nannte sich fortan Leo IX. und gilt als der bedeutendste Papst des Mittelalters.

Das Schöne an dieser Kirche ist eigentlich nur die Lage und der Blick vom Turm. In unserem Wanderführer wird die Aussicht „unbeschreiblich" gepriesen, sie könnte bei diesem Regen nicht besser beschrieben werden.

Bei anderer Gelegenheit und besserem Wetter dürfen wir uns aber von der Richtigkeit dieser Superlative überzeugen. Wie auch von dem wunderbaren ...

Blick vom Rocher de Dabo

(034) WOMO-Stellplatz: Dabo

GPS: N 48°38.967' E 7°14.709'; *D 45*; **max.WOMOs**: >5;
Ausstattung/Lage: Toilette (zumindest tagsüber) Mülleimer, Gaststätte, Wanderwege, eine Spur einsam, außerorts;
Zufahrt: ab Dabo hoch zur Kapelle fahren; dort entweder am Rand der Straße oder auf dem Parkplatz unterhalb der Kapelle stehen.

Der Heimweg ist ab dem Schlossberg gut beschildert: Von der lang gezogenen Kurve der Zufahrtsstraße zur Kirche zweigt nach rechts bergab ein mit gelbem Kreuz markierter Pfad ab, auf dem wir das Städtchen Dabo erreichen. Wir überqueren den Ortsmittelpunkt und halten uns an die nach Westen führende Markierung mit dem gelben Kreuz (und am Anfang auch noch mit dem rot-weißen Balken, dessen Wegverlauf aber bald geradeaus weiterführt, während wir nach halbrechts abbiegen). Wir durchqueren nun noch ein ausgedehntes Waldgebiet, ehe wir wieder in Schaeferhof eintreffen. Während der zwei Stunden bis zum Auto habe ich das Gefühl von Schwämmen in den Wanderschuhen und bin total durchnässt. Eine Wohnmobilheizung kann auch im Sommer ein Segen sein! (*Karte: TOP 25, 3715 OT, Saverne*).

Unterhalb des Kapellenberges kommt auch ein Campingplatz im Tannenwald in Frage:

(035) Campingplatz: Dabo (*Le Rocher*)

GPS: N 48°38.895' E 7°15.113'; *D 45*;
Ortszentrum: 1,5 km; **Zeiten**: Mitte April bis Ende Oktober;
Zufahrt: 1,5 km südlich von Dabo von der D 45 abbiegen.

Zurück im Elsass kurven wir über Wangenbourg nach **Niederhaslach**, das wegen seiner **Kirche** bekannt ist. Weniger stolz ist man auf deren etwas bombastisches und unproportioniertes Äußere, eine Folge der späten Fertigstellung im 19. Jahrhundert, als auf die hier eingeglasten Gebeine des heiligen Florentius und natürlich auf die berühmten bunten

Glasfenster aus dem 14. Jahrhundert. Wer sich nicht satt sehen kann, bleibt über Nacht und schaut am Abend im **Restaurant *Pomme d'or*** ins Glas, nachts vom WOMO auf die angestrahlte Kirche und am nächsten Morgen noch mal durch die phantastischen Scheiben:

(036) WOMO-Stellplatz: Niederhaslach

GPS: N 48°32.578' E 7°20.508'; *Place de l'Eglise*; **max.WOMOs**: >5;
Ausstattung/Lage: Mülleimer, Gaststätte, Geschäft, im Ort;
Zufahrt: mitten in Niederhaslach seitlich der Kirche; der Parkplatz geht nach hinten in ein noch größeres, aber nicht schöneres Parkplatzgelände über.

Danach steuern wir durch das Tal der Breusch (*la Bruche*) in Richtung Rheinebene. Wir ziehen die alte Straße nördlich der Umgehungsstraße vor und halten schon einmal Ausschau nach einer Stelle, an der wir einen Übernachtungsplatz vermuten. Wem es ähnlich geht, und wer Lust auf einen **Campingplatz** hat, der kann dort, wo die Straße von Mollkirch einmündet, also etwa 3 km westlich von Heiligenberg Station machen. Immerhin zählt dieser Campingplatz, in der Nähe des Bahnhofs von **Heiligenberg** zu den Naturcampingplätzen.

Kurz danach liegt **Mutzig** (4.500 Einwohner) an der Strecke. Hier sind es die Biertrinker, die feuchte Augen bekommen, weil sie zwar manchmal im Elsass noch liebevoll an Hauswänden und Gaststätten die teilweise schon verrosteten Reklameschilder für *Mützig* betrachten, von der Brauereianlage jedoch nur noch eine jammervolle Ruine (falls sie überhaupt noch existiert) beweinen können. Spülen Sie die Trauer mit Teilen eines *Sixpack* hinunter, trösten Sie sich mit einem Stellplatz, der eigentlich keiner ist und mit einer Supersicht auf Mutzig, den Rheingraben und die Vogesen? Davor müssen Sie mir zwei Dinge hoch und heilig versprechen, ehe ich Ihnen - schweren Herzens - einen Geheimtipp verrate: Erstens, wenn ich mal wieder am selben Ort am *Sixpack* reißen möchte, werden Sie für mich den Stellplatz räumen, denn es gibt nur Raum für **ein** einziges WOMO mittlerer Größe. Und zweitens werden Sie umkehren, wenn schon jemand vor Ihnen die schwierige Zufahrt geschafft hat, Sie werden nicht einfach auf dem Weg stehen bleiben und die Anwohner verärgern! Heutzutage aber, wo die Leser nur noch breite, asphaltierte Stellplätze für ihre immer größeren Fahrzeuge erwarten, dürfte die befürchtete Belegung eher unwahrscheinlich sein:

(037) WOMO-Stellplatz: Mutzig

GPS: N 48°32.555' E 7°27.709'; *Rue de la Source*; **max.WOMOs**: 1;
Ausstattung/Lage: nur eine schöne Sicht, einsam, außerorts, nur bis 6,50 m Länge;
Zufahrt: suchen Sie westlich der ehemaligen Brauerei - an der Straße nach Dinsheim und westlich kurz hinter der Tankstelle- die breite, den Berg hoch führende Asphaltstraße, folgen Sie ihr auf der oberen Straße durch ein Neubaugebiet und um eine Rechtskurve, bleiben Sie am Hang - es geht immer etwas bergauf - und wählen Sie an einer Gabelung in deren Mitte ein altes, schmiedeeisernes Gartentor zu sehen ist, den rechten Weg durch die *Rue de la Source*. Sie sind nun auf einem Weg oberhalb der Weinberge, wo Sie bald nach einer Quelle rechts eine Ausbuchtung (die eigentlich hauptsächlich zum Wenden da ist) erkennen - Ihr Traumplatz. 150 m weiter östlich und nach einem Wochenendhäuschen gibt es u.U. noch eine zweite Fläche, wo Sie auch stehen können - oder wenden, wenn das Geheimplätzchen schon bewohnmobilt ist.

Von hier oben schauen wir auf den mittelalterlichen Torturm und das Städtchen Mutzig, wo wir uns am nächsten Morgen die Füße vertreten. Wir kommen dabei auch an dem Brunnen vorbei, aus dem bei einem Fest am ersten Sonntag im September statt Wasser angeblich Bier strömt.

Der sich von unserem Übernachtungsplatz nach Westen bietende Ausblick hat uns zu einem Besuch in Strasbourg inspiriert. Unterwegs entschließen wir uns noch zu einem

Abstecher nach **Molsheim**. Der Autofan wird, besonders wenn er schon das Automobilmuseum in Mulhouse besichtigt hat, zunächst nach dem Fabrikgelände von Ettore Bugatti fragen, welches am südlichen Stadtrand liegt. Der Kunstinteressierte sucht stattdessen die **Jesuitenkirche**, die Bestandteil des ehemaligen Jesuitenkollegs ist, das 1610 in eine Universität umgewandelt, jedoch knapp 100 Jahre später mit der Universität in Straßburg zusammengelegt worden ist. Von Molsheim aus betrieben die Jesuiten ab dem Ende des 16. Jahrhunderts die Gegenreformation, die dann im ausgehenden 17. Jahrhunderts, als das Elsass französisch geworden war, bahnbrechende Erfolge verzeichnen konnte. Wir versäumen auch nicht einen Besuch der Innenstadt, wo wir am Marktplatz die **Metzig** besichtigen, das Renaissancezunfthaus der Metzger und Fleischer (von 1554), in dem heute ein Museum eingerichtet ist.

Ein paar Meter links davon gibt es auch ein gemütliches **Lokal**, das uns Deutschlands Küchenpapst, Wolfram Siebeck, in seinem nicht mehr aufgelegten Buch, *Die Weinstuben des Elsass*, angedeihen ließ: Die Küche der ***Auberge de Cheval Blanc*** lobte er als „deutlich über dem Durchschnitt, jedoch mit kleinen Schwächen" - was beides immer noch zutrifft *(Tel. 03 88 38 16 87; Dienstagabend und Mittwoch geschlossen)*. Vergessen Sie es! Denn die Stellplätze sind inzwischen allesamt gesperrt. Ungern und nur wegen seiner schönen und zentralen Lage erwähne ich den möglichen Grund derlei unzeitgemäßer Restriktionen:

(038) Campingplatz: Molsheim *(Municipal)*

GPS: N 48°32.434' E 7°29.916'; *6 Rue des Sports*;
Ortszentrum: 0,2 km; **Zeiten**: 1.5. bis Ende September;
Ausstattung: Schwimmbad, keine Dauercamper;
Zufahrt: am östlichen Ortsende beim Sportplatz nahe der Bruche.

Besser wählen Sie die romantische Alternative und fahren noch ein paar Kilometer nach Norden, zum Kirchlein von **Avolsheim**. Der so genannte **Dompeter** südöstlich außerhalb des Dorfes gilt nicht nur als die älteste Kirche des Elsass (1049 geweiht), er ist auch wegen seiner gedrungenen, wohlproportionierten Bauweise sehenswert und wird durch seine stille Lage zu einem Stück Elsass, das man sich auf jeder Reise gerne wieder einverleibt - wenn auch nur für 10 Minuten:

(039) WOMO-Stellplatz: Avolsheim

GPS: N 48°33.396' E 7°30.262'; kein Straßenname; **max.WOMOs**: >5;
Ausstattung/Lage: u.U. Wasser, Ortsrand;
Zufahrt: von der D 422 nach Avolsheim und dort im Süden zum Dompeter - auf der Michelin-Karte eingezeichnet; weniger einsam steht man ein Stück weiter vorne bei einem kleinen Park, ein Neubaugebiet im Blick.

Avolsheim - Dompeter mit Stellplatz

Ein vertrauenswürdiger Informant ist von hier mit seiner Gattin nach Strasbourg geradelt, und sie ist ihm auch wieder zurück zum Dompeter gefolgt. 20 km einfache Strecke waren den beiden nur ein leichtes Training. Sie hätten mir davon sicher nicht berichtet, gäbe es nicht den **Radweg** entlang dem **Canal de la Bruche** (in Avolsheim zunächst durch den Ort und über ein schönes Stauwehr), der ohne Straßenverkehr an den Ponts Couverts endet, angeblich eine der schönsten Radtouren im Nordelsass. Ich gebe das ungeprüft weiter, schon weil es keine bessere Überleitung zur 5. Tour gibt.

Strasbourg - Blaesheim - La Wantzenau

Stellplätze:	bei der Montagne-Verte in Straßburg, auf dem Gloeckelsberg bei Blaesheim, in La Wantzenau, zwischen Strasbourg und La Wantzenau
Campingplatz:	*Montagne-Verte* in Straßburg
Besichtigen:	das Vauban-Wehr, das Gerberviertel, die Altstadt mit dem Münster, das Museum im Palais des Rohan, das Elsässische Museum, das Frauenhausmuseum, das Museum für moderne Kunst, die Kirche St. Thomas, das Wilhelminische Stadtviertel in Strasbourg; Gloeckelsberg in Blaesheim
Essen:	zahlreiche Lokale in Strasbourg (im Text erwähnt); in Blaesheim die Restaurants *Au Boef* und *Schadt*
Karte:	Seite 52

Reisen in große Städte gehören nicht gerade zu den Vorzügen eines Wohnmobilurlaubs, und **Strasbourg** (Straßburg) ist eine Großstadt mit mehr als 250.000 Einwohnern. Im Großraum der Stadt wohnt sogar fast eine halbe Million Menschen. Demgemäss lautet die erste Frage des Wohnmobilfahrers nicht, wo finde ich einen Übernachtungsplatz, sondern zunächst einmal, wo kann ich parken? Würde sich beides vereinen, wären wir in der glücklichen Lage, Ihnen einen Supertipp zu geben. Aber die Quadratur des Kreises gelingt uns auch in Straßburg nicht.

Wir fahren abends meistens ein paar Kilometer, nach Blaesheim im Süden oder nach La Wantzenau, nordöstlich.

Aber nach jahrelanger Sucherei kenne ich inzwischen sogar ein Schlafplätzchen in Straßburg, zwar nicht im unmittelbaren Altstadtbereich, aber doch stadtnah und relativ ruhig gelegen:

(040) WOMO-Stellplatz: Strasbourg

GPS: N 48°34.514' E 7°42.783'; *Allée du Sommerhof*, **max.WOMOs**: >5; **Ausstattung/Lage**: tagsüber bisweilen zugeparkt, Wasser beim Campingplatz, ruhig in einem Vorort;
Zufahrt: verlassen Sie die Innenstadt nach Westen Richtung *'Aeroport'* bzw. *'Montagne-Verte'* (beschildert - auch Richtung *'Lingolsheim'*); Sie unterqueren dann bald die Autobahn und gelangen so auf eine stadtauswärts führende Straße, die *Route de Schirmeck*; ab der Autobahnunterführung kann eigentlich nichts mehr schief gehen, Sie werden nämlich spätestens jetzt einen Wegweiser zum Campingplatz *'Montagne-Verte'* entdecken; fahren Sie ihm einfach hinterher, dann biegen Sie an einer Verkehrsampel fast automatisch von der Route de Schirmeck nach rechts ab; Sie fahren nun unter einer Eisenbahnbrücke (3,30 m Höhe, Sie

können auch ohne Höhenbeschränkung mit Stadtplan von der anderen Seite anreisen) hindurch, ehe Sie der Wegweiser nach etwa 200 m nach rechts zum Campingplatz schickt; just an der Stelle biegen Sie aber gegenüber der Zeltplatzzufahrt nach links in ein Sträßchen ein, die *Allée du Sommerhof*, erschrecken Sie nicht, wenn der Parkplatz unter Bäumen am Rande eines schmalen Wasserlaufes noch zugestellt ist; spätestens ab 21 Uhr werden sich die Reihen lichten, und wenn es Nacht wird, werden Sie von ausladenden Kastanienbäumen - und nahen Häusern - beschützt.

Genauso gut können Sie sich auch auf dem (städtischen) Campingplatz einquartieren:

(041) Campingplatz: Strasbourg *(Montagne Verte)*
GPS: N 48°34.547' E 07°42.858'; 4 Rue de la Rotlach;
Ortszentrum: 2,5 km; **Zeiten**: 1.3.-31.10.; mäßige Pflege!
Zufahrt: wie zum vorgenannten Stellplatz.

Wegen des 2,5 km langen Fußweges ins Zentrum liegt er aber schon fast zu weit außerhalb, aber man gut radeln.

Schwerer erreichbar sind die beiden Straßburger **Baggerseen**. Der nördlichere heißt sogar so (*le Baggersee*), er ist fest in der Hand von Dauercampern - und von der freundlichen Stadtverwaltung mittels Querbalken in 2 m Höhe an den Parkplatzzufahrten verbarrikadiert. Man findet zwar hier und da trotzdem noch ein Plätzchen, von Gemütlichkeit kann jedoch keine Rede sein. Wenn Sie es uns nicht glauben, verlassen Sie die Innenstadt am besten an der Place de L'Etoile (beschildert) auf der Route de Colmar (N 83) nach Süden (Richtung Colmar und Illkirch-Graffenstaden) und vertrauen Sie dann den Wegweisern zum *‚Baggersee'*. Auf Ihrer Michelin-Karte ist das Gewässer ein paar Millimeter unter der Beschriftung *La Meinau* sogar eingezeichnet.

Mehrere Leser haben mich getadelt, ich hätte den zweiten südlichen Straßburger See einfach unterschlagen, wo man doch auf der Autobahn direkt an seinen blauen Fluten vorbei käme. Pflichtbewusst habe ich mich auf die Suche gemacht, das Ergebnis ist aber auch hier ernüchternd: Schon das Hinkommen erinnert mich mehr an eine Schnitzeljagd als an eine genussvolle Wohnmobilreise. Ständig endet die Sucherei auf irgendwelchen Parkplätzen uniformer Einkaufszentren. Schließlich habe ich den Weg doch noch gefunden und meine Beifahrerin hat notiert: »Verlasse die Autobahn bei der Abfahrt Nr. 7 und fahre Richtung *‚Espace commercial - la Vigie - Illkirch-Graffenstaden - Ostwald'*; suche dann den Wegweiser zum *‚Centre Nautique Hardt'* (so nennt sich nämlich das Gewässer) - und kehre bei der 2,15 m hohen Parkplatzschranke frustriert wieder um. Ärgere Dich nicht, wenn Du Dich auf dem Rückweg tierisch verfranst und denke daran, dass Du nicht zum Baden nach Straßburg gereist bist«. Ich darf dem noch hinzufügen, dass bei unserem Testbesuch die Barriere heruntergerissen war, man also ungehindert bis nahe an den See fahren konnte, dass aber das ganze Drumherum geradezu deprimierend trist aussah.

Am besten übernachten Sie gar nicht in Straßburg, an die Weinstraße sind es nicht einmal 30 Kilometer und zu dem unten empfohlenen Platz in Blaesheim ganze 14 km. Am Ende der Tour führe ich Sie zudem an einen Baggersee im Norden der Stadt.

Und nun zum **Parken**: Wer Straßburg besucht, möchte in die Altstadt, zum Gerberviertel (*La Petite France*), zum Münster (*Cathédrale*) und zu den sonstigen Sehenswürdigkeiten im Zentrum. Wir benutzen im Allgemeinen die Autobahn westlich der Stadt und verlassen diese, wenn wir **von Norden** kommen, bei der **Abfahrt Nr 3** (sie heißt *Porte Blanche* und kommt nach der Nr. 1, eine Nr. 2 kenne ich nicht). Am Ende der Abfahrt Nr. 3 fahren wir links und folgen dann dem Wegweiser *'Petite France'*. Bei der Ankunft **von Süden** nehmen wir die **Nr. 4**. Nach der Abfahrt Nr. 4 leitet uns zunächst der Wegweiser *'Centre'* (nicht Offenburg !) und dann der zur *'Petite France'*. Egal. ob Sie von Norden oder von Süden nahen, beide Wege vereinen sich, und Sie überqueren einen Kanal. Gleich danach sollten Sie den erstbesten Parkplatz nehmen. Von dort ist es dann nur noch der berühmte Katzensprung zur *Petite France,* in die Altstadt und ins Zentrum. Ich möchte Sie nicht länger mit Wegbeschreibungen nerven, die Sie dann doch nicht finden, Sie werden irgendwann einen Parkplatz entdecken (falls nicht,

im Gerberviertel

lesen Sie hinten unter dem Stichwort *Unfall* weiter). Wenden wir uns also lieber der erfreulichen Seite von Straßburg zu:

Der schönste **Altstadtbummel** beginnt auf der Galerie einer Schleuse, dem **Vauban-Wehr** (*Barrage-Vauban*). Wir durchqueren sie auch immer wieder im Inneren, dort sind hinter Gittern alte Bauteile und Fassadenstücke des Münsters aufbewahrt. Oben von der Terrasse gelingt das obligatorische Postkartenfoto, das nun auch den Umschlag dieses Buches ziert: Vorn die Türme der Ponts Couverts, der (ehemals) gedeckten Brücken, dahinter die Dächer der Altstadt und über allem das Münster, ein wirkliches Wahrzeichen der Stadt.

Ab den gedeckten Brücken beginnt auch beinahe zwangsläufig der Rundgang. Bei schönem Wetter und großem Durst könnte er alsbald und schneller als geplant in einem Gartenlokal unter einer gigantischen Platane am nördlichen Brückenkopf wieder zu Ende sein. Früher oder später landen wir im anschließenden **Gerberviertel *(La Petite France)***, obwohl (oder weil?) gerade dieser Stadtteil für Touristen besonders herausgeputzt ist. Aber schön ist er halt doch. Dort, wo einst Dirnen und Zuhälter gewerkelt haben, wo der penetrante Geruch der Gerberlohe und der zum Trocknen aufgehängten Tierhäute besser gestellte Bürger abgeschreckt hat, werden die Touristen heute aus zahlreichen Gaststätten vom fast ebenso durchdringenden Duft des *Choucroute* geködert. An einem warmen Sommertag, wenn mittags Wirtshaustüren und -fenster offen stehen, gelingt dem hungrigen Menschen die Durchquerung allenfalls mit dem heimlichen Selbstversprechen auf eine deftige, abendliche Strapaze des Magens. Straßburg kann nur genießen, wer sich beim Anblick riesiger Sauerkrautberge nicht zusammenreißen muss und wer sich ein *Choucroute* mit Rauchfleisch, Kasseler und Würstchen gönnt. Danach bin jedenfalls ich dann aber auch für die nächsten 12 Monate geheilt.

Die Auswahl unter den Restaurants ist groß, die **bekanntesten Lokale** in der Kernaltstadt - die Aufzählung könnte man ellenlang fortsetzen - sind:

- ***Le Crocodile*** (absolutes Spitzenrestaurant, auch preislich, bei Michelin zwei Sterne) in der Rue de l'Outre bei der Place Kleber;

- ***Maison des Tanneurs*** (elsässische Küche) in der Rue du Bain aux Plants, eines der schönsten Gebäude im Gerberviertel;

- das ***Pfifferbrieder*** (sehr preisgünstige Winstub) am Weg vom Münster zur Ill (das Münster im Rücken nach links, in der Nähe des Flohmarktes);

- das ***Le Strissel*** (sehr preisgünstige Winstub) an der Place de la Grande Boucherie, neben dem vorgenannten Lokal, wo samstags der Flohmarkt stattfindet;

- und schließlich eines der bekanntesten, das in dem schönsten Fachwerkhaus des Elsass eingerichtet ist, die ***Maison Kammerzell*** am Münsterplatz. Dort tischt man auch Elsässer Küche auf, allerdings leicht abgewandelt (oder ist Sauerkraut mit Lachs vielleicht ein altes Bauerngericht?).

Welche sind unsere **Lieblingsweinstuben**? Auch wenn wir keine Winstub präsentieren können, die nicht schon von den Siebecks, Merians und sonstigen Insidern über die Butzenscheibe bis zur Schneckengabel breitgeschrieben ist:

Am zurückhaltendsten und untouristischsten ist ***S'Muensterstuewel*** an der Place du Marché aux Cochons de Lait *(Tel. 03 88 32 17 63, sonntags und montags geschlossen)*, wenn man vor dem Münster mit dem Gesicht zum Portal steht, nach rechts die Gasse runter, bis zum nächsten kleinen Platz.

Wesentlich bekannter ist ***S'Burjerstuewel*** mit dem Beinamen ***Chez Yvonne*** in der Rue Sanglier *(Tel. 03 88 32 84 15, sonntags und montags mittags geschlossen)*, wo auch schon deutsch-französische Konsultationen auf höchster Ebene stattfanden. Um die Kneipe, sagen wir lieber das Wein-Speise-Lokal gepflegter Gastlichkeit, zu finden, stehen Sie auch jetzt wieder mit dem Gesicht zum Münsterportal, Sie gehen nun aber nach links bis zur Rue des Hallebardes, wo Sie sich rechts halten und nach ein paar Metern nach links in die Rue du Sanglier abbiegen. Yvonne ist der Name der Wirtin, die ab und an auch mal singt. Die Gemütlichkeitsliteraten überschlagen sich beim Gedanken an Yvonne - und übersehen, dass Madame die Gesetzmäßigkeiten einer lukrativen Abspeisung durchaus beherrscht, weshalb man ohne Voranmeldung kaum in ihr Reich eindringen darf. Trotzdem eine der erfreulichen

Elsässer Adressen.

Soll es wirklich behaglich sein, will man an die Rechnung erst denken, wenn sie vor einem liegt und verwechselt man nicht eine Winstub mit einem Schlemmerlokal, ist man im ***Hailich Graab (Saint Sépulcre)*** in der Rue des Orfèvres gerade recht. Wir stehen wieder mit dem Gesicht zum Portal vor dem Münster, wir gehen wieder nach links zur Rue des Hallebardes um diese praktisch zu überqueren, das Wirtshaus liegt dann rechts. Wenn Sie noch nie in einer elsässischen Weinstube waren, wählen Sie diesen Weg, achten Sie aber darauf, dass das *Hailich Graab* von 13.30 bis 16 Uhr merkwürdigerweise geschlossen ist, dafür aber schon um 11 Uhr öffnet *(Tel. 03 88 32 39 97, sonntags und montags geschlossen).*

Dem **Münsterplatz** darf man sich nur von einer Seite nähern, durch die dem Hauptportal gegenüberliegende Straße, also von Westen, von der Place Gutenberg aus. Nur so verspürt man den unwiderstehlichen Zwang, die Luft anhalten zu müssen, wenn die Kathedrale plötzlich fast das gesamte Sichtfeld füllt und kein Stückchen Himmel mehr übrig lässt. Der Blick richtet sich dann auf die größte und schönste Rosette, die je geschaffen worden ist. Dieser Weg direkt auf das Portal der Kirche zu lässt es zunächst vermuten und beim Erreichen des Haupteingangs zur Gewissheit werden: Wir stehen vor einer der schönsten gotischen Kirchen, vor einer absoluten Weltsehenswürdigkeit. Nähere Feinheiten, darunter die Statuen an der Fassade (in der französischen Revolution wurden 230 Bildwerke zerstört, 67 Figuren

Münster

blieben nur erhalten, weil man sie versteckt hat), die Fenster, die Orgel und die astronomische Uhr, können wir im Rahmen dieses Buches leider nicht erklären. Keinesfalls versäumen sollte man aber eine **Turmbesteigung** *(9-18:30 Uhr; 4 €).* Der Turm galt lange Zeit als das schönste Bauwerk der Welt, er wurde in der Revolution gerettet, indem man ihm eine rote Jakobinermütze aus Blech übergestülpt hat. Die davor liegende Plattform ermöglicht einen fantastischen Blick bis zu den Vogesen, vor allem auf die Altstadt mit ihrem Dächergewirr in rot, siena und dunkelbraun. Viele Dächer sind schief und verwinkelt, hier und da ein wenig ausgebessert und von größeren Altstadtsanierungen offensichtlich verschont geblieben.

Wollten wir hier nun alle Sehenswürdigkeiten Straßburgs beschreiben, könnten wir beinahe den Rest des Buches damit füllen, das ein Wohnmobil- und kein Kunstführer ist. Uns haben das **Museum im Palais des Rohan** *(10-18 Uhr, dienstags geschlossen; 4 €)*, zwischen Münster und Ill, mit seinen verschiedenen Kunstrichtungen und vor allem das **Elsässische Museum** *(gleiche Zeit wie Palais Rohan; 4 €)* auf dem schräg gegenüberliegenden Illufer (Qai St. Nicolas) stark beeindruckt. Fast so wie das **Musée de l 'Œuvre-Notre-Dame** (*Frauenhausmuseum; zwischen Münster und Palais Rohan; 10-18 Uhr, dienstags geschlossen, 4 €*), eine perfekte Ergänzung zum Münster. Es wurde gestiftet, um die Spenden für den Münsterbau zu verwalten und beherbergt heute wunderbare Skulpturen, Glasfenster und alte Gemälde. Absolut sehenswert ist schließlich das neu erbaute **Musée d'Art moderne et contemporain** (*für moderne und gegenwärtige Kunst; über das Vauban-Wehr auf der anderen Ill-Seite; 11-19 Uhr, donnerstags bis 22 Uhr, montags geschlossen; 5 €*).

Beim Rundgang durch Alt-Straßburg sollte man auch nicht die **Place Kléber** als geschäftlichen Mittelpunkt der Altstadt auslassen und zuletzt vielleicht noch die Kirche **Saint Thomas** am Ufer der Ill besuchen. Wer danach noch Zeit hat, überquert im Nordosten der Altstadt den Kanal und spaziert durch das **Wilhelminische Stadtviertel**, wo man eine Ansammlung preußischer Monumentalbauten aus der Zeit nach 1871 bestaunen kann, wie man sie sonst kaum noch zu Gesicht bekommt. Ich wiederhole mich: Das war nur ein sehr oberflächlicher Schnelldurchgang. Ich kenne aber auch dessen Gegenteil und Leute, die bringen ganze Sommer damit zu, an den Wochenenden die **Festungen** aufzuspüren, die von den deutschen Besatzern Ende des 19. Jahrhunderts beinahe rund um Straßburg angelegt wurden. Architektonische Artefakte, die zum Teil von der Natur überwuchert werden (und auf der Michelinkarte eingezeichnet sind, wie zum Beispiel Fort Kléber nahe der N 4, der Straße nach Marlenheim).

Fort Kléber

Nochmals zurück zur Übernachtungsfrage: Eine wirklich gute Stelle kennen wir bei **Blaesheim**, 14 km südlich der Stadt. Auf Ihrer Michelin-Karte sehen Sie dort einen Aussichtsturm auf dem so genannten Gloeckelsberg, einer kleinen Erhebung im sonst ebenen Rheintal. Der uralte, romanische Kirchturm wurde nachträglich mit Zinnen und einer Holztreppe versehen, das Kirchenschiff ist abgerissen, der Kirchhof ist aber noch in Betrieb. Davor, neben einer Obstwiese und über Feldern, finden wir eine kleine Fläche mit Bänken, ein nahezu idealer Stellplatz. Vom Turm liegt uns ein Stück Elsass wie ein Modell zu Füßen, von jedem Landschaftsteil ein Ausschnitt: Hinten das Straßburger Münster, davor Industrieansiedlungen, dann ein Stück langweilige Rheinebene mit ausgedehnten Feldern, auf denen Weißkraut für das Choucroute wächst, direkt unter uns der bunte Friedhof, daneben die roten Dächer von Blaesheim; im Westen Molsheim, der Odilienberg und schließlich im Süden, schon im Dunst, die hohen Vogesen. Ich kenne keine andere Stelle, an der man bei klarer Sicht so sehr einen Teil des Elsass als dessen Ganzes empfinden kann. Leider ist der Turm meistens zugeschlossen. Bei der Mairie unten im Dorf gibt man Ihnen aber den Schlüssel - es lohnt sich:

(042) WOMO-Stellplatz: Blaesheim

GPS: N 48°30.572' E 7°36.354'; *kein Straßenname*; **max.WOMOs**: 3-4; **Ausstattung/Lage**: Wasser, Mülleimer, Gaststätten, Ortsrand, einen Tick einsam; **Zufahrt**: von der N 422 nach Blaesheim; dort auf den Berg mit dem Turm (Gloeckelsberg) - siehe Michelin-Karte; im östlichen Teil der Ortsdurchgangsstraße in einer Kurve beschildert.

Direkt seitlich befindet sich ein Campingplatz eines französischen Studentenverbandes, der meistens unbenutzt ist und im Juli oder August nur Mitgliedern offen steht. Vielleicht gewährt man Ihnen trotzdem Einlass, und sei es nur auf's Klo.

Die beiden **Restaurants** im Ort stehen jedem offen. Im ***Au Boeuf*** haben wir nach entsprechender Voranmeldung *(Tel. 03 88 68 68 99; sonntags abends und montags und fast den ganzen August geschlossen)* vor Jahren vortrefflich gespeist; nicht ohne Grund wurde hier der frühere Bundeskanzler Schmidt 1977 und 1981 gleich zweimal vom französischen Staatspräsidenten bewirtet. Zu den heutigen Qualitäten fehlen mir allerdings Erfahrungen. Eine Spur bescheidener gibt sich das rustikalere, vor allem wegen seiner Fischgerichte bekannt gewordene ***Schadt***. Unter frivolen Bildern des elsässischen Zeichners Tomi Ungerer weht noch ein Hauch großer Politik, seit im Jahre 2001 Gerhard Schröder und Joschka Fischer mit ihren französischen Gastgebern bilateral die Gläser gehoben

La Wantzenau - Blick vom Stellplatz

haben. Die Preise hatten leider schon vorher kräftig angezogen, dafür verwickelt Sie aber der Patron garantiert noch in ein ausgedehntes Schwätzchen *(Tel. 03 88 68 86 00; sonntags abends und donnerstags geschlossen).*

Eines Tages werden die hohen Herren auch in **La Wantzenau** vorfahren. Ich verkneife mir trotzdem Näheres zu den potentiellen Zieladressen (dem *Relais de la Poste,* dem *Le Moulin* oder dem *La Barrière*), zu sehr ist die 5. Tour bereits eine Fresstour. Aber einen schönen Ort mit blühenden Bauerngärten und einen tollen Stellplatz, einen der besten im Elsass, darf ich noch zum Besten geben, zumal von Straßburgs Innenstadt ähnlich weit entfernt wie Blaesheim, jedoch im Norden:

(043) WOMO-Stellplatz: La Wantzenau

GPS: N 48°39.319' E 7°50.101'; *Quai des Bateliers*; **max.WOMOs**: >5;
Ausstattung/Lage: Mülleimer, Gaststätten, Geschäfte, häufig von Festen belegt, am Wochenende bisweilen unruhig, im Ort;
Zufahrt: biegen Sie in La Wantzenau von der D 468 ab und fahren Sie durch die Ortsmitte bis zur Ill (Richtung Robertsau); unmittelbar vor, also nördlich der Illbrücke fahren Sie nach links; nach etwa 250 m liegt direkt am Flussufer neben der Mehrzweckhalle ein sehr geräumiger Platz *(‚P')*.

Am Abend sitzen wir auf Bänken am Illufer und schauen den Wildenten zu. Wir lauschen dem weit entfernten Tuckern der Lastkähne auf dem Rhein und atmen den unbeschreiblichen Geruch eines trägen Flusses.

Haben Sie Kinder? Oder wollen Sie welche? Im Auwald zwischen Ill und Rhein östlich von La Wantzenau kann man in einem kleinen Vogelpark Störche aus nächster Nähe betrachten. Diese werden Sie nicht interessieren, wenn Badewetter ist. Dann werden Sie nämlich zwischen La Wantzenau und Strasbourg, nördlich der Vorstadt Hoenheim, in einen **Baggersee** springen und wahrscheinlich dort sogar schlafen:

(044) WOMO-Badeplatz: Hoenheim

GPS: N 48°37.830' E 7°46.691'; **max.WOMOs**: >5;
Ausstattung/Lage: Mülleimer, Toilette, Kiosk (beides nur im Sommer), Badestelle mit Kiesstrand, einsam (im Sommer aber auch nachts besucht und öfters, gerade am Wochenende, laut), ausserorts;
Zufahrt: nördlich von Strasbourg (und nördlich der Vorstädte Bischheim und Hoenheim) zwischen Hoenheim und La Wantzenau von der D 468 beim Wegweise *‚Plan d'Eau'* abbiegen.

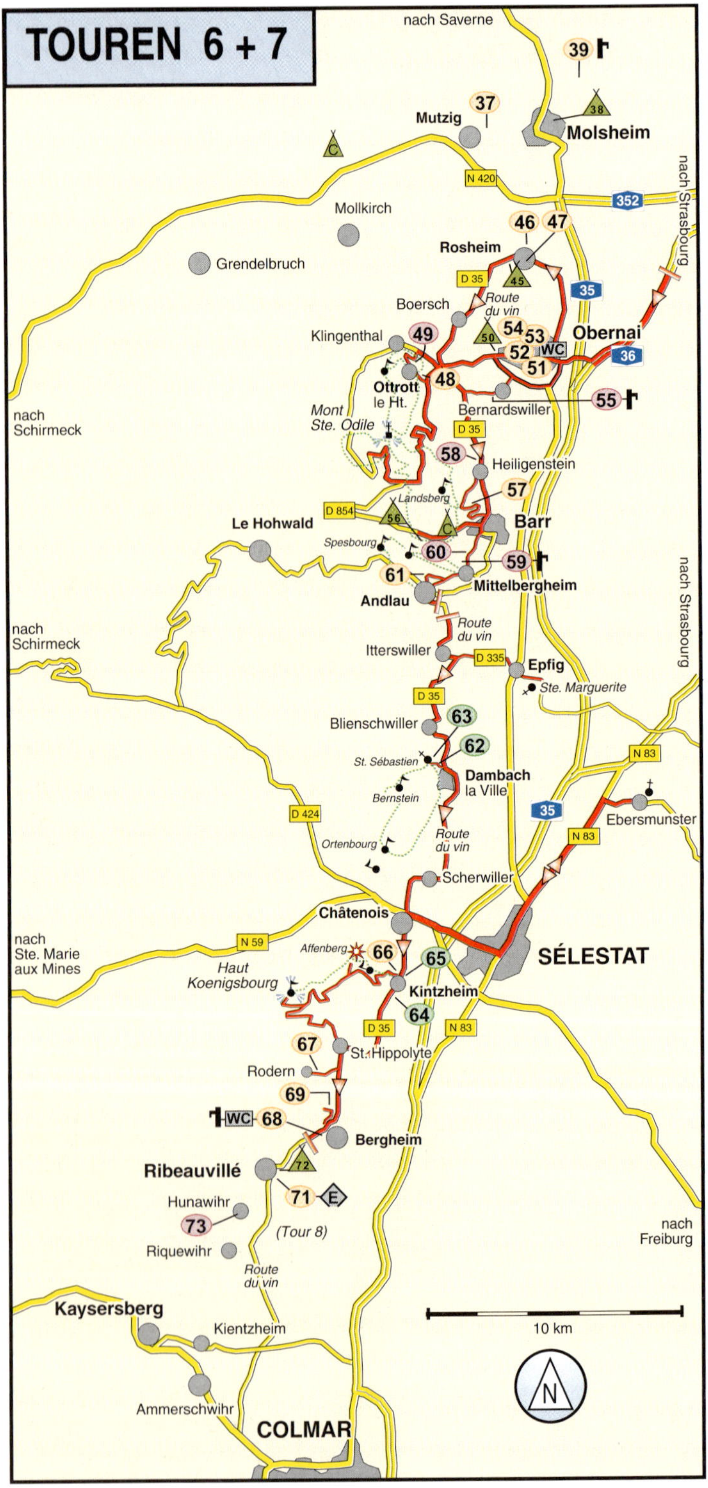
TOUREN 6 + 7
nach Saverne
Mutzig
Molsheim
Mollkirch
Grendelbruch
Rosheim
Boersch
Route du vin
Klingenthal
Obernai
Ottrott le Ht.
Bernardswiller
Mont Ste. Odile
Heiligenstein
Landsberg
Barr
Le Hohwald
Spesbourg
Mittelbergheim
Andlau
Itterswiller
Epfig
Ste. Marguerite
Blienschwiller
St. Sébastien
Dambach la Ville
Bernstein
Ortenbourg
Scherwiller
Ebersmunster
Châtenois
Affenberg
Haut Koenigsbourg
Kintzheim
SÉLESTAT
St. Hippolyte
Rodern
Bergheim
Ribeauvillé
Hunawihr
Riquewihr
(Tour 8)
Kaysersberg
Kientzheim
Ammerschwihr
COLMAR
nach Schirmeck
nach Schirmeck
nach Ste. Marie aux Mines
nach Strasbourg
nach Strasbourg
nach Freiburg
10 km
N

Tour 6: Odilia stets im Blick

Rosheim - Ottrott - Obernai - Odilienberg - Barr
Mittelbergheim - Andlau

Stellplätze:	in Rosheim, in Ottrott; in und bei Obernai, in Bernardswiller, oberhalb von Barr, in Heiligenstein, in Mittelbergheim, bei Andlau
Campingplätze:	in Rosheim, in Obernai, bei Barr
Besichtigen:	Kirche von Rosheim, Ottrott, Obernai, Barr, Heidenmauer und Kloster auf dem Odilienberg, Mittelbergheim, Andlau
Wandern:	zu den Ottrotter Schlössern, zum Château de Landsberg, zum Odilienberg, Spaziergang in Andlau, zu den Burgruinen Spesbourg und Haut-Andlau
Essen:	Restaurant *A L'Ami Fritz* in Ottrott, Winstub *L'Agneau d'or* in Obernai, Weinstuben *Caveau Folie Marco* oder *Caveau des Tanneurs* in Barr, *Winstub Gilg* oder Restaurant *Lindeplatzel* in Mittelbergheim, Restaurant *Relais de la Poste* oder Winstub *Val d'Eleon* in Andlau

Wer sich südlich von Molsheim in Gedanken an Bugattis vergangene Herrlichkeit ertappt, lieber in einem offenen Zweisitzer als am Steuer eines mit Dusche und Chemieklo ausgestatteten Wohngefährtes zu sitzen, wird schnell von der Realität eingeholt: Straßenbau und Landschaftsverbrauch machen auch vor dem Elsass nicht Halt. So muss man sich zu schmalen Wegen zwingen, um nicht die abseits der Schnellstraßen liegenden Ortschaften zu versäumen.

Um Rosheim wäre es besonders schade. Zumal wir auf die *Route du vin* treffen, die **Elsässische Weinstraße**, die im Norden schon bei Marlenheim beginnt. Bei **Rosheim** (4.000 Einwohner) fallen uns an den hügeligen Vogesenausläufern aber erstmals die Weinberge auf, und die Kleinstadt besticht mit schönen Bauten: Mit einer weitgehend naturbelassenen, fast den ganzen Ort durchziehenden Hauptstraße, drei gut erhaltenen Stadttoren sowie dem ältesten Steinhaus der Gegend, dem *Heidenhaus* von ca. 1200. Die **romanische Kirche** St. Peter und Paul (12. Jahrhundert) übertrifft aber alles, Kunstliebhaber zählen sie zu den Höhepunkten einer Elsassreise. Uns zieht weniger das Innere an *(9-18 Uhr)*, uns faszinieren vielmehr die äußere Harmonie sowie die Skulpturen an und auf den Dächern. Ein Gruseln überkommt uns beim Anblick der auf den Simsen lauernden steinernen, Menschen ver-

Rosheim - der Jude auf dem Dach

schlingenden Tieren. Eine rätselhafte Gestalt hockt auf dem Dachzwickel am Turm. Hält sie einen Weinpokal in der rechten Hand, wie manchmal zu lesen ist?. Wer ohne Weinseligkeit und nüchtern hinschaut, erkennt den Irrtum: Es ist ein als Wucherer verhasster Jude, zum Zeichen seiner Ungläubigkeit als Blinder dargestellt, den Geldsäckel fest im Griff. Vom 14. Jahrhundert bis zur französischen Revolution war den Juden verboten, in größeren elsässischen Städten zu siedeln. Sie flüchteten daher in die Dörfer und Kleinstädte, unter anderem nach Rosheim. Aber auch dort bildeten sie die unterste Schicht und wurden von der christlichen Dorfgemeinschaft ausgeschlossen - oder als Zerrbild auf das Kirchendach gesetzt. Das Städtchen ist noch ein echter Geheimtipp, der es vermutlich auch bleiben wird.

Für die Nacht in Rosheim bietet sich ein schnuckeliger, Campingplatz an, ein privater Garten, in dem am Sonntagmittag *Bingo* gespielt wird:

(045) WOMO-Campingplatz-Tipp: Rosheim

GPS: N 48°29.553' E 7°27.667'; *Route de Boersch*, **Ortszentrum**: 0,4 km; **Zeiten**: 1.4 - 1.10.; **Zufahrt**: in Rosheim an der Straße nach Boersch (nicht zu verwechseln mit dem weniger schönen Platz 3 km westlich in Richtung Grendelbruch).

Die Wahl fällt schwer, weil Sie auch noch unter zwei Übernachtungsplätzen wählen dürfen:

(046) WOMO-Stellplätze: Rosheim

GPS: N 48°29.880' E 7°28.088'; *Avenue Clemenceau*, **max.WOMOs**: >5;
Ausstattung/Lage: Gaststätten, Geschäfte, im Ort;
Zufahrt: nördlich der Altstadt bei einem stillgelegten Bahngleis; Wegweiser *'P- Bus'*.
oder
(047): GPS: N 48°29.640' E 7°28.052'; südlich der Hauptstraße; von dieser beim Wegweiser *'Salle des fêtes'* abbiegen bis zum geräumigen Platz hinter der Festhalle in die *Rue de l'Eglise*.

Über **Boersch**, einem von Stadtmauern und drei Toren umbauten Städtchen mit vielen verzierten Fachwerkhäusern und einem der schönsten Brunnen im Elsass gelangen wir nach Ottrott. Von dort fährt übrigens im Sommer an Sonn- und Feiertagen ein nostalgischer Dampfzug nach Rosheim.

L'Ami Fritz

Ottrott ist ein **WOMO-Lieblingsort** und wäre das nicht, gäbe es nicht das **Restaurant *L'Ami Fritz***, eine Institution, wo der berühmte *Rouge d'Ottrott* schon ausgeschenkt wurde, als man anderswo im Elsass noch nicht wusste, dass man in dieser Region auch hervorragenden Rotwein anbauen kann, der meist noch besser wird, wenn man ihn trinkt wie Weißen, gekühlt und aus eher kleinen Gläsern (die Tendenz geht aber immer mehr zum »richtigen« Rotwein – siehe auch hinten beim Stichwort *Wein*). Das gemütliche Lokal zählt noch zu den Weinstuben, wenngleich hier schon länger die höhere, aber noch bezahlbare Küche zelebriert wird. Dennoch hat man nicht ganz den traditionellen Gerichten abgeschworen, so dass jeder Gast in angenehm ungezwungener Atmosphäre das Passende findet; ein Stern unter den vielen Leuchtpunkten elsässischer Lokale. Reservieren Sie rechtzeitig, denn den *Fritz* erwähnt so ziemlich jeder, der je über das Elsass publiziert hat *(Tel. 03 88 95 80 81, mittwochs und von Ende Juni bis Mitte Juli geschlossen; Speisekarte mit Preisen unter www.amifritz.com)*. Auch die anderen Esstempel, das *Beau Site* und das *Châteaux*, werden hoch gehandelt. An der Qualität hatten wir nichts auszusetzen, die Preise sind uns aber zu hoch und der Rahmen wirkt reichlich steif.

Um so besser ist der riesige Übernachtungsplatz an der Mehrzweckhalle oberhalb des Sportplatzes, auch wenn er auf den ersten Blick gar nicht so einladend wirkt:

(048) WOMO-Stellplatz: Ottrott *(Mehrzweckhalle)*

GPS: N 48°27.353' E 7°25.861'; *Avenue des Myrtilles*; **max.WOMOs**: >5; **Ausstattung/Lage**: Gaststätten, Mülleimer, Wanderwege, im Ort; **Zufahrt**: biegen Sie in Ottrott-le-Bas, dem unteren Ortsteil, von der D 426 auf die D 35 ab und nach etwa 200 m nach rechts (Wegweiser *,Centre sportif'* oder *,Salle des fêtes'*); Sie sehen dann rechts zunächst den Sportplatz und danach einen Platz, auf dem häufig ein Lastzug oder Bus parkt (unser Foto); besser steht man meist 200 m weiter vor der Mehrzweckhalle.

Sie können von hier problemlos zu den Lokalen nach Ottrott-le-Haut, also in den oberen Teil, laufen und genauso gut die Wanderung beginnen. Auch Naturliebhaber kommen bei Ottrott auf ihre Kosten:

(049) WOMO-Picknickplatz: Ottrott *(Spielplatz)*

GPS: N 48°27.676' E 7°25.137'; *Rue du Château*; **max.WOMOs**: >5; **Ausstattung/Lage**: Bänke und Tische, Mülleimer, Spielplatz, Wanderwege, außerorts, einsam;

Zufahrt: von der D 35 nach Ottrott-le-Haut (wie zum vorgenannten Stellplatz), weiter bergauf, beim Einbahnstraßenschild rechts, die nächste Straße links, wieder rechts bergauf, beim *L'Ami Fritz* und dem Hotel *Châteaux* vorbei; durch einen Hohlweg; an der Wiese geradeaus bergab und nach rechts auf den Parkplatz, der auch von der Straße Ottrott-Klingenthal angefahren werden kann (siehe Michelinkarte - das Ministräßchen ist dort nördlich von Ottrott zu sehen).

Am erstgenannten Übernachtungsplatz (oberhalb des zweiten laufen wir dann vorbei) starten wir die Wanderung zu den bekannten **Ottrotter Schlössern**:

Wir bummeln durch das Dort und gehen vor der Kirche links den Berg hinauf. Dort folgen wir dem rot-weiß-rot markierten Wanderweg, der uns bei mittelsteilem Anstieg nach ungefähr 45 Minuten zum **Forsthaus**

Rathsamhausen führt. Gegenüber sehen Sie die gleichnamige Burgruine, durch einen Graben von der weiter rechts liegenden, schon länger zerstörten Ruine Luetzelbourg getrennt. Zu unserer Überraschung ist das Forsthaus bewirtschaftet, alleine der Hof unter Bäumen mit prächtigem Blick ins Tal lohnt den Weg hierher.

Nachdem wir in den Ruinen herumgeklettert sind (nur zeitweise zu besichtigen), gehen wir den Weg ein kleines Stück zurück, um dann nach links in nördlicher Richtung ins Tal hinab zu wandern. Der Weg ist jetzt mit einer gelben Scheibe markiert und endet kurz vor Klingenthal, wo wir auf bequemem Weg dem blauen Kreuz nach Niederottrott folgen und dort wieder vor unserem WOMO ankommen. Die Wanderung hat eine Länge von etwa 8 km *(Karte: TOP 25, 3716 ET, Mont Sainte Odile).*

Ottrotter Schlösser

Wer nur Zeit für einen **Spaziergang** zu den Ottrotter Schlössern hat, läuft einfach wieder auf dem Hinweg zurück nach Ottrott.

Und wer Großes wagt, nimmt sich ab den Burgen den Weg zum **Odilienberg** vor, um dann nach etwa 4 Stunden wieder zu Hause zu sein. Da Ottrott ein WOMO-Lieblingsort ist, gehört diese Strecke zu unseren bevorzugten Elsasswanderungen (*Karte wie oben*). Literarisch erklimmen wir den heiligen Berg weiter unten.

Vor weiteren Fußtouren entschließen wir uns zu einem Besuch von **Obernai** (9.500 Einwohner). Wir hätten es nicht besser treffen können: Sonne pur, und der Marktplatz eines der schönsten elsässischen Städtchen macht seinem Namen Ehre. Die bunten Sonnendächer der Stände, an denen man von der Kombizange bis zum Gallentee alles Erdenkliche kaufen kann, leuchten besonders farbenfroh. Wochenmärkte dieser Art sind typisch für Frankreich, sie dienen noch Versorgung der Bevölkerung, wenngleich mir jedes Mal auffällt, dass ich noch nie gesehen habe, wie jemand an einer der zahlreichen Kleiderbuden eine Hose oder auch nur ein Hemd anprobiert oder gar gekauft hat. Ich hätte gerne das schillernde Treiben fotografiert, im Hintergrund das im 15. Jahrhundert erbaute Rathaus, daneben der 72 m hohe Kapellturm, Überbleibsel einer 1873 abgerissenen gotischen Kirche. Ideal für mein Foto wäre der Renaissancebalkon der ehemaligen Kornhalle *(Halle aux Blés)* gegenüber dem Rathaus. Wo früher

in Obernai

Weizensäcke lagerten, wachen heute jedoch die Kellner eines Restaurants darüber, dass kein Tourist - und gibt er auch vor, ein Buch zu schreiben - den Vorsprung betritt. Sollen wir für ein Foto dort essen und uns einen Tisch am Fenster reservieren lassen? Nein danke, entweder freiwillig oder gar nicht! Schließlich sind wir keine Ansichtskartenfotografen, und das Foto von unten ist auch nicht schlecht.

Liebäugeln Sie schon länger mit der Anschaffung des schönen elsässischen Geschirrs, das auf der Unterseite die Bezeichnung *Obernai* trägt? Ein gewisser Herr Loux hat vor Urzeiten bäuerliche Szenen aus der Zeit unserer Urgroßeltern gezeichnet, und kaum eine Winstub verzichtet auf dieses so typische Steingut. Sie werden selten davon eine vergleichbare Auswahl (und so niedrige Preise) finden wie in der *Quincaillerie Dietrich*, einem Haushaltswarengeschäft am Marktplatz von Obernai. Auch wenn Sie Ihren Lieben ein Senftöpfchen, eine

Trachtenpuppe oder einen Plastikstorch mitbringen möchten, bietet sich das Sammelsurium dieses Ladens an, fast schon ein Museum.

Obernai hat aber noch mehr zu bieten: Zum Beispiel einen ganzjährig offenen Campingplatz ohne Dauercamper, von dem man zu Fuß das Zentrum erreichen kann:

(050) WOMO-Campingplatz-Tipp: Obernai (*Le vallon de l'Ehn*)

GPS: N 48°27.809' E 7°28.062'; *1 Rue de Berlin*; **Ortszentrum**: 0,9 km; **Zeiten**: ganzjährig; **Ausstattung**: Schwimmbad und Hallenbad in der Nähe, keine Dauercamper; **Zufahrt**: an der D 426 Richtung Ottrott.

Für kürzere Aufenthalte empfehle ich unbedingt die freien Plätze, selten ist die Auswahl größer:

WOMO-Stellplätze: Obernai

(051) **Remparts**

GPS: N 48°27.616' E 7°29.217'; *Rue de L'Abbe Oesterle*; **max.WOMOs**: >5;

Ausstattung/Lage: zurecht einer der beliebtesten Stellplätze im Elsass, absolut stadtnah, mit Bach und Grün am Rand; Toilette, Wasser, Mülleimer, Gaststätten, Geschäfte, Blick auf die Stadtmauer, Ortsrand;

Zufahrt: fahren Sie von der D 422 auf den vielfach beschilderten Busparkplatz südöstlich der Altstadt bei der Touristeninformation, an der Straße nach Ottrott bei einem Kreisverkehr Wegweiser *,P des Remparts'*.

(052) **Kirche**

GPS: N 48°27.797' E 7°28.924'; *Rempart Monseigneur Freppel*; **WOMO-Zahl**: höchstens 5;

Ausstattung/Lage: ein kuscheliger Platz für Individualisten; Toilette (bei der Kirche), Gaststätten, Geschäfte, nur bis 6,50 m Länge, im Ort;

Zufahrt: vom Stadtzentrum auf die große Kirche am nördlichen Stadtrand zufahren, vor der Kirche rechts unter die Bäume am Bach und Friedhof; tagsüber sind oft keine Parkplätze frei.

(053) **Mémorial**

GPS: N 48°27.946' E 7°28.728'; *kein Straßenname*; **max.WOMOs**: 2-3;

Ausstattung/Lage: der Platz mit der sensationellen Fernsicht, exponierte Lage, zeitweise laut durch vorbeifahrende Autos, außerorts;

Zufahrt: Sie müssen zum riesigen, nachts angestrahlten Kreuz oberhalb von Obernai und über der Mauer mit den großen Lettern *,Clos Sainte Odile'*. Fahren Sie bei der großen Kirche am westlichen Rand der Altstadt bergauf, Wegweiser *,Mémorial'*, bei einer Spitzkehre links, unterhalb besagter Mauer geradeaus und beim Hotel *,Bel Air'* rechts bis zur kleinen Ausbuchtung beim Kreuz.

(054) Wasserwerk
GPS: N 48°28.343' E 7°28.003'; *R. de la Haute Corniche*; **max.WOMOs**: >5;
Ausstattung/Lage: ein Platz für warme Sommerabende, den Klappstuhl, das Federballspiel und den Grill; teilweise Aussicht bis zum Straßburger Münster, großflächige Wiesen, Grillstellen, Mülleimer, weniger einsam als es zunächst scheint, außerorts;
Zufahrt: am Anfang wie zum vorigen Platz; beim Hotel *Bel Air* aber links in die *Rue de la Haute Corniche*, an der nächsten Gabelung geradeaus und noch etwa 350 m bergauf bis zu einer Holzschranke beim Wasserwerk, etwa 60 m nach dem letzten Haus.

Der Begriff des **WOMO-Lieblingsortes** ist meine Schöpfung, und keiner der anderen WOMO-Autoren ist mir bislang gefolgt. Würden die aber über Obernai schreiben, sie würden dem Bürgermeister die Auszeichnung persönlich und am Bande überreichen.

Die **Winstub *L'Agneau d'or*** in der Rue Général Gouraud *(am westlichen Rand der Altstadt; Tel. 03 88 95 28 22; montags geschlossen)* spielt zwar nicht in der ersten Liga elsässischer Gastronomie, am Nebentisch werden Sie hinter dem Sauerkraut auch eher einen Arbeitskollegen als einen Franzosen sehen, aber Sie werden das *Goldene Lamm* Ihren Freunden weiterempfehlen. Ein Betreiberwechsel und eine Entschrottung von allzu aufdringlicher Folklore kam der Sache vor nicht ferner Zeit zugute.

Auch **Bernardswiller** liegt noch im Dunstkreis der Lieblingsorte und würde hier nicht erwähnt, gäbe es dort nicht einen weiteren schön gelegenen Stellplatz:

(055) WOMO-Picknickplatz: Bernardswiller

GPS: N 48°27.084', E 7°27.550'; *Rue Ste. Odile* ; **max.WOMOs**: 2-3;
Ausstattung/lage: Bänke und Tisch, Wasser, Mülleimer, Spielplatz, Wiese, Ortsrand;
Zufahrt: beim Friedhof am westlichen Ortsrand nicht zu verfehlen, wenn Sie von der D 109 in die *Rue Ste. Odile* abbiegen.

Sie werden im nahen **Barr**, einer schönen Kleinstadt (4.600 Einwohner) mit vielen Fachwerkhäusern, nahtlos an den bisherigen Tourverlauf anknüpfen. Wahrscheinlich nicht schon wieder in einer Weinstube, weshalb ich den ***Caveau Folie Marco*** *(beim gleichnamigen Museum; Tel. 03 88 08 91 06, montagsabends und dienstags geschlossen - am östlichen Ende der Hauptstraße Richtung Heiligenstein)* und dessen folkloristische Steigerung, den ***Caveau des Tanneurs*** *(unterhalb des Marktplatzes rechts in einer Seitengasse; geöffnet von Donnerstag bis Sonntag ab 18 Uhr, im Juli/August schon ab Mittwoch)* nur erwähne, weil man sie bei Barr nicht auslassen darf. Es gibt nicht Herausragendes zu sehen, laufen Sie einfach in der Altstadt umher, dann entgeht Ihnen nichts.

Optimal ist das Wanderrevier, was Sie weidlich ausnutzen sollten. Bevor Sie die Schuhe schnüren, könnten Sie noch wenige Kilometer fahren: Den mitten im Ort gelegenen Campingplatz lassen Sie rechts und das Schwimmbad kurz danach links liegen, während Sie von Barr aus die D 854 in Richtung Le Hohwald/Schirmeck wählen. Fahren Sie bis zum Picknickplatz *Holzplatz*, der rechts der Straße nicht zu übersehen ist.

Gegenüber diesem Picknickplatz liegt auch angenehm aussehender Campingplatz ohne Dauercamper:

(056) WOMO-Campingplatz-Tipp: Barr *(Les Reflets du Mont Ste. Odile)*

GPS: N 48°24.616', E 7°24.057'; *Rue de la Vallée*; **Ortszentrum**: 3,5 km; **Zeiten**: 1.4..- Anfang Nov..; **Ausstattung**: Brotverkauf, kleiner Pool, keine Hunde; **Zufahrt**: an der D 854 in Richtung Le Hohwald/Schirmeck; ein **weiterer** Campingplatz liegt vorher an der selben Straße noch in Barr, in der Nähe des Schwimmbades.

Sie parken also auf dem erwähnten Picknickplatz und machen sich zu einer ganztägigen, etwa 20 km langen Wanderung zum **Odilienberg** fertig. Da Sie sich eine Wanderkarte gekauft haben (siehe unter dem Stichwort *Wanderungen*), können wir uns auf die Beschreibung der einzelnen Stationen beschränken:

Vom *Holzplatz* steigen wir erst mal für mindestens eine Stunde mit gelbem Kreuz immer bergauf. Achtung, der Beginn der Wanderung ist schwer zu finden, der Weg führt am nördlichen Ende des Picknickplatzes in den Wald und ist nach kurzer Wegstrecke etwas verwirrend markiert; Sie müssen im Prinzip immer in nördlicher Richtung aufwärts gehen, bis Sie zum *Kiosque Jadelot* gelangen. Neben einer Schutzhütte gibt es immer noch eine dem Hang vorgebaute Aussichtsplattform, die ihren Zweck aber nur noch beschränkt erfüllt, da das Baumwachstum inzwischen fast nur noch die Sicht auf das Waldsterben zulässt. Kurz danach treffen wir auf die so genannte **Heidenmauer** *(Mur Paien)*, eine 10,5 km lange Mauer rund um den Odilienberg. Sie besteht aus grob behauenen, aufeinandergeschichteten Steinblöcken, die ursprünglich einmal durch schwalbenschwanzförmige Holzbolzen zusammengehalten worden sind. An einigen Stel-

Heidenmauer

len ist die Mauer noch bis zu 3 m hoch und 1,7 m breit (das ist gut zu sehen, wenn man vom nachgenannten Parkplatz nach Norden, Richtung Hagelschloss - auch eine tolle Strecke - stiefelt). Die Geschichte der Mauer ist, wenn wir der Literatur glauben dürfen, heftig umstritten. Wahrscheinlich wurde die Mauer um 900 v. Chr. von den Kelten begonnen und im 4. nachchristlichen Jahrhundert von den Römern restauriert. Andere Wissenschaftler vertreten die Auffassung, dass sie erst zwischen 400 und 200 v. Chr. aufgeschichtet worden sei. Uns ist dieses ziemlich gleichgültig, denn eindrucksvoll ist die Mauer allemal. Nicht ohne Grund gilt sie als eines der interessantesten prähistorischen Denkmäler des Landes, wobei wir einmal außer Acht lassen wollen, dass die Zeit um 200 v. Chr. wohl nicht mehr als prähistorisch bezeichnet werden darf. Wir treffen am so genannten Wachstein, der als Beobachtungsposten gedient haben soll, auf die Mauer. Wenn Sie an eine solche frühere Funktion des riesigen Steins nicht glauben, lassen Sie doch einfach Ihrer Fantasie freien Lauf! Dann fällt es Ihnen nach etwa 300 m auch leichter, daran zu glauben, dass es sich bei der so genannten Druidengrotte um eine von Menschenhand geschaffene Behausung handelt (ich denke dabei - ehrlich gesagt - nur an Asterix und Obelix).

Zwischen Wachstein und Druidengrotte schickt Sie ein Wegweiser zur **Absturzstelle vom 20.1.1992**. Ein Passagierflugzeug hatte den Flughafen von Strasbourg zu tief angeflogen und die Baumspitzen gestreift. 89 Menschen fanden den Tod, einige wenige haben aber überlebt. Die eingezäunte und mit vielen Holzkreuzen versehene Unglücksschneise ist eine Gedenkstätte. Sie können auch vom Wachstein nach rechts an der Mauer vorbei spazieren, alle Wege führen zum **Odilienkloster** und sind, jeder für sich, die Wanderung wert, deren Beschreibung unten fortgeführt wird.

Wenn Sie an der *Druidengrotte* vorbeigehen, stoßen Sie auf einen **Parkplatz**. Dort wie auf den anderen Plätzen beim Kloster ist das Übernachten inzwischen verboten. Ich erwähne jenen dennoch, weil Sie, falls Sie unserer Wanderung nicht folgen, von hier unbedingt einen Spaziergang zur **Heidenmauer** unternehmen sollten (Richtung Hagelschloss - die beste Stelle und Näheres nenne ich Ihnen oben bei der Wanderung), deren guter Erhaltungszustand wirklich einmalig ist. Wenn man beispielsweise unmittelbar vor dem Kloster parkt, kann man sich in insgesamt einer Stunde schon die wichtigsten Teile der Mauer ansehen.

Das **Kloster** selbst wurde der Sage nach im 7. Jahrhundert von Odilie gegründet. Sie war die Tochter von Herzog Eticho und wurde als schwächliches, blindes Mädchen geboren, weshalb ihr Vater sie töten wollte. Die Mutter versteckte das Kind in einem Kloster in Burgund, wo es im Alter von 12 Jahren getauft wurde und während der Taufe das Augenlicht gewann. Der Sage nach wurde das Mädchen dann auf den Namen Odilia *(Tochter des Lichts)* getauft. Als ihr Vater sie danach zurückholte und verheiraten wollte, Odilie aber vor Vater und Freier floh, öffnete sich ein Fels und nahm sie auf. Dieses zweite Wunder überzeugte den Vater schließlich, er schenkte ihr sein Schloss Hohenburg, wo sie das heutige Kloster gründete. So weit die fromme Geschichte. Es scheint jedoch festzustehen, dass die Gründung im Jahre 680 durch Odilie tatsächlich stattgefunden hat, und dass das Kloster im 12. Jahrhundert eine erste Blütezeit erlebt hat. Der heutige Bau stammt aus dem Jahre 1696, da das Kloster während der Bauernaufstände und dem 30-jährigen Krieg mehrmals zerstört wurde. Die von Straßburg sich im Elsass verbreitende Reformation führte zu einem langsamen Aussterben des Frauenklosters und zur Übernahme durch die Männer, ehe der Konvent in der französischen Revolution säkularisiert worden ist. Erst Mitte des letzten Jahrhunderts zogen wieder Nonnen ein. Die Anlage gilt heute als eines der Hauptausflugsziele im Elsass. Die Aussicht verdient dieses Interesse zweifelsohne, die Baulichkeiten dürften allerdings nur für den religiösen Pilger von großem Interesse sein. Wir waren schon mehrfach dort, teils zu Fuß und teils mit dem Wohnmobil - und jedes Mal enttäuscht, bevor wir den **Aussichtspunkt** erreicht haben. Die von dem Ort ausgehende Frömmigkeit hatte sich uns nur wenig erschlossen. Das Panorama aber sucht seinesgleichen. Auch Goethe war beim Blick bis zum Schwarzwald hellauf begeistert, vielleicht hatte er einen klaren Tag und konnte sogar das Straßburger Münster sehen und sein in der Nähe liegendes Studierzimmer erahnen.

Blick vom Odilienberg

Der müde Wanderer kann sich im Selbstbedienungsrestaurant laben oder - präziser ausgedrückt - sättigen. Unser Picknick aus dem Rucksack bei der Kapellenruine von St. Jacques ist mit Sicherheit wesentlich romantischer. Um dorthin zu gelangen, müssen wir vom Odilienberg zur Odilienquelle absteigen und von hier nach Niedermunster wandern, einer kleineren Kirche, die auch von der heiligen Odilie gegründet worden sein soll, um kranken Pilgern den Anstieg auf den Berg zu ersparen. Von da ist es nicht mehr weit bis zur Ruine der Kapelle von St. Jacques, von der nur noch die Außenmauern stehen. Wir sitzen auf den Mauerresten und wenden den Blick hinauf zu Odilies segnender Hand, einer gnadenlos kitschigen Heiligenfigur oben beim Kloster. Von St. Jacques stiefeln wir durch den Wald hinab nach Truttenhausen; leider dürfen wir das Anwesen und die Ruine der mittelalterlichen Abtei nicht besichtigen.

Ein weiterer Höhepunkt der Wanderung ist der Rückweg nach Barr. Wir schlendern am Waldrand in südlicher Richtung und überqueren eine halbe Stunde nach Truttenhausen eine kleine asphaltierte Zufahrtsstrasse. Kurz dahinter gelangen wir durch die Weinberge nach Barr, wo wir am Westende des Ortes im Tal ankommen. Unsere Müdigkeit veranlasst uns, ohne größere Umwege südlich der D 854 auf markiertem Wanderweg zum *Holzplatz* zurückzumarschieren (*mindestens 5 Stunden; Karte: TOP 25; 3716 ET, Mont Ste. Odile*).

Auf der Wanderung kommen Sie fast an einem traumhaften Stellplatz vorbei (wenn Sie auf der zuletzt genannten asphaltierten Straße oberhalb der Weinberge nach Barr laufen). Das Plätzchen liegt seitlich der Straße von Barr zum Forsthaus Moenkalb:

(057) WOMO-Stellplatz: Barr

GPS: N 48°24.802' E 7°26.887'; *Chemin du Kirchberg*; **max.WOMOs**: 3; **Ausstattung/Lage**: Wanderwege, Waldrand, sehr einsam; **Zufahrt**: fahren Sie von Barr nach Heiligenstein und nehmen Sie dort gegenüber der Kirche nach links, also in südwestlicher Richtung, die Straße Richtung *‚Moenkalb'*; es gibt in Heiligenstein nur eine Straße, die geteert in dieser Richtung aus dem Ort heraus führt; sie geht den Hang hinauf (weiter Richtung *‚Moenkalb'*), durchquert ein Wäldchen und stößt auf eine alleeartige Straße, die ihrerseits am Forsthaus Moenkalb endet; wir fahren auf ihr aber in die andere Richtung, nämlich nach links und verlassen sie nach etwa 700 m, um dort, wo der Wald aufhört und ein Weinberg beginnt, kurz nach einer Schutzhütte, auf einem geteerten Weg nach rechts abzubiegen, an dessen Anfang Sie über einer kleinen Wiese am Wegesrand stehen können. Man kann zu diesem Stellplatz auch von Barr aus gelangen, wenn man die Straße Richtung Heiligenstein nimmt und in Barr zwischen Restaurant *Folie Marco* und Museum eine schmale Straße bergwärts wählt; die Zufahrt ist jedoch eng und schlecht zu finden, weshalb wir den Weg ab Heiligenstein empfehlen.
Wenn Sie am Stellplatz nach Westen fahren, liegen noch einige Ausbuchtungen mit ebenfalls schöner Sicht zwischen Straße und Weinberg.

Blick auf Barr

Das beste Restaurant hätte an diesem Abend keine Chance gegen unseren kleinen Grill. Wie in einem Breitwandfilm liegt die Rheinebene vor uns. Großes Kino! Lange sitzen wir schweigend nebeneinander. Die liebsten Plätze sind uns die, von den der Blick frei über die Landschaft bis zum Horizont gleitet, um an jedem markanten Punkt zu verweilen, leider auch an einem hässlichen Schulgebäude.

Falls Sie an einem Samstag Mitte August durch **Heiligenstein** fahren, das selbst einen großen Übernachtungsplatz vorweisen kann (schön, schattig, eben und nicht zu verfehlen)

(058) WOMO-Picknickplatz: Heiligenstein

GPS: N 48°25.662 E 7°27.096'; *D 35*; **max.WOMOs**: >5;
Ausstattung/Lage: Bänke u. Tische, Mülleimer, Wanderwege, Ortsrand,
Zufahrt: am nördlichen Ortsende von Heiligenstein, beim Sportplatz und westlich der Durchgangsstraße, der D 35.

sollten Sie nachsehen, ob gerade das *Fest des Klevene*r stattfindet, ein Weinfest zu Ehren einer Traminer-Rebsorte, die angeblich aus Heiligenstein stammt. Wir verlassen am Abend unseren wunderschönen Picknickplatz oberhalb von Barr, um uns unter die Leute zu mischen. Das ganze Dorf ist auf den Beinen bzw. auf der hölzernen Tanzfläche, und die *Blue Diamonds* spielen die alten Hits, die alle Bands drauf haben, wenn sie sich *Blue Diamonds* nennen.

Heiligenstein

Wir nehmen später noch eine Flasche *Klevener* mit zu

unserem Übernachtungsplatz, wo wir über dem Panorama des Rheintals bei zahlreichen Sternschnuppen mit heimlichen Wünschen träumen.

Von hier lohnt eine kleine Wanderung zum **Château de Landsberg**, vorbei am bewirtschafteten Forsthaus Moenkalb. An der Landsberg sieht man mühsame Restaurierungsversuche unter Wiederverwendung der alten Steine.

Château de Landsberg

Wir dürfen aber auch von einer Stellplatzhitparade berichten, denn die nächsten Schlager tönen bereits wenige hundert Meter südlich von Barr, bei **Mittelbergheim** (630 Einwohner). Und es ist einer der Top-Hits im Elsass, schon wieder in einem **WOMO-Lieblingsort**:

WOMO-Picknickplätze: Mittelbergheim

(059) <u>Zotzenberg</u>

GPS: N 48°23.923' E 7°26';498; *Rue Rotland*; **max.WOMOs**: >5;
Ausstattung/Lage: einer der beliebtesten Plätze dieses Buches, Bänke und Tische, Wasser (im Friedhof), Toilette (beim Gasthaus *Gilg* rechts um die Ecke), Mülleimer, Gaststätten, Geschäft, Spielplatz, Wanderwege, Ortsrand;
Zufahrt: wählen Sie bei der Hinfahrt die westlichste der Zufahrtsstraßen, die zunächst mitten durch Barr und dann durch die Weinberge führt; Sie kommen rechter Hand an einem kleinen Platz vor dem Friedhof von Mittelbergheim vorbei; an einer Mauer steht auch der Name des Platzes, *Zotzenberg*.

(060) Wasserreservoir
GPS: N 48°24.094' E 7°26.414'; **max.WOMOs**:: 2-3
Ausstattung/Lage: Picknickbänke und Tische, sehr schöne Sicht, einsam, streng genommen nur für Anlieger, außerorts;

Zufahrt: ausnahmsweise erwähne ich auch mal ein illegales, aber um so schöneres, kleines Paradies: Etwa 200 m oberhalb des *Zotzenberges*, Richtung Barr, kann man auf der Kuppe gegenüber einem allein stehenden Haus auf einem Anliegerweg in die Weinberge und dort nach ca. 100 m links fahren und dann auf das Wasserreservoir zielen; an dessen Fuß finden Sie wunderbare Wiesen (die schönste Stelle liegt rechts, also nördlich mit Blick auf Barr) für einen sonnigen Urlaubstag (und Ihren Grill). Die vielen festen Picknickbänke lassen nicht darauf schließen, dass hier nur echte Anlieger erwünscht sind.
Bitte nicht weitersagen - und wieder verschwinden, wenn schon andere dort sind - und erst recht, wenn Sie die Einheimischen stören!

Mit Sicherheit parkt schon mehr als ein Wohnmobil am *Zotzenberg*, Mittelbergheim ist nämlich längst ein Geheimtipp, den jeder kennt. Sie stehen neben der wenig befahrenen, kleinen Verbindungsstraße von Mittelbergheim nach Barr inmitten von Weinbergen mit schönem Blick auf das Château Haut-Andlau.

Gehen Sie die Straße zu Fuß weiter abwärts, gelangen Sie nach etwa 400 m zur ***Winstub Gilg*** (falls Sie von Süden kommen und zunächst durch den Ort fahren, müssen Sie bei der Winstub Gilg rechts den Berg hinauffahren, der Übernachtungsplatz liegt dann nach dem Ortsende links). Im Restaurant der Familie Gilg, das sich in einem sehr alten Haus etabliert hat, dürfen Sie keine *Haute-Cuisine* erwarten, dafür werden Sie mit sehr viel Gemütlichkeit entschädigt. Sie sind in einem Lokal, wo Sie deftig, typisch und nicht überteuert essen. Die Hausspezialität ist der *warme Winzerblätterteig*, eine Fleischpastete, die andernorts meistens schwer im Magen liegt, bei Georges Gilg hingegen sogar richtig mundet *(Tel. 03 88 08 91 37; dienstags, mittwochs, fast den ganzen Januar sowie Ende Juni/Mitte Juli geschlossen).* Probieren Sie den offenen Sylvaner der Familie Gilg, denn bei Mittelbergheim wächst der beste Sylvaner des Elsass. In guter Erinnerung ist uns auch das **Restaurant *Am Lindeplatzel***, jedoch eher als bezahlbare Feinschmeckeradresse *(Tel. 03 88 08 10 69; montags mittags, mittwochs abends, donnerstags und in der 2. Augusthälfte geschlossen).*

Wenn Sie Wein kaufen, sollten Sie beim Essen im Lokal eine örtliche Lage aus der Flasche probieren (siehe Stichwort *Wein*). Schreiben Sie sich die Weine auf, Sie können dann am nächsten Tag die Winzer aufsuchen. Mittelbergheim ist dafür wie geschaffen, empfehlenswert sind die Gewächse der Familie Gilg und die des Winzers Jean Rohrer (vom Stellplatz aus bei Gilg rechts um die Ecke, dann nach ca. 150 m rechts).

Uns zieht es immer wieder nach Mittelbergheim, weil der Ort immer noch natürlich und bescheiden geblieben ist. Man hat schon Schwierigkeiten, eine Ansichtskarte zu kaufen, und der Erwerb von zehn verschiedenen Flaschen Wein ist womöglich einfacher als der Kauf einer einzigen Cola. Gewiss, das Dörfchen hält auch keine Sehenswürdigkeiten parat, dafür schauen wir im Hochsommer den Schwalben zu, die hier besonders zahlreich zu nisten scheinen und mit lautem Geschrei die Linde vor der Kirche umkreisen. Und sehenswert ist auch das kleine Schaufenster eines Weingutes, von einem örtlichen Künstler unglaublich plastisch ausgemalt (auf der nördlichen Seite der Hauptstraße ca. 400 m unterhalb des Gasthauses *Gilg*, auf halben Weg zum *Lindeplatzel*).

Als Ziel einer kleinen Wanderung oder eines Spaziergangs bietet sich das **Château Haut-Andlau** an, wenn man den nach Westen führenden Weinbergweg solange befährt, wie es erlaubt ist und dann der Beschilderung folgt (Dauer etwa 1,5 Stunden), oder Sie spazieren am Stellplatz *Zotzenberg* los. Weg und Burg sehen Sie dabei die meiste Zeit vor sich. Alles in allem schaffen Sie es auf diesem Weg in 2 - 2 ½ Stunden.

Wir dürfen ohne Übertreibung betonen, dass die Gegend zwischen Andlau und Ottrott zu den reizvollsten des ganzen Elsass zählt. Dazu passt ein Übernachtungsplätzchen, das vieles verkörpert, nur ein richtiger Stellplatz ist es nicht. Eher

Andlau (Stellplatz beim Pfeil)

ein Abenteuerplatz für geübte WOMO-Pfadfinder, die statt dem vorerwähnten Stellplatzüberfluss eine Herausforderung suchen. Gemeint ist die wundervolle, aber auch einsame Stelle oberhalb von Andlau auf dem Kastelberg (siehe Foto mit Pfeil):

(061) WOMO-Stellplatz: Andlau

GPS: N 48°23.378' E 7°25.012'; *kein Straßenname*; **max.WOMOs**: 2-3; **Ausstattung/Lage**: nur eine Prachtsicht, wenn man ein paar Meter vom WOMO entfernt die Korken knallen lässt; einsam, nicht für Elefanten,; **Zufahrt**: nehmen Sie die nördliche der beiden Straßen von Mittelbergheim nach Andlau! Bevor Sie Andlau erreichen (also nördlich davon), unterhalb eines Weinberges und bei einem bunt bemalten Ortsschild führt schräg ein geteerter Weg in den Weinberg hinein. Auf diesem fahren Sie zunächst geradeaus bzw. halblinks und nach ca. 750 m richtig links (dorthin zeigt auch ein Wanderzeichen nach Andlau). Sie kommen dann direkt an die genannte Stelle, die Südseite des Kastelbergs, mit Blick von mehreren Bänken auf die Dächer von Andlau. Sie sollten unbedingt Unterlegbretter dabei haben, da Sie Ihr Wohnmobil entweder an den Rand zwischen Weinberg und Gebüsch (siehe Foto) oder auf den Grünstreifen neben den kleinen Weg stellen müssen, alle diese Flächen sind uneben; verwegene Abenteurer fahren auch bergauf hinter die Aussichtsbank.
Für die Weiterfahrt am nächsten Morgen können Sie die Teerstraße abwärts nach Andlau nehmen.

Wir haben den Eindruck, als ob wir auf die Kirchturmspitze springen könnten, so sehr blicken wir von oben in das Städt-

Andlau - beim Stellplatz

chen hinein. Nach links öffnet sich der Blick in die Rheinebene, im Südosten sehen wir ein hügeliges Rebenland, unmittelbar vor und neben uns sind Weinberge angelegt, ein Plätzchen, fast zu klein und zu schön zum Weitererzählen.

Wir lassen unser Auto oben stehen und bummeln zu Fuß ins Städtchen. Wir müssen jetzt nicht den Weg benutzen, auf dem wir gekommen sind, sondern können den steilen Asphaltweg, sozusagen die Fortsetzung des Hinweges (auf dem Sie problemlos in den Ort fahren können), hinunterschlendern. Bedeutendste Sehenswürdigkeit der malerisch gelegenen Kleinstadt **Andlau** (1.700 Einwohner) ist die ehemalige **Abteikirche**, deren Turm uns gerade noch zu Füßen lag. Das Gotteshaus aus dem 12. Jahrhundert ist insgesamt sehenswert, am kunsthistorisch bedeutsamsten ist aber der 28 m lange Relieffries an der Westfassade und an der Nordseite des Kirchenschiffes. Steigen Sie auch in die romanische Krypta hinab, die in der zweiten Hälfte des 11. Jahrhunderts gebaut wurde und eines der ältesten Bauwerke des Elsass sein dürfte.

Wenn Sie in Andlau nicht übernachten, aber trotzdem den Flair des Ortes und seiner wunderbaren Lage erleben möchten, und wenn Sie nach dem unvermeidlichen Besuch der Abteikirche noch eine Stunde Zeit aufbringen können, bieten sich zwei kleinere Ausflüge zu Fuß an:

Zunächst spazieren Sie am Flüsschen entlang ins Tal hinein (wenn Sie dem nachfolgend beschriebenen Wandervorschlag folgen, kommen Sie dort ohnehin vorbei); der Weg ist so schön, dass wir dieselbe Strecke auch als Rückweg empfehlen. Danach sollten Sie des Blickes wegen den Kastelberg erklimmen, den wir oben schon als Übernachtungsplatz erwähnt haben (von der Ortsmitte aus kurz vor dem östlichen Ortsende links über die Brücke, danach gegenüber dem Hotel *Kastelberg* wieder links der Markierung mit der roten Scheibe folgen).

Oder Sie raffen sich in Andlau zur für diesen Ort geradezu klassischen Wanderung auf, die man aber auch ebenso in Mittelbergheim oder Barr beginnen kann, zu den **Burgen Spesbourg** und **Haut-Andlau** mit einer Wegstrecke von ungefähr 10 km (über Barr je nach Strecke bis zu 15 km):

Wir beginnen die Wanderung in Andlau, spazieren zunächst am Flüsschen entlang taleinwärts und verlassen dann die Straße am westlichen Ortsende. Man muss hier aufpassen, dass man direkt hinter dem letzten Haus rechts den Berg hinauf geht (rotes Kreuz). Der Weg führt uns zunächst zur **Spesbourg**, sodann an der *Auberge Hungerplatz* vorbei zum **Schloss von Andlau**. Die Silhouette dieser mit zwei gewaltigen

Rundtürmen ausgestatteten Burg kennen wir schon von einem Übernachtungsplatz in Mittelbergheim, sie taucht auch immer wieder auf verschiedenen elsässischen Prospekten auf; dies dürfte allerdings weniger daran liegen, dass die Burg als letztes elsässisches Château bis zum Jahre 1806 bewohnt war, als vielmehr daran, dass wir geradezu symbolhafte Burgumrisse vor uns haben. Wir wandern von dort weiter nach Mittelbergheim, man könnte genauso auch nach Barr gelangen. Die Wege sind ausgeschildert und mittels Wanderkarte problemlos zu finden. Dasselbe gilt für den Rückweg von Mittelbergheim nach Andlau, der schönste elsässische Weinberglandschaften durchquert (*Karte: TOP 25; 3716 ET, Mont Ste. Odile*).

Wir sind an einem wunderbaren, milden Sommerabend in Andlau und finden auf der Terrasse des **Restaurants *Relais de la Poste*** *(Tel. 03 88 06 95 91)* noch problemlos Platz; inmitten des schönen Ortsbildes mit stimmungsvollem Blick auf Renaissance- und Fachwerkgiebel, der allein - und nicht etwa die Fähigkeiten der Köche - den Freisitz besuchenswert macht. Der beste Tipp für Andlau ist aber eine **Winstub** mit einfallsreicher Küche und maßvollen Preisen, das ***Val d'Eleon***. Im Sommer stehen auch dort ein paar Tische draußen im Hof, aber hier sitzen schon die anderen, die früher reserviert haben *(Tel. 03 88 08 93 23; montags geschlossen; an der Hauptstraße).*

Tour 7: Weinstraße mit Seitensprüngen

Epfig - Dambach - Ebersmunster - Sélestat - Kintzheim
Haut-Koenigsbourg - Bergheim

Stellplätze:	bei Dambach-la-Ville, in Kintzheim, bei Rodern, in und bei Bergheim
Besichtigen:	Margaretenkapelle bei Epfig, Sebastianskapelle bei Dambach-la-Ville, Barockkirche in Ebersmunster, Sélestat, Châtenois, die Burg und die Adlerwarte von Kintzheim, die Haut-Koenigsbourg, den Affenberg, Bergheim
Wandern:	von der Sebastianskapelle zur Ruine Bernstein und zum Dachfirst; zu den Ruinen Ortenbourg und Ramstein; von Châtenois auf den Hanenberg; von der Adlerwarte zur Haut-Koenigsbourg und zum Affenberg; von Kintzheim zum Forsthaus Vic, zum Hanenberg und nach Châtenois
Essen:	*Auberge des Deux Clefs* und *Auberge Saint-Martin* in Kintzheim, *Winstub du Sommelier* in Bergheim
Karte:	Seite 78

Von Andlau nach Süden gibt es zur **Weinstraße** (Route du vin) keine touristische Alternative. Ab und zu empfehlen sich allerdings einige Seitensprünge in die Rheinebene. Zuvor machen wir noch im winzigen, ganz von Weinbergen umschlossene **Itterswiller** Halt, das wegen seiner Hanglage und der damit einhergehenden weiten Aussicht eines der schönstgelegenen Elsassdörfer ist, aber im Gegensatz zu Mittelbergheim touristisch etwas herausgeputzt wirkt.

Erst nach Jahren raffen wir uns zu dem kurzen Abstecher nach **Epfig** auf; Ste. Marguerite hätte schon viel früher einen Seitensprung verdient. Die kleine, romanische Margaretenkapelle aus dem 11. Jahrhundert mit der geduckten, an einen Kreuzgang erinnernden Vorhalle hat gar nichts Großartiges und passt vielleicht gerade deswegen so gut zu Land und Leuten. Neben der Kirche, auf dem Friedhof mit alten Grabkreuzen, ist gerade ein rotgesichtiger Gärtner bei der Arbeit, genauso stämmig wie die Kirche. Der Elsässer erzählt mir, dass fast nur Deutsche die Kirche besichtigen, Franzosen würden von ihr kaum Notiz nehmen (obgleich an der Straße in Epfig ein deutlich sichtbarer Wegweiser steht). Die Touristen hätten aber vor kurzem sogar eine Bodenplatte im Inneren der Kirche geklaut, und die schönsten Totenschädel aus dem Gebeinhaus seien auch schon verschwunden - trotz der Gitter davor. Dieses **Beinhaus** ist ein jüngerer Anbau an der Nordseite der Kirche, der mit aus dem Friedhof ausgegrabenen Knochen und Schädeln voll gestopft ist. Gegen Herausfallen und Diebstahl sind sie mit einem Drahtgeflecht und zusätzlichen Gitterstäben - offenbar unzureichend - geschützt. Der freundliche Herr mit dem roten Gesicht lässt es sich nicht nehmen, mir noch besonders auffallende Knochen zu zeigen, bei deren Anblick ich mir auch ohne gerichtsmedizinische Kenntnisse denken kann, dass die ehemaligen Besitzer keines natürlichen Todes gestorben sind.

Bei **Blienschwiller**, einem malerischen Dorf (fast alle Weinstraßendörfer sind malerisch), gelangen wir wieder auf die Weinstraße, 2,5 km südlich folgt **Dambach-la-Ville** (Dambach) mit etwa 2.000 Einwohnern. Man sieht der Lage des Orte schon an, dass die Bewohner größtenteils vom Weinbau leben. Wir fahren durch eines der noch vorhandenen drei Stadttore und treffen am Marktplatz auf sehenswerte Fachwerkhäuser (an fast allen Marktplätzen im Elsass trifft man auf sehenswerte Fachwerkhäuser, wenngleich die von Dambach besonders interessant sind).

Das Beste ist die **Kapelle St. Sébastien** am Hang oberhalb des Ortes. Seriöse Verlautbarungen machen den schönen Blick auf Dambach und den geschnitzten, barocken Sebastiansaltar von 1690 zur touristischen Pflicht. Das sagt man so - man ist ja kein Sensationsreiseschreiber - und meint in Wirklichkeit einen großen Haufen alter Menschenknochen. Im Gewölbekeller auf der Talseite unter der Kirche werden die Gebeine der Opfer des Gemetzels von Scherwiller aufbewahrt. Im Mai 1525 wurden westlich diese Dorfes zwischen 12.000 und 20.000 aufständische Bauern getötet.

Sebastianskapelle

Früher empfahl ich neben der Kapelle auch noch einen Stellplatz. Der musste unlängst einer kleinen Gartenanlage weichen und ich musste verzweifelt versuchen, auf dem an sich nicht schlechten Alternativparkplatz der Knochenkirche das WOMO einigermaßen in die Waagerechte zu rangieren. Das ist mir nicht gelungen. Trotzdem gibt es schlechtere Übernachtungsmöglichkeiten mit schlechteren Ausblicken. Die bessere Lösung liegt aber ein Stück weiter unten, der Blick ist auch dort noch überragend und das WOMO steht so eben, dass Sie Spiegeleier braten können:

(062) WOMO-Wanderparkplatz: Dambach

GPS: N 48°19.632' E 7°25.305'; **max.WOMOs**: 2-3; **Ausstattung/Lage**: Gaststätte, Geschäfte (beides im Ort), Wanderwege, leicht einsam, außerorts; **Zufahrt**: man muss am nördlichen Ortsende von Dambach dem Wegweiser zur *'Chapelle St. Sébastien'* folgen, es geht dann zwischen Weinbergen auf engem Sträßchen bergauf; auf halben Weg zu Kapelle sehen Sie rechts vor einem Weinberg eine geräumige ebene Fläche; voilà.
Der etwas **schräge Stellplatz (063)** liegt rechts (nördlich) der Kirche; **GPS**: N 48°19.646' E 7°25.199'.
Einen **weiteren**, nicht einsamen Stellplatz finden Sie in Dambach außerhalb des nördlichen Stadttores neben einem Weingut (blaues 'P').

An der Kapelle beginnt der klassische Spazierweg zum **Château Bernstein**, von dessen fünfeckigem Bergfried wir einen weiteren prächtigen Blick auf die geschlossene mittelalterliche Stadtbebauung von Dambach und auch weit ins Rheintal hinein haben.

Wir wählen an der Sebastianskapelle den mit weißer Scheibe gekennzeichneten Weg. Für den Rückweg gibt es verschiedene Möglichkeiten: Entweder denselben Weg, dann dauert die Strecke insgesamt gut 1½ Stunden, oder man nimmt auf dem Rückweg ein Stück die Route mit gelber Raute, dann wird die Strecke etwa 500 m länger.

Wer gerne richtig wandern möchte, der sollte bei der Ruine Bernstein den kleinen Pfad bergauf nehmen, um am **Dachfirst** vorbeizukommen (weiße

Château Bernstein

Scheibe), unter Umständen noch einen kleinen Abstecher zu den Ruinen Hagelstein oder Falkenstein unternehmen und dann dem mit gelber Scheibe markierten Weg über den Engelsfelsen runter nach Dambach folgen. Der eigentliche Wanderweg führt nicht auf den Dachfirst, man muss auf einem steilen Pfad hinaufklettern. Dafür wird man mit einem Rundblick belohnt, der als einer der umfassendsten der ganzen Vogesen gilt. Die Länge dieser Wanderung beträgt einschließlich Ausflug zur Ruine Falkenstein etwa 15 km. Uns reicht auch das noch nicht, weshalb wir an der Wegkreuzung östlich des Engelsfelsens auf dem mit rotem Balken markierten Weg nach Süden zur **Ortenbourg** und von dort über Dieffenthal nach Dambach (zunächst mit weißem Kreuz und dann mit rotem Dreieck) zurückwandern. Die Gesamtstrecke der Wanderung beträgt dann gut 20 km *(Karte: TOP 25, 3717 ET, Sélestat-Ribeauvillé).*

Ortenbourg

Zur **Ortenbourg** kann man aber auch bequem spazieren, wenn man mit dem Auto von Scherwiller kommt und auf der Straße nach Châtenois dort abbiegt, wo die Straße einen Knick nach Süden macht (beschildert). Sie können mit dem Auto nicht bis zur Burg fahren, der Fußweg beträgt auf einfacher Strecke ungefähr 900 m, darin ist auch noch die Besichtigung des **Château Ramstein** enthalten. Die diesem in geringem Abstand folgende staufische Ortenbourg ist vor allem wegen ihres 32 m hohen fünfseitigen Wehrturms bekannt. Die gewaltige Anlage, von der man einen schönen Blick genießt, wurde im Jahre 1633 zerstört. Zum Glück hat man den Um- und Ausbau zu einer luxuriösen Hotelanlage vorerst auf Eis gelegt. Heftige Proteste von Natur- und Denkmalschützern führten zur vorläufigen Zurückstellung des ehrgeizigen, Millionen teuren Projektes, aber die Burg ist wegen Einsturzgefahr teilweise gesperrt.

Bevor wir von Dambach oder Scherwiller nach Sélestat fahren, unternehmen wir noch einen Trip nach **Ebersmunster**. Die dortige **Barockkirche** aus der ersten Hälfte des 18. Jahrhunderts würde nämlich wesentlich besser in bayerische Gefilde als ins Elsass passen, wo sie immerhin die einzige bedeutende Barockkirche ist. Beachtenswert sind auch die

Silbermannorgel und der Kanzelträger Samson, ein geschnitztes Kunstwerk von Clemens Winterhalder aus dem Jahre 1695. Das Schönste an Ebersmünster sind aber die Landschaft und der Fluss Ill, das sogenannte **Ried**. Vertrauen Sie sich einem Fährmann an, der Sie in einem historischen Kahn zwischen Weiden und Libellen in eine ruhige, fast vergessene Welt entrückt.

Sélestat - Église Ste.-Foy

Auf dem Weg nach Süden wird man heutzutage um **Sélestat** (Schlettstadt) herumgeleitet. So kommt es, dass die 16.000 Einwohner vergleichsweise selten Touristen begegnen, die hier am Fuße der Haut-Koenigsbourg auf Burgenromantik und Weinseligkeit eingestimmt sind, nicht aber auf die alten Bücher der Humanistenschule, einen der größten elsässischen Schätze. In der **Bibliothèque Humaniste** wird in einer ehemaligen Kornhalle die private Büchersammlung des Humanisten Beatus Rhenanus (1485-1547) ausgestellt. 760 Bände mit merowingischen und karolingischen Handschriften (teilweise aus dem 7. Jahrhundert) sowie frühe Buchdrucke sind wundersamerweise unbeschädigt über die Jahrhunderte der Nachwelt erhalten geblieben *(außer Dienstag und Sonntag 9-12 und 14-18, samstags 9-12 Uhr, Juli/August sonntags 14-17 Uhr; 3 €)*. In der Nähe drängt sich die Besichtigung zweier **Kirchen** auf: direkt neben der Biblio-

thek die gotische Eglise St.-Georges (13. - 15. Jahrhundert) und schräg gegenüber die romanische, im 19. Jahrhundert aber stark (ver-) restaurierte Eglise Ste.-Foy.

Nach Sélestat fährt man übrigens am sinnvollsten dienstags, wenn vormittags in den Altstadtgassen der größte **Straßenmarkt** des Elsass aufgebaut ist.

Wenn Sie von Sélestat auf die Weinstraße zurückkehren, sollten Sie dem Wegweiser nach St. Dié folgen, damit Sie keinen der Orte auslassen. Besonders um **Châtenois** (Kestenholz), 4 km westlich von Sélestat, wäre es schade. Das 3.000 Einwohner zählende Städtchen kann zwar nicht mit touristischen Höhepunkten aufwarten, dafür ist es aber auch nicht überlaufen und entwickelt viel Charme. Schmuckstück des Ortes ist die Kirche von 1760 mit einem romanischen Turm aus dem 12. Jahrhundert, an den 1525 vier Ecktürmchen angebaut worden sind. Wir finden sie am südöstlichen Stadtrand. Außerdem sind das Rathaus von 1496 und das Stadttor sehenswert.

bei Châtenois

Ratsam ist von hier aus eine kleine Wanderung bzw. ein ausgedehnter Spaziergang auf den Hanenberg.

Der Weg beginnt bei der Nationalstraße nach St. Dié (N 59) in der Nähe des dortigen Forsthauses oder etwas weiter südlich mehr in Ortsnähe am Sportplatz, er ist mit weißem Kreuz markiert. Auf dem Gipfel des Hanenberges (530 m) klettern wir auf einen kleinen, eisernen Aussichtsturm. Wer nun wieder zurück möchte, muss leider den selben Weg gehen (insgesamt knapp 7 km). Wer jedoch die Wanderung weiter ausdehnen will, sollte zum Forsthaus Vic weitergehen, von dort runter nach Kintzheim (Näheres unten, wo wir die Wanderung ab Kintzheim genauer beschreiben) und dann durch die Weinberge zurück nach Châtenois. Wir laufen unterwegs mehrfach durch Esskastanienwälder (Kesten), die dem heutigen Châtenois den deutschen Namen gegeben haben *(Karte: Karte: TOP 25, 3717 ET, Sélestat-Ribeauvillé).*

Auf dem weiteren Weg nach Süden ist (verfälschte) Burgenromantik mit reichlich touristischer Zugabe angesagt, die Burg der Burgen:

Unter den etwa 450 Châteaux des Elsass ist keine berühmter. Sie gilt hinter Straßburg als die bedeutendste Touristenattraktion. Manch einer hat außer ihr im Elsass nichts anderes gesehen weil immer noch das Elsass gleichbedeutend ist mit Flammkuchen und Wein, Münster in Straßburg und Käse aus Münster - und der **Hohkönigsburg**. Dabei ist sie mehr preußisch als französisch, wir wollen aber nicht gerade darin den

Haut-Koenigsbourg

Grund ihres Erfolges suchen. Ihre Popularität dürfte eher daher rühren, dass sie »noch so gut erhalten« ist, dass sie genau das verkörpert, was wir uns von einer mittelalterlichen Burg vorstellen, dass es die Ritterburg ist, mit der wir als Kinder gespielt haben, ein »preußisches Disneyland«, ein »elsässisches Neuschwanstein«.

Der kluge Leser merkt an dieser Stelle, wann er sein Wohnmobil keinesfalls auf einer der drei Zufahrtsstraßen bergauf lenken darf: Niemals an einem Feiertag, sonntags höchstens bei schlechtem Wetter oder im Winter. Ansonsten muss man an diesen Tagen im Sommer mit so erheblichem Andrang rechnen, dass schon die Parkplatzsuche zum Tagesprogramm werden kann. Wenn Sie etwas Zeit mitbringen, folgen Sie unserem weiter unten beschriebenen Wandervorschlag. Oder Sie richten sich auf Wartereien und Gedränge ein. Vielleicht glauben Sie auch denen, welche die Silhouette der Burg von der Rheinebene aus für ihre schönste Seite halten und gar nicht mehr hoch fahren. Allerdings würde Ihnen dann eine der umfassendsten Fernsichten des Elsass entgehen. Dieser Ausblick allererster Güte ist für uns auch mit Abstand das Reizvollste an der Burg, für unsere Kinder war es aber begreiflicherweise gerade umgekehrt.

Die Haut-Koenigsbourg (Hohkönigsburg) wurde spätestens im 12. Jahrhundert gebaut, sie gehörte unter anderen dem späteren Kaiser Barbarossa, den Bischöfen von Straßburg und den Herren von Sickingen. Nach einer Zerstörung im Jahre 1492 wurde sie wieder hergestellt und vergrößert, bevor die Schweden sie 1635 endgültig ruinierten. Im Jahre 1899 übertrug die Stadt Schlettstadt (Sélestat) das Eigentum auf den deutschen Kaiser Wilhelm II., angeblich wurde ihm die Ruine »geschenkt«. Da wir uns kaum vorstellen können, dass die Ratsherren, noch weniger die von ihnen repräsentierte deutschfeindliche Bevölkerung 28 Jahre nach der Annektierung des Elsass einen Grund für eine solche Schenkung hatten, sollte man sich lieber auf die neutrale Formulierung beschränken, dass das Eigentum auf den deutschen Kaiser übergegangen ist. Dieser ließ sie jedenfalls von 1901 bis 1908 durch den Architekten Bodo Ebhardt wiederherstellen und die Baukosten von 4 Millionen Reichsmark zur Hälfte von Elsass-Lothringen, das ohnehin von der deutschen Besatzungsmacht ausgebeutet wurde, tragen. Bei diesem »Wiederaufbau« hat man weniger alte Pläne zugrundegelegt als vielmehr die preußische Vorstellung von diesen. Demnach ist der heutige Besucherstrom auf ein Produkt zurückzuführen, das mittelalterlicher ist als das Mittelalter. So gesehen passen dann auch die kaiserlichen Jagdtrophäen - aus dem Schwarzwald - ebenso ins Bild wie die Möbel und Waffen unterschiedlicher Zeit- und Stilepochen. Schön ist der große Rittersaal, wenngleich gerade er ein rein preußisches Phantasieprodukt von *Guillaume II.* ist *(Mai bis Sept. 9-18, Juli/August bis 18:30 Uhr, sonst Mittagspause 12-13 Uhr; am 1. Mai geschlossen; 6 €; alle Angaben sind mit Vorsicht zu genießen, ich habe unter www.haut-koenigsbourg.net recherchiert und fast nichts verstanden).*

Ein Stellplatz an der Haut-Koenigsbourg ist nicht so einfach zu finden, da die meisten Parkplätzen auf der schrägen, am Berg liegenden Zufahrtsstraße eingezeichnet sind. Bei der Hinfahrt kommt man an einem größeren, reizlosen Parkplatz ca. 800 m unterhalb der Burg vorbei, dort ist *Camping interdit*. Wir können stattdessen Übernachtungsplätze in **Kintzheim** empfehlen:

WOMO-Stellplätze: Kintzheim

(064) Süd
GPS: N 48°15.109' E 7°23.601'; *Rue des Africains*; **max.WOMOs**: >5;
Ausstattung/Lage: Mülleimer, Gaststätten, Geschäfte, Ortsrand, das *‚Camping interdit'* betrifft Sie nicht, denn Sie entdecken ein weiteres Schild *‚camping-cars autorisé" (WOMOs erlaubt).* Bravo!!
Zufahrt: auf den Parkplatz seitlich der Weinstraße (D 35) am südlichen Ortsende.
Weniger schön ist der Parkplatz der **Festhalle (065)**, **GPS**: N 48°15.446' E 7°23.872'.;wenn Sie von Norden auf der D 35 in den Ort hineinfahren, sehen Sie gleich am Ortseingang links ein rotes Haus, die Festhalle; Sie können dann bis an das Ende deren Parkplatzes vorstoßen und sind somit weit genug von der Straße entfernt.

(066) Volérie des Aigles
GPS: N 48°15.387' E 7°23.349'; *D 159*; **max.WOMOs**: >5;
Ausstattung/Lage: ein Platz für warme Sommerabende, Grill und gute Laune oder für größere Gruppen; Wanderwege, der Platz wirkt einsam, obgleich Häuser in der Nähe sind, Ortsrand;
Zufahrt: folgen Sie in Kintzheim dem Schild *‚Volérie des Aigles'* (*Adlerflugschau*), in einer Linkskurve bei den letzten Häusern fahren Sie geradeaus und gleich nach links um die Ecke.

Wir übernachten im Sommer (aber auch nur dann, weil sonst der Platz sehr trist wirkt) auf dem Parkgelände an der **Burg von Kintzheim**, wo im Sommer oder am Wochenende **Flugvorführungen** von Adlern und anderen Raubvögeln dargeboten werden *(bis zu 80 Tiere; von Ende März bis Anfang November nur nachmittags, im Juli/August auch um 11 Uhr; die komplizierte Zeitenregelung ist verständlich unter www.voleriedesaigles.com dargestellt; 8 €).*

Unter Umständen können Sie sich auch nachschauen, ob Sie inzwischen auf dem Parkplatz des Affenberges (*Montagne des Singes*) nächtigen dürfen, den wir jedoch wegen des dort vorhandenen Forsthauses mit kläffenden Hunden für ungeeignet halten (außerdem zur Zeit verboten).

Unsere erste Wanderung beginnt an unserem Übernachtungsplatz auf dem untersten Parkplatz der Volérie des Aigles (parken Sie wegen der Diebstahlsgefahr aber besser weiter unten im Dorf), der Hinweg ist rot-weiß markiert und führt am **Château de Kintzheim** vorbei, das 1632 zerstört, später wieder aufgebaut, im 18. Jahrhundert dann aber allmählich verfallen ist. Die heutige Attraktion der Ruine liegt in der inzwischen eingerichteten Adlerwarte, wo wir Adler und andere Raubvögel in Volieren nachmittags bei Flugvorführungen bewundern können *(Öffnungszeiten siehe oben).*

Unser Hinweg geht steil bergan, wir wählen an der Gabelung kurz nach der Burg den linken, rot-weiß markierten Weg und müssen nun mehrfach die D 159 überqueren. Zwischendurch folgen wir einem roten Strich. Am Ende des Hinwegs klettern wir den nördlichen steilen Hang der **Haut-Koenigsbourg** hinauf, dort werden wir von einem schönen Blick ins Tal der Liepvrette und zu den gegenüberliegenden Burgruinen Ramstein und Ortenbourg (siehe oben) belohnt. Wir haben einen grauen, herbstlichen Regentag erwischt und treffen die Burg in gähnender Leere an. Nur ein Bus und etwa 10 Personenwagen parken dort, so dass wir uns völlig ungehindert umsehen können. Als wir uns im Burgcafé trocknen, müssen wir uns wenigstens nicht mit Touristenscharen um den Apfelkuchen streiten.

Der Rückweg ist teilweise mit dem Hinweg identisch Zunächst spazieren wir noch zur Odenbourg, der westlich gelegenen kleinen Schwester der Haut-Koenigsbourg, einer Ruine. Wir verlassen dann die rund um die beiden Burgen gebaute Fahrstraße etwa in der Mitte des südlichen Teils und folgen dem roten Balken, der uns nach etwa 4 km zum Forsthaus Vic und zum Affenberg leitet.

Auf dem sogenannten **Affenberg** *(Montagne des Singes)* leben in einem großen, eingezäunten Areal etwa 300 ursprünglich aus Marokko stammende Berberaffen. Dabei vermehren sie sich so gut, dass man einige von ihnen wieder in der eigentlichen Heimat in freier Wildbahn aussetzen konnte. Bei unserer Wanderung ist die Attraktion leider geschlossen, wir

können uns aber im nächsten Sommer nach der Entrichtung stattlicher Eintrittspreise davon überzeugen, dass hier tatsächlich die Affen durch den Wald rasen, sich von Baum zu Baum hangeln, im Frühsommer kleine Affenbabys auf dem Rücken tragen und Popcorn - anderes Futter ist verboten - aus Menschenhänden fressen. Sie werden Ihren Kindern mit den Affen eine riesige Freude machen *(10-12 und 13-17 oder 18 Uhr; Juli/August keine Mittagspause; 1. Novemberhälfte nur mittwochs, samstags und sonntags; Mitte November bis Ende März geschlossen, 7,50 €).*

Im Sommer muss man gelegentlich mit einem enormen Besucherandrang rechnen, der Parkplatz ist jedenfalls riesig (mit Übernachtungsverbot).

Der rot-weiße Strich weist uns wieder den Weg zurück nach Kintzheim. Die Länge der Wanderung beträgt etwa 11 km. Man kann es sich etwas leichter machen, wenn man beim Affenberg am Forsthaus Vic losmarschiert, dann muss man auch nur noch von 400 m auf 755 m aufsteigen, außerdem spart man fast 3 km Wegstrecke. Wem auch das noch zu weit ist, der sollte den kleinen Waldparkplatz benutzen der einige hundert Meter nach dem Forsthaus Vic in Richtung der Haut-Koenigsbourg liegt. Wenn Sie mit Kindern unterwegs sind und Adlerwarte, Affenberg sowie die Burg an einem Tag erledigen möchten, bleibt Ihnen zum Wandern sowieso keine Zeit mehr *(Karte TOP 25, 3717 ET, Sélestat-Ribeauvillé).*

Ich trage bei diesem Ausflug neue Wanderschuhe und habe dummerweise kein Heftpflaster im Rucksack, weshalb ich nach der Rückkehr erst einmal meine Wunden pflegen muss. Hunger und Durst treiben uns dann allerdings recht bald ins **Gasthaus *Auberge des Deux Clefs*** *(Tel. 03 88 82 31 42, montags geschlossen)*, dessen einladende Gemütlichkeit uns schon beim Hinweg der Wanderung aufgefallen ist. In der Winstub werden einfache, ländliche Rezepte (leider nur durchschnittlich zubereitet) bevorzugt, zu denen man hauseigenen Wein bestellen kann. Bei einem späteren Besuch im Sommer schwitzen wir jedoch bei kühlem Fassbier unter einer Laube im Hof des Hauses den Tag aus. Und erst nach Einbruch der Dämmerung, als die Mauersegler ruhig geworden sind, lassen wir uns vom Kellner einen Krug kühlen Riesling bringen.

Besser gekocht wird in der ***Auberge Saint-Martin***, die man an der Kintzheim durchquerenden Hauptstraße nicht verfehlen kann. Von außen wirkt das eher unscheinbare Gasthaus wie eine Touristenabfütterungsstätte. Aber der köstliche *Baeckeoffa*, der klassische elsässische Kartoffel- und Fleischeintopf, belehrt eines Besseren. Schmackhafter und genauer gegart findet man ihn selten (*Tel. 03 88 82 04 78, mittwochs mittags und donnerstags geschlossen).*

Und weil es uns in Kintzheim angesichts der erfreulichen Kneipen und Übernachtungsplätze so gut gefällt, legen wir Ihnen gleich noch eine zweite Wanderung ans Herz:

Wir starten wieder beim Parkplatz der Adlerwarte (siehe oben), allerdings entscheiden wir uns hinter der Burg nun für den rechten der beiden rot-weiß markierten Wege und gehen auf der Fahrstraße einfach immer weiter, die wir dann aber an einer scharfen, haarnadelartigen Linkskurve geradeaus auf einem Pfad in den Wald verlassen. Es geht nun steil bergauf, ehe wir auf dem Parkplatz des Forsthauses Vic wieder den Himmel sehen. Dort biegen wir nach rechts ab und wählen vor dem Affenberg den Weg, der zunächst mit einem roten Ring, später mit einem weißen Balken markiert ist und am Hanenberg vorbeiführt. Das großräumige Gelände des Affenparks kennen wir schon vom letzten Sommer, dieses Mal betrachten wir uns genauer die doppelte Einzäunung, die verhindern soll, dass sich die Affen in freier, elsässischer Wildbahn vermehren. Zaun- und Tierpark haben wir schon lange hinter uns gelassen, als wir so durch den Wald stiefeln. Plötzlich werden wir von einem durchdringenden Gekreische aufgeschreckt: Über uns turnt eine ganze Familie von wenigstens fünf Affen in den Bäumen, denen es offenbar gelungen ist, den Sperrgürtel zu überwinden. Ob es hier bald auch wilde Affen gibt?

Erst bei der Aussicht vom eisernen Gerüst auf dem **Hanenberg** werden wir wieder von mitteleuropäischen Bedingungen, einer schönen Sicht in die Rheinebene eingeholt. Wir wandern nunmehr mit dem weißen Balken hinunter nach Châtenois, dessen Bauwerke wir uns näher betrachten (siehe oben), ehe wir von der Kirche aus auf einem - nicht markierten - Weinbergweg nach Kintzheim zurückwandern *(Karte: TOP 25, 3717 ET, Sélestat-Ribeauvillé).*

Ich muss hier mal betonen, dass gerade diese Wege durch die Weinberge zu den schönsten Strecken im Elsass gehören. Wenn dann ein kräftiger Südwestwind Wolkenfetzen von den Vogesen herunter über den blauen Himmel treibt, möchte man sich am liebsten an den Rand der Rebenreihen setzen und in Gedanken mitfliegen, um dieses Stück Erde auch einmal von ganz oben zu betrachten.

Man kann so gerade abseits der Hauptattraktionen das Elsass genießen, wenn auch die Haut-Koenigsbourg das Gebiet zwischen Sélestat und Ribeauvillé prägt; man sieht sie dort von jeder Stelle im Rheintal, und auch beim Befahren der Weinstraße ragt sie immer wieder vor uns auf. Ein Stellplatz mit Blick auf die Burg gehört also ins Programm. Wir haben gesucht und wurden fündig.:

Stellplatz bei Rodern

(067) WOMO-Stellplatz: Rodern

GPS: N 48°13.564, E 7°21.559; *Rue du Vignoble*; **max.WOMOs**: 3-4;
Ausstattung/Lage: Mülleimer, Wiese, schöner Blick, Ortsrand;
Zufahrt: biegen Sie südlich von St. Hippolyte von der Weinstraße, der D 35, beim Wegweise nach Rodern ab. Bald und noch vor dem Dorf fahren Sie bei den Müllbehältern nach rechts unter große Kastanien auf eine Wiese.

Die kürzeste, wenn auch schmalste Zufahrt zur Haut-Koenigsbourg beginnt in **St. Hippolyte** (Sankt Pilt), einem kleinen Städtchen unmittelbar unterhalb der Burg. Wir wollen Sie nicht langweilen, weshalb wir nur im Nebensatz darauf hinweisen, dass man auch hier einen typischen elsässischen Weinort (1.300 Einwohner) mit viel Fachwerk und Blumenschmuck bestaunen kann.

Bergheim am Fuß der Hohkönigsburg

Zu den Höhepunkten der mittelalterlichen Kleinstädtchen im Elsass zählt ohne Zweifel **Bergheim** (1.770 Einwohner), ein **WOMO-Lieblingsort**. Am besten lassen Sie Ihr Wohnmobil vor dem guterhaltenen Obertor nahe der Weinstraße stehen; wenn das Auto höher als 2,80 m ist, haben Sie sowieso keine andere Wahl. Da wir von Norden nahen, können wir uns von der Weinstraße aus einen umfassenden Überblick auf das Städtchen und die ehemalige Stadtbefestigung verschaffen, an der noch mehrere Türmchen erhalten sind. Von weitem erkennen wir auch Störche auf dem Dach der mächtigen, die ganze Stadt überragenden Kirche. Sehenswert ist ein intakter mittelalterlicher Stadtkern mit richtigen Bewohnern, touristisch überraschend wenig verkitscht und mit einer interessanten, gut restaurierten Synagoge.

Etwa 250 m hinter dem Stadttor kommt man auf der Hauptstraße an der ***Winstub du Sommelier*** vorbei, einem

Lokal, das seine Qualitäten eher noch gesteigert hat, nachdem es in neue Hände übergegangen ist. Es wird - überaus freundlich - gehobene Weinstubenküche geboten, in lockerem Rahmen und eher preiswert. Eines unserer derzeitigen Lieblingslokale *(Tel. 03 89 73 69 99; dienstags abends und mittwochs geschlossen; www.wistub-du-sommelier.com)*.

Wir können den Weinempfehlungen des Chefs bedenkenlos folgen, denn unser WOMO steht schon nachtfertig nur ein paar hundert Meter entfernt auf dem Platz vor dem Stadttor, wo man unter Bäumen vor einem kleinen Park stimmungsvoll und ruhig schlafen kann; einer der angenehmsten Übernachtungsplätze an diesem Teil der Weinstraße:

(068) WOMO-Stellplatz: Bergheim *(Stadttor)*

GPS: N 48°12.324' E 7°21.501'; *Rue des Remparts Nord*; **max.WOMOs**: >5; **Ausstattung/Lage**: Toilette, Wasser, Mülleimer, Gaststätten, Geschäfte, hervorragender Bäcker, Wanderwege, Ortsrand; **Zufahrt**: von der Weinstraße in Bergheim vor dem Stadttor rechts.

Wer freie Natur, schöne Sicht und ein grill- und klappstuhlgeeignetes Plätzchen sucht, fährt noch 1 km hoch bis fast zum deutschen Soldatenfriedhof, zu einer kleinen Wiese:

(069) WOMO-Stellplatz: Bergheim *(Hang)*

GPS: N 48°12.828, E 7°21.541; *kein Straßenname;* **max.WOMOs**: 2-3; **Ausstattung**: wunderbare Sicht, einsam; **Zufahrt**: von der Weinstraße nördlich des Stadttores abbiegen und bergauf bis fast zum Friedhof (auf der Michelin-Karte eingezeichnet, beschildert); in der letzten Linkskurve sehen Sie rechts am Hang eine Bank, zu der ein kurzer Fahrweg führt, den Sie bis zu einer kleinen Wiese nehmen.

Tanken Sie Ruhe, denn nun wird es turbulenter!

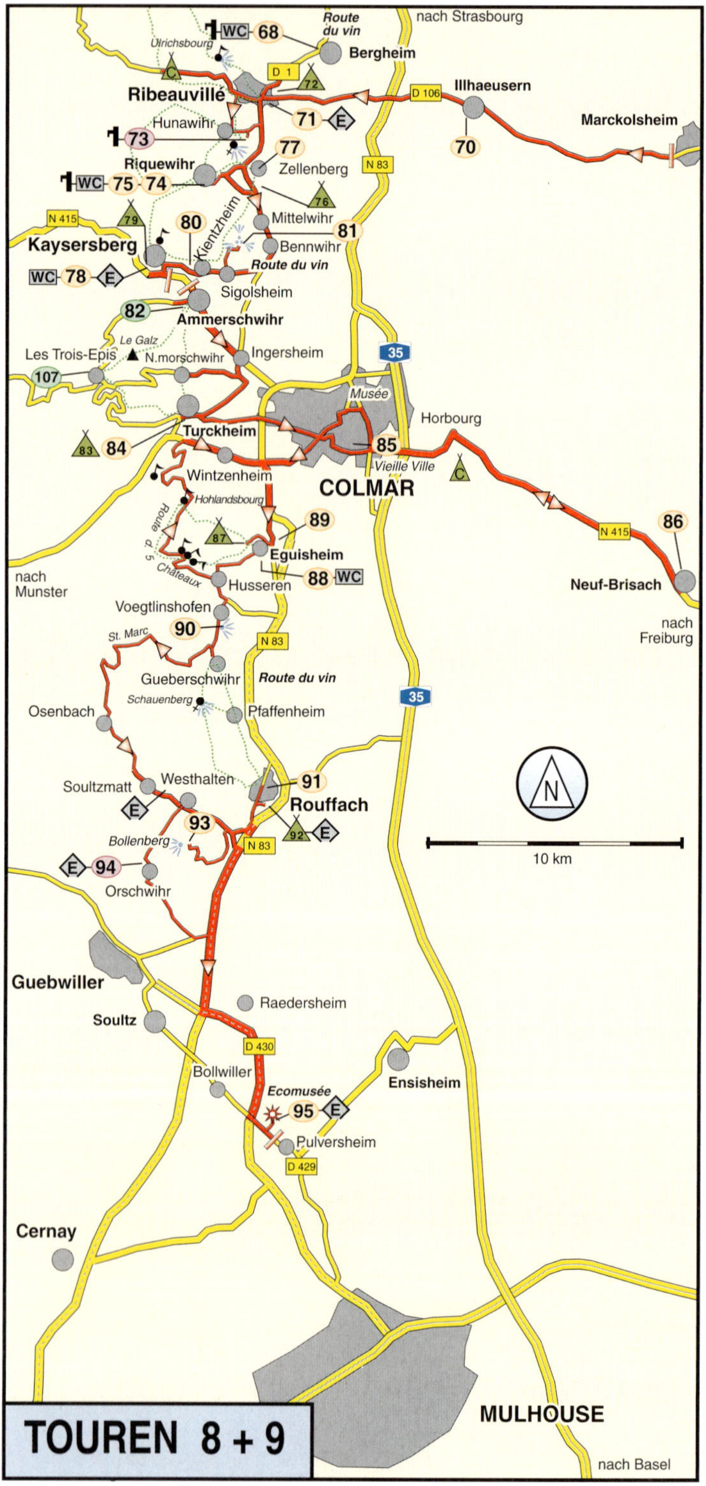
TOUREN 8 + 9
nach Strasbourg
Route du vin
Bergheim
Ulrichsbourg
Ribeauvillé
Illhaeusern
Marckolsheim
Hunawihr
Riquewihr
Zellenberg
Mittelwihr
Bennwihr
Kientzheim
Route du vin
Kaysersberg
Sigolsheim
Ammerschwihr
Le Galz
Les Trois-Epis
N.morschwihr
Ingersheim
Musée
Horbourg
Turckheim
Vieille Ville
COLMAR
Wintzenheim
Hohlandsbourg
Route d. 5 Châteaux
Eguisheim
Husseren
Neuf-Brisach
nach Freiburg
nach Munster
Voegtlinshofen
St. Marc
Gueberschwihr
Route du vin
Schauenberg
Pfaffenheim
Osenbach
Westhalten
Soultzmatt
Rouffach
Bollenberg
Orschwihr
10 km
Guebwiller
Raedersheim
Soultz
Bollwiller
Ecomusée
Ensisheim
Pulversheim
Cernay
MULHOUSE
nach Basel

Tour 8: Geranienstraßen

Marckolsheim - Illhaeusern - Ribeauvillé - Hunawihr
Riquewihr - Kaysersberg - Kientzheim

Stellplätze:	in Illhäusern, in Ribeauvillé, in Hunawihr, in Riquewihr, in Zellenberg, in Kaysersberg, in Kientzheim, oberhalb von Sigolsheim
Campingplätze:	in Ribeauvillé, bei Riquewihr, in Kaysersberg
Besichtigen:	Bunker der Maginotlinie bei Marckolsheim, die Altstadt von Ribeauvillé, die Ulrichsbourg, die Wehrkirche in Hunawihr, Riquewihr, Altstadt und Burg von Kaysersberg, das Weindorf Kientzheim
Wandern:	von Ribeauvillé über die Ulrichsbourg zum Kloster Dusenbach; Spaziergang von Ribeauvillé durch die Wein berge nach Hunawihr; von Zellenberg über Riquewihr nach Kaysersberg, Kientzheim und Sigolsheim; Spaziergang zur Burg von Kaysersberg
Essen:	*Auberge de l'Ill* und Restaurant *La Truite* in Illhaeusern, *Pfifferhüs* in Ribeauvillé, *Winstub Suzel* in Hunawihr; Restaurants *Table du Gourmet* und *Auberge Schoenen burg* in Riquewihr, Winstub *Chambard* in Kaysersberg, *Hostellerie Schwendi* in Kientzheim

Es wird nun Zeit, dass wir uns mal wieder der elsässischen Botanik widmen. Von Esskastanien, Steinpilzen und Kohlköpfen war schon die Rede. Auch der Weinstock wird mitunter als Gabe der Natur gehandelt. Ob man die Geranie allerdings zu den Zierpflanzen zählen darf, muss bisweilen bezweifelt werden. Zumindest sollten Sie wissen, dass es bei botanisch korrekter Sprachanwendung eine *Pelargonie* war, die Ihnen,

als Sie nach allzu heftigen Weinstraßendorf-Genuss rot sahen, Übelkeitsgefühle beschert hat. Nichts scheint sich in den Touristenorten besser zu eignen als die Hängegeranie, wenn es darum geht, die Seelen der Fremden zu massieren. Wer das nicht aushält, warte auf den ersten Frost.

Den nun folgenden Orten muss man mit etwas Sarkasmus und gehöriger Toleranz begegnen. Sonst kommen im Sommer schnell Fluchtgedanken auf.

Starten Sie unsere Weinstraßen-Rummel-Tour abseits, wo sie noch nicht im Zeichen der Geranie steht: im Grenzort **Marckolsheim**, wo ein ehemaliger Bunker der Maginotlinie zur Besichtigung freigegeben worden ist. Zahlreiche andere Bunker und Unterstände sollten Ende der 30er Jahre einen Befestigungsgürtel zur Absicherung der französischen Ostgrenze bilden (siehe auch Tour 2). Die Idee war allerdings ein Flop, denn Marckolsheim wurde im 2. Weltkrieg fast vollkommen zerstört. Die deutsche Armee hatte die vom französischen Kriegsminister Maginot entworfene und bis nach Südfrankreich gebaute Wehranlage im Norden über Holland und Belgien umgangen. *(Bunker Marckolsheim Mitte März bis Mitte November an Sonn- und Feiertagen 9-12 und 14-18 Uhr, Mitte Juni bis Mitte Sept. täglich; 2 €).*

Auch 10 km weiter westlich, im unscheinbaren Dorf **Illhaeusern**, laufen wir dem Massentouristen nicht über den Weg. Aber als wir einen bis dato weißen Fleck auf der Landkarte unserer Touren ausmerzen, parkt ein Bentley neben dem WOMO. Wir rufen alle Erfahrungen ab, die wir in französischen **Feinschmeckertempeln** über die Jahre gewonnen haben, wir wischen nochmals über die Schuhe, glätten die Haare, wir prüfen die Geltungsdauer der Kreditkarte, und nach einem kurzen Blick auf die Fingernägel wagen wir uns über die den Gourmets heilige Schwelle der ***Auberge de l'Ill***. Wir werden sofort gefangen vom selbstverständlichen Wohlwollen der Haeberlins, von einer fast lässigen Großzügigkeit, die Sie auch in Ihren schäbigsten Jeans fürstlich bewirtet. Selten habe ich freundlichere Kellner erlebt, und niemals sonst hat man uns ähnlich köstlichen und auf unseren Geldbeutel zugeschnitten Wein empfohlen. In einem Haus dieser Güte, einem der Weltbesten (drei Michelinsterne), hält man nämlich auch bezahlbare Provenienzen allererster Güte parat. Das phantastische Essen muss nach derlei Lobpreisung nicht mehr hervorgehoben werden; im Gegensatz zu den immensen Preisen: 170 Euro für das Menü. Zugegeben, es gibt billigere Mahlzeiten, aber für das sehr viele Geld wird wirklich ein großes Erlebnis geboten *(à la Carte ist hier preiswerter, und die einfacheren Weine sind im Verhältnis längst nicht so teuer; Sie* *müssen frühzeitig, in größerer Runde Wochen vorher reservieren; Tel. 03 89 71 89 00; montags, dienstags und von Ende Januar bis Anfang März geschlossen).*

Der Stellplatz passt zu derlei Superlative und sei auch denjenigen empfohlen, die anstelle der teuren Gasthäuser in diesem Buch lieber eine Liste der Aldifilialen vorfinden würden. Wir alle werden uns gemeinsam auf der schönen Wiese am Rande der Ill wohl fühlen. Zumal es in Illhäusern mit dem **Restaurant *LaTruite*** eine bezahlbare, gemütliche und kulinarisch lobenswerte Alternative gibt *(Tel. 03 89 71 83 51; dienstagsabends, mittwochs und donnerstags geschl.).*

(070) WOMO-Stellplatz: Illhaeusern

GPS: N 48°10.906' E 7°25.786'; *Rue de la Fecht*; **max.WOMOs**: 5; **Ausstattung/Lage**: Gaststätten, Geschäfte, Ortsrand; **Zufahrt**: biegen Sie in Illhäusern westlich der Illbrücke von der D 106 nach Süden ab, Wegweiser *‚Stade'*: Sie überqueren eine kleine Brücke und fahren gleich dahinter, an dem nach rechts zum Sportplatz abbiegenden Weg vorbei, noch ein kurzes Stück geradeaus, bis Sie links der schmalen Straße eine schöne Wiese an der Ill sehen.

Die Promille hindert Sie wahrscheinlich an der Weiterfahrt nach **Ribeauvillé**, wo Sie einen offiziellen, stets sehr gut besuchten, aber wenig romantischen Stellplatz finden:

(071) WOMO-Stellplatz: Ribeauvillé

GPS: N 48°11.520' E 7°19.720'; *Route de Guemar*; **max.WOMOs**: >5; **Ausstattung/Lage**: Toilette, Entsorgung, Wasser, Mülleimer, Gaststätten, Geschäfte, Wanderwege, fast zentral; **Zufahrt**: an der D 106; der Straße nach Illhäusern, etwa 200 m östlich des großen Kreisverkehrs beschildert; **Parkgebühr**: 1,50 €/Nacht; 3,50 € /5Std. am Tag.

Alle anderen von uns früher publizierten Stellplätze sind inzwischen verboten. Schade! In Frage kommen noch der Parkplatz gegenüber dem **Schwimmbad** - an der Straße nach Bergheim - und der

(072) WOMO-Campingplatz: Ribeauvillé *(P. de Coubertin)*

GPS: N 48°11.691' E 7°20.206'; *23 Rue Landau*; **Ortszentrum**: 1,2 km; **Zeiten**: 15.3.-15.11.; **Ausstattung**: Schwimmbad (0,2 km), keine Reservierung, keine Mobilhomes; **Zufahrt**: Richtung Bergheim, dann nach Osten abbiegen (beschildert).

In Ribeauvillé erwartet Sie das Gegenstück zu *Auberge de l'Ill*. Dabei ist der kulinarische Abstand geringer als der preisliche. Und der Gemütlichkeitsfaktor ist viel höher: Die **Winstub *Zum Pfifferhüs*** ist auf der Hauptstraße im gleichnamigen Gebäude untergebracht, dessen geschnitzte Figuren Ihnen sofort ins Auge stechen. Im holzvertäfelten Gastraum teilen Sie mit anderen Gästen meistens einen der wenigen, dicht beieinander stehenden Tische, auf denen die typischen Elsässer Decken aufgelegt sind, weshalb bald lustige Stimmung aufkommt. Die hat sich so sehr herumgesprochen, dass Sie, jedenfalls fürs Wochenende, möglichst ein bis zwei Wochen vorher reservieren sollten. Wir waren in der Vergangenheit mehrfach in Ribeauvillé, ohne im *Pfifferhüs* Platz bekommen zu haben *(Tel. 03 89 73 62 28; Nichtraucher; mittwochs, donnerstags und im Juli geschlossen)*.

Das Städtchen **Ribeauvillé** (Rappoltsweiler) zählt mit seinen 4.600 Einwohnern schon zu den größeren Ortschaften und zugleich zu den Glanzpunkten der Weinstraße. Wir parken auf dem Übernachtungsplatz *bei der* Feuerwehr, bevor wir uns auf den Weg durch die Hauptstraße machen. Auffälligerweise treffen wir schon nach der Hälfte auf ein großes Stadttor, den so genannten Metzgerturm, jenseits dessen sich das alte Stadtbild fortsetzt. Man hat also den Eindruck, als habe die frühere Stadtbefestigung den Ort in der Mitte durchtrennt. Dies dürfte daran liegen, dass die Ober- und Unterstadt ursprünglich zwei verschiedene Besitzer hatten und erst im 14. Jahrhundert verbunden worden sind. Sie sollten es nicht versäumen, in der Oberstadt die Kirche zu besichtigen, deren Bau im 13. Jahrhundert begonnen und in den 70er Jahren des vorletzten Jahrhunderts um ein Querschiff vergrößert worden ist. Das heutige Gymnasium bei der Kirche war ursprünglich als Stadtschloss errichtet worden.

Das *Pfifferhus* etwa in der Mitte der Unterstadt, sein Restaurant haben wir Ihnen bereits oben wärmstens ans Herz gelegt, verdient wegen seines geschnitzten Fachwerkes auch von außen Beachtung. Wer vor dem *Pfeiferhaus* steht, denkt unwillkürlich an den ***Pfifferdaj*** (*Tag der Spielleute*), ein am ersten Septembersonntag zelebriertes Volksfest. Der Besuch der Altstadt kostet dann Eintritt und am Rathaus in der Unterstadt ist eine monumentale Tribüne aufgebaut, vor der zahlreiche Musik- und Trachtengruppen vorbeiziehen, außerdem fließt aus dem Rathausbrunnen Wein. Was heute einen unglaublichen Touristenrummel auslöst - und wohl hauptsächlich deswegen veranstaltet wird, weshalb es durchaus überlegenswert ist, gerade in diesen Tagen das Städtchen zu meiden -, hat eine historische Tradition: Die Herren von Rappoltstein, die

Blick von der Ulrichsbourg

einst die drei Burgen oberhalb der Stadt bewohnten, galten als Schutzherren der fahrenden Spielleute und Gaukler. Rappoltsweiler war das Königreich der Pfeifer, deren Brauchtum bis ins 18. Jahrhundert gepflegt worden ist. Schutzpatronin war *Unsere liebe Frau von Dusenbach*. Ihre Kapelle westlich der Stadt in der Nähe des Tales ist alljährlich Ziel einer Wallfahrt . Wer der unten beschriebenen Wanderung folgt, kommt dort vorbei, wer weder Wanderfreund noch religiös motiviert ist, versäumt bei unterlassener Besichtigung wenig. Unbedingt einen Besuch wert ist jedoch die **Ulrichsbourg**, eine der interessantesten Burganlagen des Elsass.

Wenn Ihnen unser Wandervorschlag zu viel ist, sollten Sie sich zu einem Spaziergang (zugleich der erste Teil der Wanderung) aufraffen, die Mühe lohnt sich auf jeden Fall:

Wir starten am westlichen Ende der Hauptstraße und folgen dem roten Balken rechts der Straße. Allein schon der kleine Pavillon am Anfang des Weges mit sehr schönem Blick auf das Städtchen entschädigt für den ersten Teil des Anstiegs. Bis zur **Ulrichs-**

bourg sollten Sie auf jeden Fall gehen, von der Hauptstraße sind es dann auf einfacher Wegstrecke knapp 1,5 km. Im Inneren der Ruine sehen Sie eine sehr anschauliche Beschreibung der einzelnen Bauphasen. Die Burg verfiel, als die Herren von Rappoltstein in ihr Stadtschloss (in der Oberstadt neben der Kirche) hinabzogen, dies war im 16. Jahrhundert. Als wir den Berg hinaufkeuchen, können wir diesen Entschluss bestens nachvollziehen. Wer den Spaziergang noch etwas ausdehnt, besichtigt noch die Burgruinen Girsberg und Ribeaupierre. Für Letztgenannte müssen wir noch etwas weiter ansteigen, was sich angesichts des Rundblicks vom Bergfried aber lohnt.

Wer nun weiter wandert, marschiert auf dem rot-weiß markierten Weg zunächst einmal nach Nordwesten bis zum Carrefour Hasenclever. Hier nun scheiden sich die Geister: Wanderprofis bleiben auf dem rot-weißen Weg und entscheiden sich für die große Runde nach Norden, vorbei am Rocher des Titans, dem Rocher des Géants, sie biegen dann am Rocher des Reptiles - nunmehr mit blauem Kreuz - nach Süden ab, um dann von Norden im sehr schön gelegenen Weiler **La Grande-Verrerie** anzukommen, wo sich dann auch der verbissenste Wandersmann spätestens eine ausgedehnte Rast gönnt. Der Name des Dörfchen zeugt übrigens von früheren Betrieben zur Glasherstellung. Wir lassen es etwas gemütlicher angehen und wählen vom Carrefour Hasenclever den direkten Weg zur La Grande-Verrerie (blaues Kreuz), wo wir dann (immer noch mit blauem Kreuz) zur Saxermatt aufsteigen. Dort haben wir wieder zwei Alternativen: Entweder wählen wir den etwas weiteren Weg zum Forsthaus Iberg (gelbe Scheibe) oder wir folgen dem blauen Kreuz zum Forsthaus Schlumberger. Von dort weist uns dann das gelbe Kreuz den Weg zum Kloster Dusenbach und zurück nach Ribeauvillé. Die weiteste Alternative erfordert einige Kondition, sie ist nämlich 24 km lang und dauert mindestens 8 Stunden. Mit Hilfe der Wanderkarte kann man den Weg über die von uns geschilderten Möglichkeiten hinaus fast beliebig abkürzen oder abwandeln *(Karte: TOP 25, 3717 ET, Sélestat-Ribeauvillé oder 3718 OT, Colmar-Kaysersberg).*

Und noch einen Spaziergang sollte man auf keinen Fall versäumen, den Weg durch die Weinberge nach Hunawihr:

Er beginnt etwa in der Mitte der südlichen Stadtumgehung von Ribeauvillé und ist, da es sich um eine kleines Sträßchen handelt, auch auf Autokarten eingezeichnet. Besonders im Herbst gehören die Wege durch die Weinberge zu den schönsten Erlebnissen im Elsass. Wer nicht schon auf solchen Wegen spaziert ist, kennt das Elsass nicht (sehr schön ist auch der Weg durch die Weinberge zwischen Kientzheim und Riquewihr - siehe unten). Von Ribeauvillé nach **Hunawihr** und zurück brauchen Sie einschließlich Besichtigung von Hunawihr 1 ½ bis 2 Stunden.

Nach **Hunawihr**, *‚Einem der schönsten Dörfer Frankreichs'*, können Sie natürlich auch mit dem Auto fahren, die **Wehrkirche** aus dem 15. Jahrhundert ist wegen ihrer einmaligen Lage schon fast eine ganze Reise wert. Derart idyllisch, auf einem kleinen Hügel, von einem Friedhof umgeben und inmitten von Weinbergen, liegt kaum ein anderes elsässisches Gotteshaus, das sich hier sogar Katholiken und Protestanten teilen. Deshalb hat die Simultankirche zwei Langschiffe, wobei aber schon seit Ludwig XIV. der Chor den Katholiken zur Verfügung

Hunawihr - Wehrkirche im Abendlicht

steht. Die wunderbare Lage und der Blick über das vom Tourismus noch nicht vereinnahmte Dörfchen und die Weinberge bis zu den Rappoltsteiner Schlössern reizen nicht nur manches Brautpaar. Am Fuße der Kirche und eines Weinbergs kann man still und beschaulich übernachten:

(073) WOMO-Picknickplatz: Hunawihr

GPS: N 48°10.740' E 7°18.722'; *Rue de la Fontaine*, **max.WOMOs**: 3-4; **Ausstattung/Lage**: Tische und Bänke, Wasser am nahen Brunnen (das trotz gegenteiliger Beschilderung trinkbar ist), Toilette 100 m vor der Kirche rechts, Mülleimer, Gaststätte, Wanderwege, Ortsrand; **Zufahrt**: wenn Sie von der Weinstraße in Hunawihr einfahren, biegen Sie vor einer Kurve und nach Autowerkstatt und Winzergenossenschaft, bei einer Übersichtstafel nach links in die *Rue de la Fontaine* ab; worauf es etwas bergab geht; Sie fahren an einem alten Waschhaus vorbei und dann noch 100 m nach rechts, ehe Sie auf eine kleine, asphaltierte Fläche stoßen; daneben gibt es noch eine größere, geschotterte.

Direkt über Ihnen thront nun die Wehrkirche, und ins Dorf sind es nur ein paar Schritte. Mit der ***Winstub Suzel***, die allgemein hochgelobt wird, haben wir uns inzwischen auch angefreundet, auch wenn die Beleuchtung immer noch zu hell und zu ungemütlich ist *(Tel. 03 89 73 30 85; dienstags Ruhetag)*.

Hunawihr ist auch bekannt wegen seiner **Storchenzucht**, wo man schon vor langer Zeit begonnen hat, die einst im Elsass ausgestorbenen Störche wieder einzugewöhnen *(Centre de réintroduction des cigognes).* Wir sehen heute im Elsass noch vielerorts die verwaisten Vorrichtungen für Storchennester, wenngleich die Adebare inzwischen wieder deutlich zunehmen. Vor 45 Jahren gab es kaum ein Dorf an der Weinstraße, in welchen nicht im Sommer wenigstens ein Storchenpaar nistete. Damals gab es aber auch in der Rheinebene noch sumpfige Gegenden und viel mehr Felder mit entsprechendem Kleintier. Man muss sich nur einmal die Landkarte ansehen mit den neugebauten, teilweise vierspurigen Straßen. Wir müssen es zugeben, auch wir Wohnmobilisten sind nicht frei von Schuld. Die Störche gingen aber schon zurück, als der Rhein kanalisiert wurde, die Äcker trockengelegt und die Weinberge ausgebaut worden sind. Zwar sind die Zuchtbemühungen nicht ohne Erfolge, und aus manchen Nestern hört man es wieder klappern. Die Störche waren noch vor 20 Jahren fast ausgestorben, aber mehr und mehr Weinstraßengemeinden leisten sich wieder ein paar (Paare) Störche, so zum Beispiel Kintzheim, Ribeauvillé, Kaysersberg und Rouffach, um nur einige zu nennen. Der Preis ist hoch, ein Storch kostet im Schnitt angeblich 3.000 Euro, und ohne Zufütterung würde kaum einer den Winter, in dem er ins Gehege kommt, er- und schon gar nicht überleben. Besieht man die Dinge nüchtern, wird schnell klar, dass die echte Wiedereingewöhnung ein frommer Wunsch bleiben muss. Hoffen wir, dass unsere Kinder den Klapperstorch wenigstens weiterhin auf einigen Weinstraßendächern oder in Gehegen wie bei Marlenheim, Hunawihr, Kintzheim, Eguisheim oder Rouffach bestaunen dürfen, und dass kein geschäftstüchtiger Bürgermeister eines Tages der Versuchung

Eierbecher

erliegt, in ein altes Storchennest lebensgroße Plastikstörche zu montieren eine Idee, die sich uns beim Betrachten der Souvenirläden jedes Mal erschreckend stark aufdrängt.

Irgendwie hängt dieser Gedanke auch mit dem Park von Hunawihr zusammen. Den zahlenden Touristen werden dort zwischen dem 1. April und Mitte November *(10-12 und 14-17:30 Uhr; Juni, Juli, August keine Mittagspause und länger; 7,50 €)* heute nicht mehr nur 200 Störche präsentiert, sondern auch diverse Wasservögel sowie, direkt daneben, ein Gewächshaus mit Schmetterlingen und Orchideen (*keine Mittagspause aber nochmals 5 €*). Als ob die Verantwortlichen in den deutschen Freizeitparks in die Lehre gegangen wären, demonstrieren sie in einem Bassin des Storchenparks die Nahrungskette der Tierwelt: Komoran und Fischotter (*loutre*, die man hier auch wieder aufzieht) dürfen auf Kommando Fische verschlingen. Und auf dem hässlichen Parkplatz der Anlage sind *Camping et Pic-nique interdit*, aber in dieser ziemlich tristen Unnatürlichkeit will ohnehin niemand länger bleiben.

Riquewihr im Herbst

Allmählich haben wir das Zentrum der Weinstraßen-Seeligkeit erreicht, die Geranie trumpft unerbittlich auf und Touristenherzen pochen heftig. Manch einem schwillt aber auch die Halsschlagader, wenn er in **Riquewihr** (1.200 Einwohner, Reichenweiher) einläuft. Man sagt, es sei das schönste Dorf des Elsass, was natürlich übertrieben ist. Und falsch dazu, denn ein *Dorf* mit Stadtmauer und Stadttor ist - pardon, ich werde schulmeisterlich - eine *Stadt*. Trotzdem hält Riquewihr mit jährlich 2 Millionen Besuchern den Spitzenplatz der am meisten besuchten *'Schönsten Dörfern Frankreichs'* (davon gibt es etwa 140, keines darf mehr als 2.000 Einwohner beherbergen). Platz 2 nimmt Les Baux (in der Provence) ein. Kein Glanzprospekt kann es sich verkneifen, Riquewihr in die Kette der *Perlen der Weinstraße* einzureihen. Was dabei herausgekommen ist, erinnert allerdings mehr an einen Jahrmarkt, in dessen Rummel der Gedanke nicht mehr aus dem Kopf weichen will, dass die Perlen vor die sprichwörtlichen Säue geworfen werden: Einmal die Hauptstraße hoch und wieder runter, hinein in einen der Nippesläden, einen Dreierpack Wein unter den Arm, ein knatschiges Stück *Quiche* in die Hand. Vielleicht noch ein paar Christbaumkugeln im Sommer oder einen Nussknacker aus dem Erzgebirge (in Wirklichkeit aber aus China) und zurück in den Reisebus. Die Leuten sind begeistert. Bedauerlich, noch vor 25 Jahren war das Städtchen das Kleinod, als das es heute noch verkauft wird. Aber das ist unwiederbringlich vorbei - und Jahr für Jahr wird die Touristenanmache unerträglicher. Hinter den pittoresken Fassaden schreitet derweil der Verfall beängstigend fort. Kein Wunder, die Bewohner halten den Rummel nicht mehr aus und ziehen weg. Am schlimmsten aber ist, dass es den meisten Touristen so gefällt - vielleicht gerade deshalb.

Riquewihr - *Dolder*

Aber warum fahren **wir** immer wieder hin? Weil sich bei uns Erinnerung und Wirklichkeit vermischen - und weil wir den rechten Zeitpunkt wählen, einen grauen Herbst- oder Wintertag, einen frühen Vormittag oder den Abend. Dann kann man sich mit einiger Phantasie vor allem in den kleinen Gässchen in eine vergangene Zeit versetzt fühlen. Gerade dort ahnen wir dann auch, dass die Bewohner nicht allein auf den Tourismus setzen, dass die dagebliebenen Enkel noch von dem leben, von dem sich bereits die Großväter ernährt haben, vom Wein. Obgleich der ganze Stadtkern innerhalb der noch rundherum verlaufenden Befestigung vom Autoverkehr befreit worden ist, was den Charakter eines Freiluftmuseums verstärkt, und obwohl es an der Hauptstraße kaum ein Haus geben dürfte, in dem nichts

Touristisches dargeboten wird, ahnen wir zu solchen Zeiten sogar einen Hauch vom normalen Leben. Von Besuch zu Besuch aber immer weniger.

Wir bauen die Visite in eine kleinere oder größere Wanderung ein. Auf dem Fußweg tauchen wir in den Trubel ein und können ihn jederzeit wieder mit der weiten Stille der Wälder und Weinberge vertauschen.

Man kann in Riquewihr buchstäblich an jeder Ecke Wein kaufen, was wir allerdings noch nie selbst getan haben. Vielleicht war es falsch, dass wir bis heute davon ausgegangen sind, der Trubel habe die Preise verdorben. Außerdem lesen wir eines Herbsttages unten am Ende des Ortes, gleich hinter dem **Elsässer Postmuseum** *(April bis Anfang November außer Dienstag 10-12 und 14-17:30 Uhr; 4 €, Familienrabatt)*, das im ehemaligen Schloss beherbergt ist, an einem Weingut, in dem gerade Arbeiter damit beschäftigt sind, große Wannen voller Trauben von einem Anhänger abzuladen: *»Bitte nicht bei der Arbeit stören«*. Wir möchten keinen Wein, der von Winzern hergestellt wird, die ihren Arbeitern einen Plausch über den Ernteertrag , die Qualität und die Öchsle verbieten.

Andrang herrscht auch in den Restaurants und Weinstuben, die im Sommer zahlreich ihre Tische ins Freie stellen und gnadenlos Aufgetautes und Aufgewärmtes als »typisch« auf die bemalten Teller bringen sowie Fett und Knorpel unter einer aus Pulver gerührten Soße verstecken, in der Absicht, den Gast nur einmal zur Kasse zu bitten, weil dieser alsbald doch nicht nach Riquewihr zurückkehrt. Es gibt aber auch Lichtblicke: Das **Restaurant *Table du Gourmet*** in einem charakteristischen Gemäuer, wo der Name Programm ist *(ein Michelinstern; Tel. 03 89 49 09 09; dienstags geschlossen)* oder die ebenfalls von Michelin besternte ***Auberge Schoenenburg***, unterhalb der Stadt. Wir haben jahrelang gezögert, dort im gediegenen Speisesaal Platz zu nehmen. Ein Sternentempel in einer Touristenhochburg, kann nur die Anlaufstätte von Schicki und Micki sein. Als wir dann aber eines Tages, wir hatten uns einen Grund zum Feiern herbeigeredet, die Speisekarte und die gerade noch bezahlbaren Preise einem näheren Augenschein unterzogen hatten, konnten wir nicht widerstehen. Die Kellner mit gefalteten Händen auf dem Rücken und der Rahmen waren nicht ganz so steif wie befürchtet *(Tel. 03 89 47 92 28, an Werktagen mittags geschlossen)*. Und schon nach der Vorspeise wollten wir gar nicht mehr glauben, dass wir noch kurz vorher zwischen Zuckerwatte und Popcorn eingekeilt waren.

Auch in punkto Übernachtung haben wir dazugelernt. Wir trinken lieber abends ein Gläschen mehr und lassen das

WOMO auf dem dafür eingerichteten Parkplatz stehen. Die Verantwortlichen haben uns erhört und den Unsinn eines Nachtparkverbotes auf dem großen Parkplatz aufgegeben. So können Sie auf dem offiziellen Platz und dem Busparkplatz nächtigen:

(074) WOMO-Stellplatz: Riquewihr

GPS: N 48°09.969' E 7° 18.098'; *Avenue J. Preiss*; **max.WOMOs**: >5; **Ausstattung/Lage**: Toilette (vor dem Stadttor links), Wasser, Mülleimer, Gaststätten, Geschäfte, Wanderwege, im Ort; **Zufahrt**: von der *Route du vin* auf den Ort zufahren, ca. 50 m vor dem Stadttor rechts beschildert; **Parkgebühr**: 19-9 Uhr 4 €, in der restlichen Zeit 4,50 € für 5 Stunden.

(075) Alternativ auf dem Busparkplatz: **GPS**: N 48°09.904' E 7° 17.924'; *Avenue Mequillet*; vor dem Stadttor links bis zum Parkplatz.

Wer in Riquewihr mit dem Campingplatz liebäugelt, sollte sich das gut überlegen. Der Platzwart würde nach jedem Wettbewerb, bei dem die Schroffheit prämiert wird, den Pokal nach Hause tragen. Wir hatten, das ist allerdings schon länger her, bei der Inspektion keinen Campingausweis *(Carnet de camping - siehe Stichwort Camping)* dabei, was uns nicht nur am Betreten des Platzes gehindert hat, sondern uns beinahe noch strengen Kerker eingebracht hätte. Außerdem liegt der Zeltplatz fast 2 km vom Ort entfernt und direkt an der Durchgangsstraße; dennoch:

(076) WOMO-Campingplatz: Riquewihr *(Intercommunal)*

GPS: N 48°09.735' E 7° 19.007'; *Route du vin*; **Ortszentrum**: 1,9 km; **Zeiten**: März bis Ende Dezember; **Ausstattung**: Laden, u.U. *Carnet de camping* immer noch erforderlich; **Zufahrt**: an der Weinstraße auf der Höhe von Riquewihr.

Zum Ausgleich gibt es rund um Riquewihr wunderbare Wanderwege, deren Anfang sich zugleich als Spazierweg

Riquewihr - vom Anfang des Wanderweges

eignet. An sonnigen Herbsttagen empfiehlt sich folgende Route, bei deren Ende man lange durch die Weinberge läuft:

Sie starten in Zellenberg (dazu gleich mehr), genauso kann man auch in Riquewihr loslaufen. Unterhalb der Kirche von Zellenberg gehen Sie links bis hinab zur Weinstraße. Wenn der Wegweiser die Autos nach Riquewihr schickt, müssen Sie ihm folgen und etwa 800 m entlang der Autostraße stiefeln, bis Sie in **Riquewihr** das untere Tor durchschreiten und auf der Hauptstraße leicht bergan gehen (Abstecher in Seitenstraßen müssen unbedingt sein, sie erleben dort ein ganz anderes Riquewihr).

Nördlich des so genannten *Dolders*, des oberen Stadttores (angeblich das schönste Stadttor im Elsass), finden Sie den mit rotem Dreieck markierten Weg zur Haute-Schwertz. Unterwegs begegnen uns erstaunlich viele Franzosen mit prallen Plastiktüten, es ist Esskastanienzeit. Während auch wir uns die Taschen voll stopfen, schallt das Sonntagsgeläut von Riquewihr den Hang hinauf.

Ab der Haute-Schwertz (632 m) folgen wir dem blauen Kreuz und dem Wegweiser nach Kaysersberg. Bald bietet sich uns eine wunderbare Aussicht über die Weinberge und auf die Dächer von **Kaysersberg**, besonders vom Turm der Ruine oberhalb der Stadt (Foto Seite 129).

oberhalb von Kaysersberg - Blick auf Kientzheim

Bevor wir nun in die Stadt eintreten, wenden wir uns nach links durch die Weinberge Richtung **Kientzheim**. Diesen kleinen Weinort durchlaufen wir auf der frisch gepflasterten Hauptstraße. Am Rand deren Fortsetzung bleiben wir bis Sigolsheim, das im 2. Weltkrieg stark zerstört wurde (siehe unten). An der Ampel schickt und der Wegweiser zum Soldatenfriedhof *(cimétière militaire)* nach links und bald auf einer Teerstraße steil bergauf.

In nördlicher Richtung überqueren wir den riesigen Parkplatz, einen unten näher beschriebenen Stellplatz, an dessen Ende wir uns nach links wenden, um unterhalb des Friedhofes und hinter diesem, zunächst auf Asphalt, später auf einem breiten Weg geradeaus nach Nordwesten zu gehen. Etwa 500 m nach dem Friedhof - nicht früher - stoßen wir wieder auf ein Teersträßchen, das wir nach rechts, bergab, nehmen. Nach einem Gehöft laufen wir links und nach dem Wasserwerk gleich wieder rechts, um uns auf verschiedenen Weinbergwegen bis zur Weinstraße durchzuschlagen, die wir bei einem Sportplatz erreichen. Bald zeigt wieder ein Wegweiser nacht rechts, Richtung Zellenberg. Der Rest geht auf Sicht. Diese Wanderung dauert knapp 5 Stunden. Sie wird kürzer, wenn Sie sich mit Hilfe der Wanderkarte schon vor Kientzheim bergauf in die Weinlandschaft schlagen *(Karte: TOP 25, 3718 OT, Colmar-Kaysersberg)*.

Dass die Wanderung in **Zellenberg** beginnt, liegt weniger am (noch) besternten Restaurant *Maximilien*, das uns in jeder Hinsicht enttäuscht hat (teuer, nur mäßig einfallsreich, überheblicher, unaufmerksamer Service), als am netten Stellplatz mit schönem Blick auf die Haut-Koenigsbourg:

(077) WOMO-Stellplatz: Zellenberg

GPS: N 48°10.157' E 7°19.221'; *Route d'Ostheim*; **max.WOMOs**: 2-3; **Ausstattung/Lage**: Mülleimer, Gaststätten, Wanderwege, nicht immer ist ein Platz frei, im Ort; **Zufahrt**: von der Weinstraße Richtung Zellenberg abbiegen und auf den Parkplatz direkt vor der Kirche; **alternativ** in die Seitenstraße am Hang links unterhalb der Kirche.

Die Wanderung führte auch nach **Kaysersberg**, das ebenfalls als eine der »Weinstraßenperlen« gilt. Das macht misstrauisch. Auch hier schäumt der Touristenschwall gelegentlich beängstigend, aber längst nicht so vernichtend wie in Riquewihr. Kaysersberg ist trotz allen Rummels fast noch eine richtige Kleinstadt (2.700 Einwohner) geblieben, wenngleich es so gut wie kein normales Geschäft mehr gibt. Es herrscht überall in Mitteleuropa das selbe Dilemma: Läden, die Artikel des täglichen Bedarfs führen, können sich nicht halten. An ihre Stelle treten Verkaufsstätten von Dingen, die niemand braucht und die doch so rentabel vermarktet werden können, dass sie selbst höchste Mieten erwirtschaften (auf unserem Foto wurde aus dem Obst- und Gemüseladen ein Lebkuchengeschäft).

Diese Betriebe sind immer noch schöner als Leerstand, und deshalb empfinden wir die Touristenorte nicht als trist, auch wenn die Entwicklung traurig ist.

in Kaysersberg

Kaysersberg war einst einer der ersten Orte, in denen wir uns als frisch gebackene WOMO-Besitzer auf die Stellplatzsuche machten. Damals glaubten wir noch, nur in der Natur ließe sich der Wunsch nach Freiheit und Abenteuer erfüllen. Die begannen in der Winstub *Château* (mitten auf der Hauptstraße) und endeten irgendwo auf einem morastigen Feldweg. Unser jugendlicher Optimismus ließ uns damals noch an eine erfolgreiche Stellplatzsuche in dunkler Nacht glauben. Die Quittung für diese Naivität war ein mittelschwerer Streit, ich blieb einfach am Wegesrand im Matsch stehen und war nicht mehr bereit, darüber nachzudenken, dass eine Wohnmobilfahrt ein Erlebnisurlaub ist, dass wir uns gerade deswegen ein

Wohnmobil angeschafft hatten, und dass auch solche schlechten Erlebnisse oftmals höher zu bewerten sind als gar keine. Am nächsten Morgen kam dann auch prompt der Schrecken aller Feldwegparker, der Bauer mit seinem viel zu breiten Traktor, und mir fiel ein, dass ich unbedingt früh aufstehen wollte, um unten im Weißbachtal den Morgennebel aufsteigen zu sehen.

Heute haben wir bei der Suche größeren Erfolg, die Erwartungen sind reduziert, Ruhe und Sicherheit sind uns wichtiger als Fernsichten, von denen man beim Schlafen ohnehin nichts hat. Die Kaysersberger haben es uns leicht gemacht und einen offiziellen Stellplatz geschaffen, der so schön liegt wie man das von einem offiziellen Stellplatz eigentlich nicht erwartet. Danke, **WOMO-Lieblingsort**! Nicht ohne Grund ist es der beliebteste Stellplatz im Elsass, aufgewertet vom Vogelkonzert aus dem nahen Wald, das jedem Frühsommerabend ein Großereignis beschert und erst recht dem Morgen. Nur liegen dann die Bewohner der bis zu 50 Mobile noch hinter verrammelten Fenstern in den Kojen:

(078) WOMO-Stellplatz: Kaysersberg

GPS: N 48°08.235' E 7°15.639'; *Rue du College*; **max.WOMOs**: >5;
Ausstattung/Lage: Toilette, Wasser, Entsorgungsstation, Mülleimer, Gaststätten, Geschäfte, Wanderwege, im Ort;
Zufahrt: am Rand eines Weinberges im südwestlichen Teil von Kaysersberg - optimal als ‚*P1*' beschildert; **Parkgebühr**: 4 € / Nacht und 2 € / Tag.

Die Stimmung ähnelt einem Campingplatz, dass selbst die furchtsamsten Kollegen den richtigen Zeltplatz nicht brauchen:

(079) WOMO-Campingplatz-Tipp: Kaysersberg *(Municipal)*
GPS: N 48°08.235' E 7°15.639'; *Rue des Acacias*; **Ortszentrum**: 1 km;
Zeiten: Ostern - 30.9.; **Ausstattung**: Schwimm- und Hallenbad, keine Dauercamper, im Juli/August keine Hunde;
Zufahrt: an der N 415 im Nordwestteil von K. beschildert

Kaysersberg - Blick von der Burg

Bei fast jeder Visite zieht es uns hoch zur **Burg**, die früher durch die Stadtmauer in die Stadt integriert war. Ich kenne kaum einen interessanteren Blick auf eine mittelalterliche Kleinstadt als vom Bergfried dieses Château. Gleich unten die **Kirche** mit dem berühmten **Schnitzaltaraufsatz** von Hans Bongartz, daneben die berühmte **Weißbrücke** mit der kleinen Kapelle und den Schießscharten (einzigartig im Elsass), in der Altstadt eine große Zahl sehenswerter Häuser und am nordwestlichen Ende das Haus, in dem Albert Schweitzer 1875 geboren worden ist - mit kleinem Museum im Erdgeschoss *(nur an Ostern und von Mai-Oktober 9-12 und 14-18 Uhr; 2 €)*. Ich denke auch an Lazarus von Schwendi, der, glaubt man der Geschichte, im 16. Jahrhundert anlässlich des Kampfes gegen die Türken aus Ungarn die Tokayerrebe mit nach Kaysersberg gebracht hat. Bei jedem umfassenden Anblick einer mittelalterlichen Stadt denke ich aber auch an die Armut, an drakonische Strafen, an die Pest und an die Judenverfolgung.

Es fehlt leider die ultimative Weinstube. Die Beliebtheit des Stellplatzes zwang uns zu ausgiebigen Tests: Am besten hat die rustikale Abteilung des **Restaurant *Chambard*** abgeschnitten *(Tel. 03 89 47 10 17 montags und dienstags mittags geschlossen)*.

Gibt es im Dunstkreis von Riquewihr außer Hunawihr noch ein Weinstraßendorf, das nicht unter der Last der Geranie ächzt? Das gibt es, und es heißt **Kientzheim** (mit dem *e*). Das

Dorf hat im 2. Weltkrieg stark gelitten, es stellt sich trotzdem romantisch zur Schau und ist an manchem Sonntag nach Riquewihr und Kaysersberg geradezu eine Wohltat. Wie die nicht aufregende, aber solide ***Hostellerie Schwendi*** am Marktplatz *(Tel. 03 89 47 30 50; dienstags und Mittwochmittag sowie von Ende Dez. bis Anfang März geschlossen).*

Auch nach den dortigen Genüssen muss man sich nicht mehr ans Steuer setzen, denn am Ortsausgang von Kientzheim rechts der Straße nach Kaysersberg werden Sie den kleinen, feinen Übernachtungsplatz unter Bäumen nicht verfehlen:

(080) WOMO-Stellplatz: Kientzheim

GPS: N 48°08.193'; E 7°16.901'; *Grande Rue*; **max.WOMOs**: >5;
Ausstattung/Lage: Gaststätten, Geschäfte, Wanderwege, Ortsrand;
Zufahrt: an der D 28 am westlichen Ortsende kurz vor der Einmündung in die N 415.

Wenn Sie aber mal wieder mit grandiosem Rundblick nächtigen wollen, gibt es in diesem Teil des Elsass nur eine Alternative: Die Michelin-Karte weist Ihnen mit eingezeichnetem Panoramablick den Weg zum einsamen

(081) WOMO-Stellplatz: Sigolsheim

GPS: N 48°08.372'; E 7°18.649'; *kein Straßenname;* **max.WOMOs**: >5;
Ausstattung/Lage: nur ein schöner Blick, in den Nächten auf Samstag und Sonntag nicht zu empfehlen, weil dann hier oben die motorisierte Jugend die Sau raus lässt, sehr einsam, außerorts;
Zufahrt: 3,5 km östlich von Kaysersberg biegen Sie mitten in Sigolsheim in nördlicher Richtung ab und folgen dem Wegweiser zum Soldatenfriedhof *(cimétière militaire).*

Die Welt liegt uns wieder zu Füßen, und auch hier sind wir mit der Geschichte konfrontiert: Im Dezember 1944 wurden die Ortschaften auf beiden Seiten des Weißtals am Rande der Vogesen bei Kämpfen zwischen der Deutschen Wehrmacht und den Alliierten fast vollständig zerstört. In Bennwihr blieb angeblich nur das Kriegerdenkmal aus dem ersten Weltkrieg (!) unbeschädigt. Man kann sich heute gar nicht mehr vorstellen, dass an der Stelle dieses einförmigen Straßendorfes einst malerische Fachwerkhäuser standen. In Sigolsheim ist wenigstens noch die Dorfform erhalten geblieben, während in Ammerschwihr etwa drei Viertel des Ortes in Schutt und Asche versunken sind. Wir sitzen lange draußen und reden über den Krieg unserer Vorfahren, und der Blick auf die Lichter des Flugplatzes von Colmar gibt diesem Thema weitere Nahrung.

Stellplatz in Sigolsheim

Zellenberg

Tour 9: Für sonnige und trübe Tage

Ammerschwihr - Turckheim - Colmar – Neuf Brisach - Eguisheim - Rouffach - Bollenberg - Ecomusée

Stellplätze:	in Ammerschwihr, in Turckheim, in Colmar, in Neuf Brisach, in Eguisheim, in Voegtlinshofen, in Rouffach, auf dem Bollenberg, beim Ecomusée
Campingplätze:	in Turckheim, in Eguisheim, in Rouffach
Besichtigen:	Turckheim, Niedermorschwihr; in Colmar die Altstadt, das Gerberviertel, die Kathedrale und die Dominikanerkirche; das Museum Unterlinden mit dem Isenheimer Altar; die Festung von Neuf Brisach, Eguisheim, Rundfahrt auf der *Straße der 5 Schlösser*, Marktplatz von Gueberschwihr, Rouffach, Freilichtmuseum Ecomusée
Wandern:	von Ammerschwihr über Katzenthal und Niedermorschwihr nach Turckheim, Les Trois Epis und zur ‚Galz'; *Spaziergang* von Niedermorschwihr nach Turckheim, Wanderung zu den 6 Burgen westlich von Eguisheim, von Husseren zum Staufen, Spaziergang am Bollenberg
Essen:	Restaurant *L'Arbre Vert* in Ammerschwihr, Winstub *Caveau Morakopf* in Niedermorschwihr, Fischlokal *Aux Trois Poissons*, Restaurant *Fer Rouge* oder Winstub *Caveau St.-Pierre* in Colmar; *Pavillon Gourmand* in Eguisheim, *Winstub de la Poterne* in Rouffach, *Auberge au Vieux Pressoir* am Bollenberg
Karte:	Seite 112

In **Ammerschwihr** (Ammerschweiher), einem kleinen Städtchen mit 1.600 Einwohnern empfehlen wir nicht schon wieder ein Nobelrestaurant, das teure **Restaurant *Aux Armes de France*** *(Michelinstern, Tel. 03 89 47 10 12; mittwochs und donnerstags geschlossen)*, sondern raten eher zum ungezwungeneren ***L'Arbre Vert***, wo Sie in der Regel ohne Voranmeldung Platz finden *(Tel. 03 89 47 12 23; montags abends und dienstags Ruhetag)*.

Vielseitig, wenn auch nicht ganz optimal, ist das Stellplatzangebot:

(082) WOMO-Wanderparkplätze: Ammerschwihr

GPS: N 48°7.557' E 7°16.935'; *Place du G. de Gaulle*; **max.WOMOs**: >5; **Ausstattung/Lage**: Toilette, Gaststätten, Geschäfte, Wanderwege, im Ort;
Zufahrt: zum **Parkplatz vor dem Rathaus** mitten in Ammerschwihr: von der N 415 an der Ampel Richtung *‚Centre'*, beim *L'Arbre vert* rechts und dann links auf den Platz vor dem Rathaus.
Passabel und etwas ruhiger ist der **Parkplatz hinter der Kirche**.

Vielleicht am schönsten ist der etwas abschüssige **Stellplatz beim Bürgerturm** (*Tour de Bourgeois*) am westlichen Ortsrand (nur kleine WOMOs, Toilette, Wasser): an der schmalen Straße von Trois Epis vor dem Stadttor - wo es einen weiteren Parkplatz gibt - links bergab bis zu einer Grünfläche oder dem kleinen Parkplatz beim Bürgerturm (von der Ortsseite her: am Rathaus und der Post vorbei bei einem roten Haus Richtung Berge).

Zu einem Wanderparkplatz passt das Tagespensum von knapp 25 km auf einer phantastischen Wanderung:

Wir gehen von Ammerschwihr durch die Weinberge über Katzenthal und Niedermorschwihr nach Turckheim (mit gelbem Dreieck). Dann hinauf nach Les Trois-Epis, von dort zur **Galz**, und dann wieder runter nach Ammerschwihr.

Le Galz

Passen Sie auf, dass es Ihnen auf dem Weg zur Galz nicht geht wie mir. Ich habe eine ganz normale Bergkuppe erwartet, mich hat es aber fast aus den Wanderschuhen gehauen, als ich hinter einer Wegbiegung plötzlich eine riesengroße Christusstatue mit zum Segen ausgebreiteten Armen vor mir sehe. Man hat sie nach dem ersten Weltkrieg als Mahnmal errichtet. Die mahnende Wirkung ist bekannt, man kann sich diese auch ansehen, wenn man zur Aussichtsplattform nach oben steigt und auf Ammerschwihr hinabblickt: Der Ort wurde im letzten Krieg zu ¾ zerstört, die wenigen alten Häuser kann man zählen, und in den umliegenden Dörfern ist es ähnlich *(Karte TOP 25, 3718 OT, Colmar-Kaysersberg).*

Wer auf diese große Wanderung lieber verzichtet, sollte einen ausgedehnten **Spaziergang** von Niedermorschwihr nach Turckheim unternehmen, und zwar auf dem Hinweg durch den Weinberg (gelbes Dreieck) und zurück durch den Wald *(blaues Kreuz; 2 Stunden; Karte siehe oben).*

Das Dörfchen **Niedermorschwihr** ist nicht nur wegen seiner Lage inmitten von Weinbergen in unserer besten Erinnerung, sondern auch wegen der **Winstub *Caveau Morakopf***

Katzenthal

an der Hauptstraße, mitten im Dorf. Die Winstub schlechthin, das Elsass auf dem Teller und im Glas - und im Geldbeutel kein Loch *(Tel. 03 89 27 05 10; sonntags, montags mittags und von Mitte Juni bis Anfang Juli geschlossen).* Der *Morakopf* ist schon lange in aller Munde, und ohne Reservierung werden Sie keinen Platz bekommen. Zum **Übernachten** kann man durch den Ort einfach bergauf nach Les Trois-Epis fahren, Genaueres ist bei der 11. Tour nachzulesen. Oder Sie stellen sich auf einen der beiden kleinen Parkplätze, entweder an der Straße nach Turckheim oder seitlich des Weges nach Ingersheim, beide Plätze sind sehr ruhig.

Turckheim

Über Niedermorschwihr fahren wir nach **Turckheim** (3.500 Einwohner), das wir ja schon erwandert haben. Das Städtchen ist einer jener Orte, die auf der Reisebus-Hitliste ganz oben stehen. Zwischen Mai und Oktober dreht ab 22 Uhr ein **Nacht-**

wächter in klassischer Nachtwächterberufsbekleidung und -ausrüstung seine Runden. Was sich die Stadtväter alles einfallen lassen, um die Touristen anzulocken! Wir müssen allerdings zugeben, dass das mittelalterliche Stadtbild, vor allem der ehemalige Marktplatz (Place Turenne), zu dieser Idee verleiten konnte. Der Zinnober wäre in Turckheim eigentlich gar nicht notwendig.

Sie parken am besten vor dem mächtigen Stadttor, wo Sie aber nicht über Nacht bleiben sollten (mit öffentlicher Toilette). Wesentlich besser ist der Campingplatz auf dem gegenüberliegenden Bachufer, der den Vorteil hat, dass man von hier zu Fuß ins Städtchen laufen kann:

(083) WOMO-Campingplatz-Tipp: Turckheim *(Municipal)*

GPS: N 48°05.116' E 7°16.257'; *4 Quai de la gare*;
Ortszentrum: 0,8 km; **Zeiten**: 15.3.-31.10.;
Ausstattung: im Sommer Laden, wenige Dauercamper, Carnet erforderlich; **Zufahrt**: am südwestlichen Ortsrand (beschildert).

Da Turckheim einer der schönsten renommierten Weinstraßenorte und touristisch noch nicht ganz verkitscht ist (obwohl in Turckheim der Christbaum erfunden worden ist), habe ich mich intensiv auf die Stellplatzsuche gemacht, wenn auch der Platz nicht zu unseren Favoriten zählt:

(084) WOMO-Stellplatz: Turckheim

GPS: N 48°05.140' E 7°16.698'; *Quai de la gare;* **max.WOMOs**: > 5;
Ausstattung/Lage: könnte schöner liegen, ist aber ortsnah, Gaststätten und Geschäfte in der Nähe, Ortsrand;
Zufahrt: beim Campingplatz am Bach entlang in östlicher Richtung bis zu einem Parkplatz zwischen Bach und einer Fabrik; bzw. am Bahnhof am Bach entlang.

Bei so viel Weinstraßenherrlichkeit sehnt sich mancher Leser nach einem Regentag. Um endlich mal in Ruhe in seinem Reiseführer zu schmökern - und für einen Stadttag in Colmar. Das Wetter ist im Elsass, jedenfalls in der Rheinebene, viel besser als anderswo in Mitteleuropa. Das Weinstraßengebiet gilt sogar als ausgesprochen regenarm, indessen ist die Wahrscheinlichkeit, bei einem mehrtägigen Elsassbesuch im Regen zu stehen, keineswegs nahe Null. So ergibt es sich fast von selbst, dass man bei blauem Himmel Dinge unternimmt, denen der Sonnenschein erst den richtigen Glanz aufsetzt, und dass man sich den Museumsbesuch für den nicht undenkbaren Regentag aufhebt. Und da man mit Colmar in erster Linie den berühmten Isenheimer Altar im Unterlindenmuseum verbindet, ist es nur logisch, dass viele Colmar nur regengrau kennen.

Das ist sehr schade, denn die Altstadt von **Colmar** (68.000 Einwohner) mit zahlreichen sehenswerten Häusern und Palästen wurde von beiden Weltkriegen verschont und ist bei Sonnenschein geradezu reizend. Streifen Sie einfach planlos durch die Straßen und Gassen und überlassen Sie es dem Augenblick, ob Sie gerade in den Bann eines Fachwerkhauses an der Ecke oder in den des Schaufensters daneben gezogen werden. Hier die Pasteten eines Metzgers, dort das *Haus des Wallfahrers*, auf der einen Seite das *Haus zum Schwanen*, um die Ecke ein Bäckerladen mit *Kugelhopf's* in allen Größen.

Die zufällige Vermischung von Alltäglichkeiten und Sehenswürdigkeiten macht Colmar so attraktiv, zumal die Altstadtsanierung schon wieder so viel Patina angesetzt hat, dass man nur bei genauem Hinsehen ihre Spuren erkennt. Es ist uns auch unwichtig, welcher Palast nun welchen Namen trägt; das berühmte ***Pfisterhaus*** bei der Kirche St. Martin mit der bemalten Fassade und dem vorspringenden Treppenturm erkennen wir ohnehin als eines der schönsten Gebäude der Stadt (zumal auch eine Tafel darauf hinweist), und das ebenso bekannte ***Kopfhaus*** *(Maison des Têtes)* in der Nähe des Unterlindenmuseums ist angesichts seiner über 100 Köpfe, die Fenster und Erker umrahmen, beim besten Willen nicht zu übersehen. Jedoch erst beim zweiten Anlauf sind wir durch das **Gerberviertel** zum Flüsschen Lauch in die Altstadtteile *Krutenau* und *Klein-Venedig (Petite-Venise)* vorgedrungen. Hier rächt sich ein Regentag ganz besonders, und wir geloben eine Wiederkehr bei besserem Wetter, als wir den Fußweg entlang der Lauch zur **Brücke St.-Pierre** schlendern.

Colmar - Blick von der Brücke St. Pierre

Ein Jahr später, an einem sonnigen Herbsttag wie aus dem Bilderbuch, ergattern wir sogar einen der fünf Tische auf der schmalen Terrasse der **Weinstube *Caveau St.-Pierre***. Zu einer Tageszeit, an der man bei uns zu Hause Kuchen bestellt, lassen wir uns bei einem Gläschen Sylvaner die gut gelungene Fleischtorte schmecken. Direkt vor uns streifen die Zweige der Trauerweiden über das Wasser, und ein alter Kahn kämpft gegen den Untergang; *très jolie!* Der Spaziergang durch das ehemalige **Fischerviertel** beginnt an der Hauptstraße beim ***Alten Kaufhaus*** gegenüber dem Restaurant *Fer Rouge*, dem Haus *Zum roten Hufeisen*, bei dem man sich schon einmal die Speisekarte betrachten kann, wenn man mit dem Euro nicht knausern muss.

Colmar - beim *Alten Kaufhaus*

Drei klassische Anlaufstellen sind bei Regen wie bei Sonnenschein immer die gleichen: Die **Kirche St. Martin**, die so genannte **Kathedrale**, im Zentrum der Stadt, danach weiter westlich, auf dem Weg zum Museum, die Dominikanerkirche und zuletzt das Museum Unterlinden. Die **Dominikanerkirche** beherbergt einen Kulturschatz allerersten Ranges, das berühmte Altargemälde von Martin Schongauer ‚Maria im Rosenhag' aus dem Jahr 1473. Verspielte Vögelchen sitzen dort im Geäst hinter der Madonna, alles ist in prallen Farben und sehr detailgenau ausgeführt. Das Gemälde war zunächst als Altaraufsatz für das Martinsmünster gedacht, es wurde jedoch im 18. Jahrhundert in die Dominikanerkirche umgestellt und dabei auf allen Seiten um 50 cm beschnitten. Eine Zeit lang war es auch einmal ganz verschwunden, auf einer Fotodokumentation sieht man noch, wo im Jahre 1972 die Diebe in die Kirche eingestiegen sind - und wie die tüchtigen Gendarme im Jahre 1973 Schatz und Diebe wieder dingfest machen konnten *(Ende März bis Ende Dezember 10-13 und 15-18 Uhr; 2 €).*

Wenige Schritte weiter folgt dann der kunstgeschichtliche Höhepunkt der Stadt, das **Museum Unterlinden**. Allein schon das Gebäude und der Kreuzgang des ehemaligen Dominikanerklosters sind sehenswert, und man kann sich heute nicht mehr vorstellen, dass in dem nach dem Louvre am zweit meisten besuchten französischen Kunst-Museum (das kommt mir übertrieben vor, aber so steht's in schlaueren Büchern) bis zur Mitte des letzten Jahrhunderts Soldaten kaserniert waren. Die große Berühmtheit verdankt das Museum dem ‚**Isenheimer Altar**' von Matthias Grünewald. Auf den Bildern des Flügelaltars mit zwei feststehenden und vier aufklappbaren, beidseitig bemalten Tafeln hat der Künstler ab 1512 mit ungewöhnlicher Ausdrucksstärke die Kreuzigungsszene sowie die Auferstehung dargestellt. Man muss sich Zeit nehmen für dieses einmalige Kunstwerk, um die Details der Bilder zu betrachten, und man muss sich auch in Ruhe das Modell der ursprünglichen Zusammensetzung der Altarbilder anschauen. Die Tafeln des Altars wurden früher entsprechend dem Ablauf des Kirchenjahres gezeigt. Über den Maler weiß man so gut wie nichts, in den Zeiten Goethes hielt man noch Dürer für den Schöpfer. Bekannt hingegen ist dessen ursprünglicher Verwendungszweck: Im Antoniterkloster in Isenheim führte man ab dem Ende des 15. Jahrhunderts Pestkranke und Epileptiker vor den Flügelaltar, wo die Kranken dann auf ein Wunder hoffen konnten. Das fiel denen wahrscheinlich nicht schwer, durften sie sich nämlich mit dem leidenden Christus und den mit von Pestbeulen übersäten Leibern, gemalt mit unglaublicher Leuchtkraft und Lebensnähe, identifizieren.

Angesichts der Berühmtheit des ‚Isenheimer Altars' treten leicht und völlig zu Unrecht die anderen Meisterwerke, die in derselben Kapelle ausgestellt sind, zurück. Vor allem den Passionsaltar von Martin Schongauer (1450-1491) darf man nicht übersehen. Das Museum beherbergt aber auch noch zahlreiche andere Schätze wie Möbel, Teppiche, Trachten, Porzellan, Rüstungen und Waffen, Goldschmiedearbeiten, archäologische Funde, moderne Kunstwerke (unter anderem von Picasso und Vasarely), das älteste elsässische Altarbild, nämlich den Passionsaltar von Isenmann, einem Lehrmeister Schongauers, und schließlich einen als Weinkeller eingerichteten Raum mit Fässern und zwei großen Keltern. Man muss sich in diesem Museum auf einen großen Andrang einstellen *(Mai bis Oktober 9-18 Uhr, November bis April täglich außer dienstags von 9-12 und 14-17 Uhr; am 1. Mai und 1. November geschlossen; 7 €).*

Der Regen verhagelt Ihnen die Stimmung? Dann erfreuen Sie doch Augen und Leib mit kulinarischen Genüssen - zur

Abwechslung einmal nicht in einer Kneipe, sondern im **Käseladen** von Jacky und Christine Quesnot mit unglaublicher Vielfältigkeit! Hoffen wir, dass die Euro-Bürokraten auch in der Zukunft eine solche Auswahl an Rohmilch-Käse erlauben. Sie finden den Laden in der Rue St.-Nicolas, einer Seitenstraße der Hauptstraße innerhalb der Fußgängerzone zwischen dem Rathaus und der Kirche St.-Martin.

Wir waren in letzter Zeit etwas häufig essen und sind deswegen froh, dass wir an einem Regentag einen Vorwand finden: »*Wenn den ganzen Tag über das Wetter so schlecht ist, braucht man abends noch eine Freude*«; oder: »*zu einem gemütlichen Regentag gehört auch ein gemütliches Restaurant*«. Heute Morgen haben wir bei unserem Stadtbummel schon die Speisekarte des ***Fer Rouge*** in Augenschein genommen, leider sind die Preise eine echte Hürde. Aber der Regentag .... Der Wirt, Monsieur Fulgraff, versucht sehr erfolgreich, kulinarisch seinem Lehrmeister Paul Bocuse nachzueifern, und von vielen wird das *Fer Rouge* für eines der besten Elsässer Restaurants gehalten *(Sie sollten unbedingt vorbestellen; Tel. 03 89 41 37 24; montags, fast den ganzen Januar und von Ende Juli bis Anfang August geschlossen; hohe Preise)*.

Beim nächsten Mal suchen wir ein preisgünstigeres Haus. Wir müssen beim *Fer Rouge* lediglich die Grand Rue überqueren und auf der anderen Seite, am *Alten Kaufhaus (Ancienne Douane)* vorbei, den Weg zum Flüsschen Lauch nehmen. Schräg gegenüber der nun folgenden Brücke haben wir bei unserem Rundgang in einem netten elsässischen Häuschen das Lokal ***Aux Trois Poissons*** entdeckt. Das am Quai de la Poissonnerie gelegene **Restaurant** hat praktisch nur Fisch auf

Colmar - am Quai de la Poissonnerie

der Speisekarte, der aber sehr gekonnt zu gerade noch anständigen Preisen zubereitet wird. Vor allem das Fischragout *(Matelote)* sowie die *Bouillabaisse* gelten vollkommen zu Recht als Spezialitäten *(Tel. 03 89 41 25 21; sonntagsabens, dienstagsabends und mittwochs geschlossen).*

Auch in der Übernachtungsplatzfrage konnten wir so nachbessern, dass Sie nach der abendlichen Wirtshaussünde Ihr WOMO keinen Meter mehr bewegen müssen. Allenfalls ist es angebracht, das gute Stück auf dem Parkplatz noch in eine ruhigere Ecke zu rangieren. Parken Sie dazu unter Bäumen auf dem großen Parkplatz *,Vieille Ville'.* Dort stehen Sie auch gut behütet, er grenzt nämlich an die Rückseite des Polizeipräsidiums, und ins Zentrum der Altstadt sind es wirklich nur ein paar Schritte; genauso wie nach *Petite-Venise*, denn unser Parkplatz liegt, auch wenn man es kaum merkt, am Flüsschen Lauch. Der einzige Nachteil besteht darin, dass man hier tagsüber schlecht eine Lücke findet. Aber abends, nach Geschäfts- und Büroschluss, ist es für nicht zu große Elefanten kein Problem, einen geeigneten Winkel zu finden:

(085) WOMO-Stellplatz: Colmar

GPS: N 48°04.578' E 7°21.780'; *Rue du Chasseur*, **max.WOMOs**: >5;
Ausstattung/Lage: Toilette, Mülleimer, Gaststätten, Geschäfte, bis ca. 7 m, absolut zentral gelegen;
Zufahrt: wenn Sie von der Weinstraße nach Colmar reinfahren, folgen Sie beim Beginn der Innenstadt, also nach dem Über- oder Unterqueren der Bahngleise, dem Wegweiser nach Neuf Breisach. Eine relativ breite Straße führt Sie dann südlich rechts um die Stadt; auf demselben Weg, auf dem es auch zum Campingplatz geht. Sie müssen an die Südostseite der Altstadt gelangen und sehen dann irgendwann ein Schild zum **Parkplatz *,Vieille Ville'***, unseren Übernachtungsplatz, der aber nur bis 7 m Länge geeignet ist; tagsüber Parkschein erforderlich.

Eines habe ich Ihnen bislang noch verschwiegen, Sie werden es angesichts des von mir geschilderten Regenwetterscenarios auch kaum glauben: Colmar ist eine der regenärmsten Städte Frankreichs, die jährliche Niederschlagsmenge ist niedriger als an der Côte d'Azur.

In Colmar gibt es östlich der Stadt bei Horbourg, am Ufer der Ill auch einen **Campingplatz**, der aber von der Innenstadt zu weit entfernt ist, um dorthin zu laufen. Aber Sie sind dort auf dem Weg nach **Neuf-Brisach**, das unsere Leser aus Freiburg auf ihrer Hausstrecke ins Elsass in Vorauflagen lange vermisst haben. Warum eigentlich? Die kennen doch ohnehin die **Vauban-Festung**, die gebaut wurde, als das richtige Breisach auf der anderen Rheinseite im Jahre 1697 an Österreich fiel. Der im zweiten Weltkrieg stark zerstörte Ort wird von der Bastion und einem riesigen ehemaligen Exerzierplatz in deren Mitte dominiert. Was von Vaubans Konstruktionen übrig blieb, ist dennoch sehr zu empfehlen, samt der kleinen Trinkwirtschaft auf dem Wall, einem Club portugiesischer Einwohner. Kennen unsere Freunde aus dem Breisgau auch den romantischen Stellplatz, wo die Frösche quacken, die Schwäne dümpeln und die Angler im Morgengrauen angreifen?

Neuf-Brisach - auf der Festung

(086) WOMO-Stellplatz: Neuf-Brisach

GPS: N 48°01.390' E 7°31.810'; *kein Straßenname;* **max.WOMOs**: >5; **Ausstattung/Lage**: einsam, ein typischer Sommerplatz, dann sehr stimmungsvoll, Grill und Klappstuhl nicht vergessen, außerorts;
Zufahrt: fahren Sie mitten in Neuf-Brisach Richtung Marckolsheim, durch den Festungswall nach außen und dann bald bei einer Müllbehälteransammlung nach links (Westen) noch etwa 100 m und nach rechts auf die Wiese vor das ehemaligen Hafenbecken eines vor Jahrzehnten still gelegten Kanals.

Eguisheim (1.400 Einwohner), 6 km südwestlich von Colmar, charakterisieren *Salamander* und *Abel* (siehe *Literatur*) treffend: »Es blüht aus allen Nähten und winzert in allen Gassen«. Eguisheim wurde im Jahr 2006 zum schönsten Blumendorf Europas gekürt. Entsprechend ist der touristische Auftrieb! Aber schön ist das Städtchen trotzdem, das auf eine lange Geschichte mit unsterblichen Namen zurückblickt.

Der berühmteste Sohn heißt Leo. Von seinem Vater, dem Grafen von Egisheim, wurde er allerdings Bruno genannt, und

Eguisheim

geboren wurde er im Jahre 1002 auch nicht in Egisheim, sondern im Schloss seiner mütterlichen Großeltern, der Dagsburg, dem heutigen Dabo (siehe bei der 4. Tour). Aber aufgewachsen ist er hier in der ehemaligen Wasserburg. Er machte später als Bruno von Egisheim und Bischof von Toul Geschichte, ehe er 1048 zum Papst gewählt wurde und sich fortan Leo IX. nannte. Inmitten der Stadt und seitlich der Papst-Leo-Gedenkkirche blickt von einem großen, runden Brunnen der steinerne Leo gelassen auf das Touristengetümmel zu seinen Füßen herab.

Leo (franz. Léon) und Bruno heißt heute in Eguisheim - wir übertreiben - jeder zweite oder vierte Junge, auch einer der berühmtesten Winzer (Léon Beyer).

Eguisheim - *circuit touristic*

Der Wein ist es auch, der uns immer wieder in die »Wiege des elsässischen Weinbaus« treibt. Einen Probierschluck bei allen Winzern können wir unserer Leber nicht zumuten, denn es gibt kaum einen anderen Ort im Elsass mit einer solchen Anhäufung von Weinproduzenten, die übrigens auf einem großen Stadtplan an der Hauptstraße des Städtchens übersichtlich aufgezeichnet sind. Wir wollen uns hier nicht wiederholen und verweisen auf das Kapitel *Wein und Sekt* im hinteren Teil dieses Buches.

In Eguisheim geht es auch sonst im wahrsten Sinne des Wortes rund, besonders bei der Stadtbesichtigung. Das Städtchen ist nämlich kreisförmig gebaut, und der *circuit touristic* ist vielleicht der schönste aller Weinstädte; Voraussetzung dazu ist aber, dass die Geranien blühen (trotz meiner Warnungen bei Tour 8) und dass nicht gerade mehrere Reisebusse entladen haben; letzteres ist an Wochenenden leider die Regel.

Zur Übernachtung ist der inmitten von Weinbergen gelegene Campingplatz, einer der schönsten im Elsass, eine ernsthafte Alternative:

(087) WOMO-Campingplatz: Eguisheim (*Les Trois Châteaux*)
GPS: N 48°02.485' E 7°18.658'; *Rue du Bassin*; **Ortszentrum**: 0,2 km;
Zeiten: 1.4. – 1.4.-30.9.; **Ausstattung**: keine Dauercamper;
Zufahrt: am Südwestrand von Eguisheim (beschildert).

Der schöne Stellplatz in der Nähe des Campingplatzes wurde inzwischen gesperrt, weil schöne Stellplätze in der Nähe von Campingplätzen oft gesperrt werden, sobald sie sich herumgesprochen haben. Die Alternativen sind nicht ganz ohne Makel: Der große Parkplatz am Ortseingang liegt günstig, das Gefälle bekommt man aber auch mit dicken Keilen nicht ganz in den Griff. Trotzdem steht man hier sehr angenehm:

(088) WOMO-Stellplatz: Eguisheim (*Wolfberger*)

GPS: N 48°02.452' E 7°18.581'; *Grand Rue*; **max.WOMOs**: >5; **Ausstattung/Lage**: Toilette, Wasser, Mülleimer, Gaststätten, Geschäfte, Wanderwege, großenteils schräg, nicht für sehr große WOMOs, im Ort; **Zufahrt**: am östlichen Anfang der Hauptstraße gegen über der Winzergenossenschaft *Wolfberger*.

(089) Für Wohnmobile größter Ausmaße geeignet ist der Platz vor dem **Friedhof**. Immerhin ist er eben und man steht man am Rand eines

Weinberges, aber auch in der Nähe der Behältnisse für eine penible Mülltrennung; **GPS**: N 48°02.606' E 7°18.789'; *Rue du Malsbach*, am östlichen Ortseingang von Eguisheim neben der Zufahrtsstraße.

An kurzen Spätherbsttagen stehen wir manchmal neben der Kirche in der Ortsmitte. Das kann man aber nicht weiterempfehlen, auch wenn es gemütlich ist.

Kulinarisch ist die Auswahl groß. Wir empfehlen trotzdem, was wir schon immer für gut befunden haben: den schlichten ***Pavillon Gourmand.*** Die Fischsoße ist legendär, die Preise sind sehr anständig; unser Tipp. Seit Monsieur Schubnel, der woanders sogar mal einen Michelinstern erkocht hatte, von seinem Sohn unterstützt wird, schaut er auch nicht mehr ganz so mürrisch aus der Küche *(Tel. 03 89 24 36 88; mittwochs und in der ersten Julihälfte geschlossen).*

In Eguisheim startet man entweder zu einer klassischen **Rundfahrt** oder zu einer ebenso klassischen Wanderung. Bei der erstgenannten steuert man auf der ***Straße der 5 Schlösser*** *(Route des Cinq Châteaux, von 21 - 6 Uhr gesperrt)* zunächst die drei Burgen *(Exen)* oberhalb von Eguisheim an, sodann die Hohlandsbourg und schließlich die Ruine der Pflixbourg, an die nur noch ein runder Turm aus aufeinandergeschichteten Steinen erinnert.

Der Fußweg führt sogar zu sechs Burgen, zusätzlich nämlich noch zur Ruine Hageneck. Wir erreichen sie vom bergseitigen Ortsende von Eguisheim über den Weinbergweg mit dem blauen Kreuz, der stellenweise etwas schwer zu finden ist. Die Ruine Hageneck liegt mitten im Wald und seltsamerweise im Tal.

Von hier aus geht es hoch zur Hohlandsbourg (zunächst mit blauem Kreuz, später mit gelbem Balken), die wie die Pflixbourg lediglich als strategischer Stützpunkt, als eine Art Kaserne gebaut worden ist. Der gelbe Balken gleitet uns dann auch zum runden Turm der Pflixbourg (schöne Aussicht) wo wir zunächst bis zum Parkplatz denselben Weg wieder zurückwandern. Wir bleiben dann etwa 400 m auf der Straße, die wir in einer scharfen Linkskehre geradeaus in den Wald hinein verlassen. Ein rotes Dreieck weist uns den Weg. Beim Rocher Turenne, einem Felsgebilde, stoßen wir wieder auf eine Straße und den gelben Balken. Nach einem kurzen Stück zweigt nach links ein mit gelber Scheibe gekennzeichneter Pfad nach Süden ab, der am Parkplatz bei den drei Schlössern *(Exen)* endet. Die drei Türme dieser Burgen kennt jeder, unübersehbar ragen sie in den Vogesenhimmel. Von hier geht es dann im Zickzack hinunter in den kleinen Weinort Husseren-les-Châteaux, wo dann ein anmutiger Weg durch die Weinberge zurück nach Eguisheim führt *(20 km; Karte: TOP 25, 3718 OT, Colmar-Kaysersberg und - für den südlichen Teil, aber nicht unbedingt notwendig: 3719 OT, Grand Ballon).*

Vom Parkplatz der drei Burgen kann man in 5 Minuten zu denselben spazieren. Als Halbtageswanderung empfiehlt sich auch der Weg von Husseren zum Krankenhaus Marbach, dann weiter zur schönen Aussicht des 900 m hohen Staufen, ehe man am Ende auch wieder von den *Drei Exen* nach Husseren absteigt.

Nach der *Straße der 5 Burgen* erklärte mir die Familie, keine Burg mehr sehen zu können. Dies war verständlich und kam im richtigen Zeitpunkt, da die *Châteaux* der Weinstraße sowieso hinter uns lagen. Die Versuchung ist nun groß, auf der vierspurigen (kostenlosen) Schnellstraße am Vogesenrand nach Süden zu brettern. Diese N 83 lässt sich auch streckenweise gar nicht umgehen, man sollte aber auf jeden Fall wenigstens für das erste Stück ab Eguisheim die schmale Weinstraße wählen. Der Weg führt den Hang hinauf, der Blick in die Rheinebene lohnt den Umweg. Die Sicht ist so schön, dass mancher schon lange vor der passenden Tageszeit das Ziel ansteuert:

(090) WOMO-Stellplatz: Voegtlinshofen

GPS: N 48°01.089' E 7°16.988'; *Route du Hatschbourg*; **max.WOMOs**: >5;
Ausstattung/Lage: Superblick, Gaststätte, Geschäfte, Ortsrand;
Zufahrt: in Voegtlinshofen dem Wegweiser *,Salle Hatschbourg'* folgen; der geräumige Parkplatz liegt zwischen der Mehrzweckhalle und den Weinbergen.

Blick aus dem WOMO-Fenster

Im weiteren Verlauf, zwischen Voegtlinshofen, Gueberschwihr und Pfaffenheim, wird die Straße so eng, dass ein entgegenkommender Traktor größere Rangierprobleme aufgeben könnte. Sehr große Fahrzeuge nehmen besser die N 83.

Bei **Gueberschwihr** (Geberschweiher – wir wandern gleich hierher) durften wir unsere Töchter wieder milde stimmen. Sie hatten zwar keinen Blick für den eng am Rande des Berghangs stehenden romanischen Kirchturm mit den vielen Bogenfenstern, der als der schönste seiner Gattung im Elsass gilt, ihnen fehlte auch der Sinn für die Harmonie des etwas abschüssigen **Marktplatzes**, wir hatten ihnen aber Pony-Reiten beim Forsthaus von St. Marc versprochen. Die weite Haarnadelkurve der D 1 V nördlich von Gueberschwihr fuhren wir schon wegen des schönen Blicks auf Dorf, Kirchturm und Rheinebene, der in unserer Michelin-Karte genau an der richtigen Stelle eingezeichnet ist. Von da an sind es den Vogesenhang hinauf noch etwa 1,5 km. In einer Lichtung sahen wir links Sonnenschirme, Tische und Bänke und das Gatter mit den Ponys (das bei unserer letzten Nachschau allerdings verwaist war). Auch ohne Kinder ist dieses ehemalige Forst- und heutige Gasthaus bei schönem Wetter einen Abstecher wert, weil man dort am Waldrand im Freien sitzen kann. Direkt davor oder schräg gegenüber sind auch Parkplätze eingerichtet, auf denen sich uns aber am frühen Nachmittag die Übernachtungsfrage noch nicht stellt.

Wenn man weiter nach Westen fährt, kommt man in den Flecken **Osenbach**, der wegen des Ende April/Anfang Mai stattfindenden Schneckenrennens in keinem Reiseführer unerwähnt bleiben darf. 50 cm lang ist der Parcours und 0,002 km/h die Durchschnittsgeschwindigkeit. Dass die Rennschnecken nach der Mühe des Wettkampfes in heißer Kräuterbutter notgeschlachtet werden, ist allerdings ein Gerücht.

Roffach - Marktplatz

Da gerade kein Schnecken-Grand-Prix stattfindet, steuern wir **Rouffach** an, das noch nicht seine Identität dem Tourismus geopfert hat und gerade deshalb so liebenswert ist. Ein **WOMO-Lieblingsort**, dessen monumentale Kirche sich weithin sichtbar aus dem Rheintal erhebt. Der Marktplatz zählt zu den bedeutenden Sehenswürdigkeiten des Oberelsass, vor allem das Gesamtbild von Patrizierhäusern, Kirche, Rathaus, Freitreppe und *Hexenturm* - im Sommer mit vielen Storchennester - machen den Reiz aus. Das Kirchenschiff stammt aus dem 13. und 14. Jahrhundert, die Türme wurden erst im Jahr 1866 begonnen und wegen des Krieges von 1870 nie ganz vollendet. Bei der Kirche wird alljährlich von Himmelfahrt bis zum folgenden Sonntag die **Europäische Öko-Messe** aufgebaut, ein Mekka für Bio-Freaks und Weinliebhaber. Dann kann man hinter der Kirche nicht übernachten, was sonst, gerade im Herbst, ein richtig guter Platz ist:

(091) WOMO-Stellplatz: Rouffach

GPS: N 47°57.369, E 7°18.005; *Passage Materne Berley*; **max.WOMOs**: >5; **Ausstattung/Lage**: Toilette, Wasser und Entsorgungsstation (beim Campingplatz – Münzen dazu bei der Touristen-Info), Mülleimer, Gaststätten, Geschäfte, Wanderwege, der Glockenschlag wird nachts abgeschaltet, absolut zentral; **Zufahrt**: mitten in Rouffach neben die Kirche.

Alternativ kann man auch beim Freibad in der Nähe des Campingplatzes bei der Entsorgungsstation stehen; oder einsamer bei der Tennishalle.

Wirklich nett, aber nur im Sommer offen ist der

(092) WOMO-Campingplatz: Rouffach *(Municipal)*

GPS: N 47°57.363, E 7°17.739; *Rue de la Piscine*; **Ortszentrum**: 0,3 km; **Zeiten**: 1.5.-30.9.; **Ausstattung**: Schwimmbad, keine Dauercamper; **Zufahrt**: am südlichen Stadtrand beschildert.

Von allen Orten nächtlicher Ruhe kann man bequem zur hervorragenden und preiswerten ***Winstub de la Poterne*** laufen, einem Glanzpunkt dieser Tour und einem unserer Lieblingsrestaurants *(Tel. 03 89 78 53 29 ; montags abends, dienstags und von Mitte Juni bis Anfang Juli geschlossen).*

In **Rouffach** empfiehlt sich eine schöne, gerade auf dem ersten Drittel sehr anmutige Wanderung, von der ich aus Platzgründen nur die Grunddaten nennen möchte: Durch Weinberge (vorbei an der Kappelle Oelberg) und Wald zum **Kloster Schauenberg**. Von dort zurück über **Pfaffenheim** (knapp 3 Stunden) oder zunächst nach **Gueberschwihr** (siehe oben) und dann über Pfaffenheim durch die Weinberge nach Rouffach (knapp 4 Stunden). Die ganz große Runde führt hinten herum, von Schauenberg über Westhalten (Zeit unbekannt; Karte: 3719 OT).

Rouffach hat uns zuletzt so gut gefallen, dass wir lange nicht mehr auf dem **Bollenberg** Station gemacht haben (aber für das Buch-Update haben wir nachgesehen). Dabei ist dieser Bollenberg ein schönes Stück Elsass, dessen Zufahrtsweg aber erst einmal gefunden werden will: Biegen Sie von der vierspurigen N 83 südlich von Rouffach nach Westhalten ab und fahren Sie dann sofort wieder links dem Wegweiser zum Bollenberg hinterher. Leider sind die Tiergehege nicht mehr in Betrieb, aber den Kinderspielplatz gibt es noch mit Rutschen und viel freiem Gelände. Dazu Sicht zu den Vogesen samt deren höchstem Gipfel, dem Grand Ballon, sowie ein **Gasthaus** mit schattiger Terrasse. Das Innere besteht aus mehreren Gaststuben, die museumsartig ausgestattet sind. Ob man nun in der ***Auberge au Vieux Pressoir*** (das ist kein Druckfehler) nur etwas trinkt (nur nachmittags), einen kleinen Imbiss zu sich nimmt, oder ein größeres, leider leicht überteuertes (aber dafür kostet das Kindermenu **nichts**) Menü bestellt, kann man spontan nach der Situation entscheiden, das Lokal eignet sich für alles *(Tel. 03 89 49 60 04; montags und über Winter auch sonntags abends geschlossen).*

Den wunderbar gelegenen Stellplatz haben die Wirte der Auberge offiziell ausgewiesen - für Gäste oder Fahrer von Wohnmobilen der Marke *Hymer*. Letzteres wird aber nicht so eng gesehen und hat möglicherweise rechtliche Gründe:

(093) WOMO-Stellplatz: Bollenberg

GPS: N 47°56.765' E 7°15.194'; *kein Straßenname;* **max.WOMOs**: 5; **Ausstattung/Lage**: Mülleimer, Gaststätte, Spielplatz, Wanderwege, schöne Sicht, teilweise uneben, früh anreisen, außerorts, aber nur leicht einsam; **Zufahrt**: zum Bollenberg wie im Text beschrieben, am Gasthaus vorbei bergauf noch etwa 200 m.

Eine schöne Alternative finden Sie im benachbarten **Orschwihr**:

(094) WOMO-Picknickplatz: Orschwihr

GPS: N 47°56.228' E 7°13.873'; *Rue de la Source;* **max.WOMOs**: 4 **Ausstattung/Lage**: Picknickbänke, Entsorgungsstation, Wasser, Mülleimer, Spielplatz, Ortsrand; **Zufahrt**: am nordwestlichen Ortsrand nahe der D 5, der Straße nach Westhalten, beschildert.

Spätestens am Bollenberg wird es deutlich, die Weinstraße kommt zum Ende. Sie zieht sich zwar offiziell noch bis Thann, das wir auf der 13. Tour besuchen werden, mit dem bekannten Teil hat dieses Reststück zwar noch den Namen gemeinsam, Wein wird aber nur noch in deutlich geringeren Mengen produziert. Die Fahrt bis nach Thann lohnt sich trotzdem.

im Écomusée

Noch mehr rentiert sich ein Abstecher nach Osten in Richtung Rhein und Industriegebiete. Der weithin sichtbare, zerfallende Bohrturm eines ehemaligen Kali-Bergwerkes weist uns den Weg zum **Ecomusée** zwischen Bollwiller und Pulversheim an der D 430 südöstlich von Guebwiller und Soultz. Wir haben dieses **Freilichtmuseum** elsässischer Bauernhäuser und Dorflandschaften jahrelang gemieden, weil wir das wirkliche und kein Puppenstuben-Elsass kennen lernen wollten. Zu Unrecht. Fast alles, was hier steht, ist echt. Die über 60 Häuser waren anderswo dem Verfall oder Abriss preisgegeben, sie wurden hier samt wurmstichigem Gebälk wieder aufgebaut. Wir können einem Schmied in einer alten Werkstatt zusehen, in den Ställen grunzt und muht es live, und die dicke Sau hat gerade in einem oberelsässischen Fachwerkstall mindestens neunmal geferkelt. Das älteste Gebäude ist ein befestigter Wohnturm aus dem 12. Jahrhundert, hinter dem man auch eine kleine Bootsfahrt wagen kann. Toll ist auch das von einem Wasserrad betriebene Holzsägewerk aus dem Jahre 1905, das hier an Ort und Stelle wieder zusammengepuzzelt worden ist. Wir sind trotz der hohen Eintrittspreise (*Erwachsene 12 €, Kinder 8 €, im Preis ist ein schönes Karussell einbegriffen*) wirklich angenehm überrascht, den erwarteten Kitsch gibt es nicht, das Museum ist für die ganze Familie eine der **Top-Sehenswürdigkeiten** im Elsass *(ganzjährig geöffnet, Mai-*

Sept. 10-19 Uhr, sonst 10-17 Uhr). Direkt daneben liegt der **Erlebnispark Bioscope**, wo Umweltthemen kindgerecht aufbereitet werden *(Kombitiket mit Ecomusée möglich).*

Das Museum wird ständig erweitert; auch der Bohrturm und das Bergwerk Rudolphe sind inzwischen einbezogen worden (noch nicht vollständig – wir konnten beides nicht besichtigen). Vielleicht erfährt das *Eco* im *Musée* dadurch seine ökologische Rechtfertigung, wenn nämlich auf die katastrophalen Folgen des Kaliabbaus hingewiesen wird. Die Gruben (der weiteren Umgebung) werden zwar bald ausgebeutet sein, dann werden auch nicht mehr pro Sekunde (!) 150 kg Salz in den Rhein geleitet. Die Salzhalden, ein Abfallprodukt der Kaligewinnung, werden jedoch bleiben, und in den Dörfern ringsum wird man auch in Zukunft das Grundwasser entsalzen müssen. Wie düngen Sie eigentlich Ihre Petunien?

Der Parkplatz des Ecomusée eignet sich hervorragend für die Übernachtung. In einem kleinen Wäldchen stehen wir in zahlreicher Gesellschaft, und, man glaubt es kaum, vier Nachtigallen schlagen gleichzeitig. Außerdem ist das der einzige Stellplatz der WOMO-Reihe, auf dem wir mit einem Storch zu Abend essen:

(095) WOMO-Stellplatz: Ecomusée

GPS: N 47°51.098' E 7°17.186'; *kein Straßenname;* **max.WOMOs**: >5;
Ausstattung/Lage: Toilette, Wasser, Entsorgungsstation (am Busparkplatz), Mülleimer, schöne Gaststätte (im Museumsgelände), Bäckerei ab 9 Uhr, außerorts, aber nicht einsam;
Zufahrt: an der D 429 und schon an der D 430 bestens beschildert;
Parkgebühr: 5,50 €/Nacht (kassiert wird abends).

Tour 10: Kelten, Nazis und ein Wasserfall

Donon - Schirmeck - Le Struthof - Grendelbruch
Le Hohwald - Champ du Feu

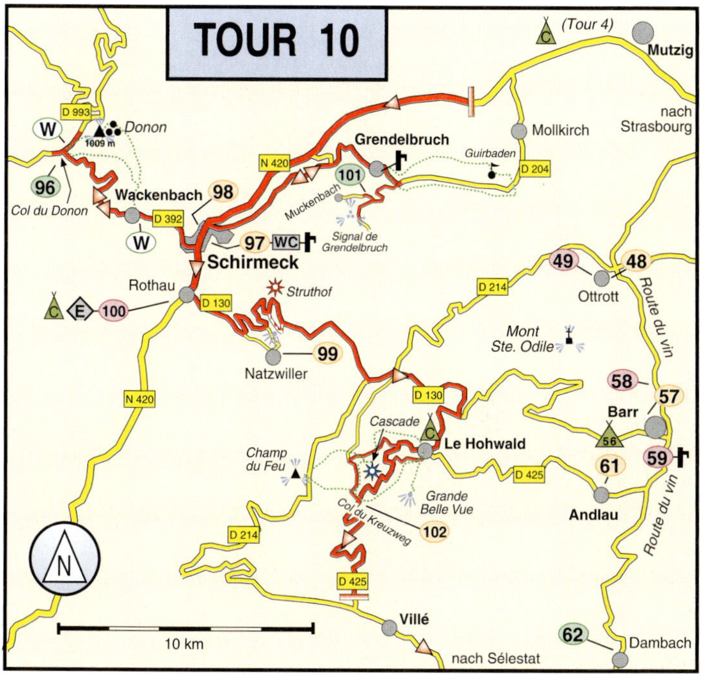

Stellplätze:	am Col du Donon, in Schirmeck, in Natzwiller, in Rothau, oberhalb von Grendelbruch, am Col du Kreuzweg
Campingplatz:	in Le Hohwald
Besichtigen:	Kultstätten und Aussicht am Donon; ehemaliges KZ Struthof, Wasserfall bei Le Hohwald
Wandern:	*Spaziergänge* zum Donon, zum Aussichtspunkt Signal de Grendelbruch, zum Wasserfall bei Le Hohwald; *Wanderungen* von Wackenbach zum Donon, zum Château Guirbaden, zur Grande Belle-Vue bei Le Hohwald, von Le Hohwald zum Champ du Feu

Seit wir den höchsten Berg der nördlichen Hochvogesen, den 1.009 m hohen **Donon**, bestiegen haben, nagt in uns die Frage: Warum waren Madame und Monsieur Hugo am 5. Floréal (April/Mai) im Jahre IX nach der französischen Revolution (nach einer bestimmten Rechnung im Jahre 1801) hier oben? Die Rede ist von den Eltern des französischen Dichters Hugo, die den kleinen Victor hier an einer Stätte keltischen und römischen Kultes gezeugt haben. Woher wir das wissen? Eine Gedenktafel am Nordende des Gipfels (unterhalb der nördlichen Orientierungstafel an einem Felsbrocken) erinnert an dieses denkwürdige Ereignis. Wir zweifeln zunächst an unseren Französisch-Kenntnissen, bis ein hemdsärmeliger, älterer Elsässer Übersetzungshilfe leistet: »*Hier haben sie den Victor Hugo gebastelt*«. Und woher wissen das die Schilderaufsteller?. Vielleicht zwang ein Frühsommergewitter zum Schutz unter den Felsen? Das käme hin, Victor wurde nämlich am 26. 2. 1802 geboren. Sicher gab es damals dort oben auch noch nicht so viele Wanderer wie heute, aber der Aufstieg war genauso steil und anstrengend. Er beginnt am sogenannten ‚Col entre les deux Donons' und dauert bis zum Gipfel auf der kürzesten Strecke (roter Balken) eine halbe Stunde.

In der dort im Jahre1869 errichteten Nachbildung eines klassischen Tempelchens wurden ursprünglich die keltischen und römischen Funde aufbewahrt (heute in Museen von Straßburg und Epinal), und die Skulpturen südlich des Gipfels sind Abgüsse der 1934/38 gefundenen keltischen Gottheiten.

auf dem Donon

Den Tempel sehen Sie mit bloßem Auge sogar vom phantastisch gelegenen Stellplatz, der eigentlich gar keiner ist:

(096) WOMO-Wanderparkplatz: Donon

GPS: N 48°30.233' E 7°08.350'; *kein Straßenname;* **max.WOMOs**: 5;
Ausstattung/Lage: Gaststätten, Wanderwege, toller Blick, uneben, möglicherweise nicht vor der Heuernte, außerorts, einsam;
Zufahrt: fahren Sie am Col du Donon nach Westen und nehmen Sie gegenüber dem Hotel *Donon* den Weg zum Soldatenfriedhof; danach müssen Sie sich auf die Wiese stellen, an den Rand des Weges oder an den Saum des Waldes - und darauf vertrauen, dass die Eigentümer der Wiesen damit einverstanden sind (es wird hier seit Jahren gepicknickt, ich sah stets Autos und WOMOs). Ich fand das bei zwei Besuchen im Sommer problemlos.

Blick auf den Donon

Wer Skrupel hat, fährt am Col du Donon rechts auf die **D 993** und parkt dann bald links seitlich der Straße. Oder auf dem beschilderten **Parkplatz**, 800 m weiter nach Westen, wo man auf einer riesigen Fläche am Waldrand steht. Diese beiden Plätze sind aber zweitklassig und nur zu empfehlen, wenn auf der schönen Wiese nichts mehr geht, weil schon so viele Kollegen dort stehen, dass Ihnen ein weiteres WOMO dort peinlich wäre; oder eben im Frühjahr vor der Heuernte.

Von allen Plätzen können Sie auf Sicht die Besteigung des Donon in Angriff nehmen, die dann etwa 45 Minuten auf einfacher Strecke beansprucht und im folgenden Text teilweise enthalten ist:

Wir parken am östlichen Ende von Wackenbach (blau-weißes ‚*P*' direkt seitlich der Durchgangsstraße bei einer Mehrzweckhalle) und nehmen an der Kirche (wo man das WOMO vielleicht besser bewacht abstellen kann) das Sträßchen, das nach rechts talaufwärts führt. Nach etwa 200 m zweigt ein mit rotem Balken markierter Pfad nach links durch ein kleines Wiesentälchen in den Wald ab. Auf diesem Weg bleiben wir, bis wir nach einer halben Stunde links unter uns die Häuser des Weilers Framont sehen, zu denen wir absteigen, um dann auf der anderen Seite des Tals an der Straße dem Weg mit dem roten Andreaskreuz bergauf zu folgen. Nachdem wir das lang gestreckte Dorf Grandfontaine fast durchquert haben, zweigt nach rechts ein mit gelbem Kreuz gekennzeichneter Weg ab, der nun erst durch ein Tal und später durch einen frisch angepflanzten Wald stetig bergauf führt, ehe wir schwitzend am **Col du Donon** wieder auf die D 392 stoßen.

Hier sehen Sie nun zwei der oben genannten Stellplätze. Gegenüber der Übernachtungsmöglichkeit an der D 993 beginnt an einer Weide, mit rotem Ring markiert, der Anstieg zum Gipfel des Donon, dessen gewaltige Antennenanlage bald vor uns aufragt. Die Markierung ist inzwischen einem roten Balken gewichen, ehe wir aus dem Wald heraustreten, um nun den schönsten Teil der Wanderung, den weiten Blick über die Vogesen, zu genießen. Wir kreuzen noch einmal eine kleine Forststraße, steigen die „Kaisertreppe" hinauf und dann auf einem glatten Weg zum **Fernsehturm**.

Hinter dem Gebäude finden wir die Abgüsse von acht keltischen Gottheiten, die im Halbkreis aufgestellt sind, die aber etwas weiter oben, in der Nähe der beiden Steintempel bei den Grabungen der Jahre 1934 bis 1938 freigelegt wurden. Eine Hinweistafel erklärt uns nun die einzelnen Ausgrabungen, einen Brunnen und eine Höhlung von 6 m Tiefe, die wohl kultischen Zwecken gedient hat. Dann stehen wir auch schon oben auf dem fantastischen **Plateau des Donon-Gipfels**, wo wir uns zu einer ausgedehnten Mittagsrast niederlassen. Ein beeindruckenderes Vesper-Plätzchen werden Sie in den ganzen Vogesen kaum finden!

auf dem Plateau des Donon

Beim Abstieg auf der anderen Seite des Tempels kommt man dann an der oben schon erwähnten Victor-Hugo-Gedenktafel vorbei, ehe uns ein ziemlich wilder Pfad hinunter zum **Donon-Sattel** (Col entre les deux Donons) führt. Dort nehmen wir nun den Weg mit dem gelben Kreuz, rechts durch einen dichten Fichtenwald bergab. Wo der Wald dann einer breiten, abgeholzten Lichtung weicht, verfranzen wir uns ziemlich, wir erliegen nämlich den Verlockungen eines bequemen Wirtschaftsweges, dem wir nach rechts folgen, anstatt ihn einfach zu überqueren. So müssen wir am Ende noch ein Stück querfeldein nach Wackenbach absteigen, anstatt auf dem mit gelbem Kreuz markierten Pfad in diesem Dorf anzukommen *(ca. 15 km; Karten: TOP 25 3616 OT, Le Donon und 3716 ET, Mont Ste. Odile).*

Nach der Mühe dieser wirklich schönen Wanderung erholen wir uns am frühen Nachmittag erst einmal in einem Café unten in **Schirmeck**. Die Stadtschläfer unter den Lesern werden hier ebenfalls fündig:

WOMO-Stellplätze: Schirmeck

(097) Kirche
GPS: N 48°28.673' E 7°13.173'; *Place de la Liberté*; **max.WOMOs**: >5;
Ausstattung/Lage: Toilette, Wasser, Mülleimer, Gaststätten, Geschäfte, nicht in der Nacht auf Mittwoch, im Ort;
Zufahrt: in Schirmeck Richtung Strasbourg (nicht die Umgehungsstraße nehmen, sondern ins Zentrum) und mitten in der Stadt beim Wegweiser *'P - Salle des Fêtes'* hinter die Kirche.

(098) Freibad
Position: N 48°28.829' E 7°13.228'; *Parc Bergopre*; **max.WOMOs**: >5;
Ausstattung/Lage: mindestens so gut, im Sommer eindeutig besser, als Platz 097, groß dimensionierter Parkplatz im Ort;
Zufahrt: am Nordrand von Schirmeck seitlich der Straße nach Strasbourg, (aber auch nicht an der Umgehungsstraße); beim Freibad.

Bei uns ist aber erst einmal Vergangenheitsbewältigung angesagt. Wir steuern auf der anderen Seite des Bruche-Tals die Gedenkstätte des ehemaligen **Konzentrationslagers Le Struthof** an. Mehr als 10.000 Menschen mussten hier oben zwischen 1941 und 1944 sterben, teilweise nach grausiger Folter und medizinischen Versuchen, an Hunger und wegen der Kälte - wir sind hier in einer der kältesten und schneereichsten Gegenden der Vogesen - die meisten in der Gaskammer. Von den Baracken steht nur noch ein kleiner Teil, die ganze Anlage ist aber ein furchtbares Zeugnis der Taten - oder der Tatenlosigkeit - unserer Väter und Großväter: Elektrozäune, Hundezwinger, Galgen, Folterinstrumente und Seziertisch. Lesen Sie auch etwas dazu, zum Beispiel in einer Broschüre, die man am Kassenhäuschen kaufen kann.

ehemaliges KZ Le Struthof

Die größte Scham überkommt uns aber, als wir nach dem Rundgang wieder in unser WOMO klettern. Hinter dem Scheibenwischer klemmt ein Pamphlet, das uns die Lüge auftischt, die deutschen Gräueltaten seien eine Erfindung, und in Wirklichkeit hätten hier oben die Franzosen gemordet! Dem Ganzen wird durch mitfotokopierte Zeitungsartikel das Mäntelchen der Seriosität umgehängt. Und am allerschlimmsten: Die Zettel klemmen an den Scheibenwischern aller Autos, also auch an den französischen. Da haben also Neo-Nazis den dreckigen Mut, mit unglaublicher Selbstverständlichkeit am helllichten Nachmittag in Frankreich zu demonstrieren, dass in Deutschland der braune Sumpf immer noch aktiv ist. Es gelingt uns leider nicht, für eine Strafanzeige in Deutschland das Autokennzeichen der Täter zu ermitteln, und nur mit Mühe werden wir Herr über unsere Wut. Selten empfand ich so viel Scham darüber, ein Deutscher zu sein *(März - Ende Juni 10-11:30 und 14-16:30 Uhr, sonst eine halbe Stunde kürzer, Juli/ August bis 17 Uhr und ohne Pause; 2 €).*

Die **Gaskammer** *(Chambre à Gaz, sie wurde nur zu Anfang benutzt und später durch eine Einrichtung im Lager selbst ersetzt; kostenlos; Mittagspause)* ein paar 100 m weiter unten (beschildert) ist ein eher unscheinbarer ehemaliger Nebentrakt eines gegenüberliegenden Gasthauses, in dessen Hof wir unseren Zorn mit zwei Bieren hinunterspülen. Hier saßen also die KZ-Schergen und klopften nach getaner Arbeit Karten! Damit aber niemand auf die Idee kommt, das Wirtshaus sei von den Nazis als Feierabendvergnügungsstätte ins Leben gerufen worden, stellt der Wirt deutlich klar: gegründet 1825! Das Wirtshaus, wo vor dem Krieg reger Skibetrieb herrschte, war von den Nazis konfisziert und damals nicht in Betrieb.

Die Vergangenheit hat uns einst aber noch einmal eingeholt, als wir unbewusst im **ehemaligen Steinbruch** des Lagers an einer unbestreitbar prächtigen Stelle nächtigten, was heute verboten ist. Außerdem hat man das Plätzchen mit der schönsten Fernsicht durch einem Erdwall unbenutzbar gemacht. Das Steinbruchgelände sollten Sie sich dennoch ansehen (an der Straße oberhalb des Lagers zweigt ein kurzer, beschilderter Weg ab).

Im nahen **Natzwiller** haben wir einen neuen Stellplatz entdeckt und glauben, dass hier ein richtiges kleines Juwel für den Liebhaber eines innerdörflichen Schlafplatzes heranreift:

(099) WOMO-Stellplatz: Natzwiller

GPS: N 48°26.299' E 7°15.254'; *Rue du Gutty*; **max.WOMOs**: 5; **Ausstattung/Lage**: Gaststätte, Geschäfte, Wanderwege, Ortsrand; **Zufahrt**: Parkplatz mitten in Natzwiller am Hang bei Kirche und Mairie, oberhalb der Kirche auf den beschilderten Parkplatz.

Während dieser Übernachtungsplatz ein zweckentfremdeter Parkplatz ist, wurde nachfolgend genannter für WOMOs konzipiert, er liegt nämlich vor einem **Campingplatz**, kostet Geld und ist trotzdem wegen des nahen, rauschenden Baches richtig romantisch und auch für die Leser geeignet, die sonst nie »frei« stehen, weil sie hier in Wirklichkeit gar nicht richtig »frei« stehen:

(100) WOMO-Picknickplatz: Rothau

GPS: N 48°27.146', E 7°11.938'; *kein Straßenname;* **max.WOMOs**: >5; **Ausstattung/Lage**: Bänke und Tische, Toilette, Wasser, Entsorgungsstation, Strom, Mülleimer, Geschäfte und Gaststätte in der Nähe, Campingplatz daneben, u.U. nur 1.4.-30.9., Ortsrand; **Zufahrt**: in Rothau beschildert; **Parkgebühr**: 5 €.

Oder Sie fahren von Le Struthof in nordöstlicher Richtung hinauf nach **Grendelbruch**, einem schön gelegenen Dorf mit vielen Brunnen und einem praktischen Waschhaus (Trinkwasser!). Der Stellplatz in der Nähe geizt nicht mit landschaftlichen Reizen:

(101) WOMO-Wanderparkplatz: Grendelbruch

GPS: N 48°29.342, E 7°18.317'; *Route du Hohbuhl;* **max.WOMOs**: >5; **Ausstattung/Lage**: Gaststätte (in der Nähe), Wanderwege, einsam; **Zufahrt**: in Grendelbruch nehmen wir das Sträßchen Richtung Muckenbach; es geht bergauf, ehe sich die Wege nach etwa 1,5 km gabeln; wir fahren rechts und sehen bald hinter einer Linkskurve rechts der Straße am Waldrand in sehr schöner Lage einen grasigen Parkplatz, in freier Natur und doch nicht total einsam.

Unweit empfiehlt sich ein Spaziergang zum Aussichtspunkt **Signal de Grendelbruch** (auf der Michelinkarte eingezeichnet), der von einem Parkplatz an der Straße 15 Minuten auf einfacher Strecke dauert. Außerdem haben wir für Sie bei Grendelbruch eine nette Halbtageswanderung getestet:

Parken Sie in Grendelbruch und bummeln Sie bei der Kirche in östlicher Richtung auf der Hauptstraße bergab. Wo die Straße nach rechts abbiegt, schlagen Sie sich mit dem rot-weiß-roten Balken in den Wald. Ohne größere Höhenunterschiede gelangen Sie nach einer guten Stunde zur **Ruine Guirbaden**, der größten Burgruine im Elsass. Das 1648 von den Franzosen gesprengte *Château* gilt als eines der klassischen Zeugnisse hohenstaufischer Baukunst, von dem aber leider nur noch gewal-

Ruine Guirbaden

tige Mauerreste zu sehen sind. Ausgangs des kleinen Burgtors nimmt man nun den Weg mit dem roten Kreuz, der den früheren Garten des ehemaligen Forsthauses Gierbaden durchquert, wo man am zerwühlten Boden erkennen kann, dass hier Horden von Wildschweinen die Sau rausgelassen haben. Der Weg windet sich dann hinunter ins Mageltal, das beim Hotel *Fischhutte* überquert wird. Jenseits des Tales geleitet Sie ein mit blauem Kreuz bepinselter Weg wieder zurück nach Grendelbruch, vorbei an wenig einladenden Campingplätzen mit vielen Dauercampern *(etwa 10 km; Karte: TOP 25, 3716 ET, Mont Ste. Odile).*

Sowohl von Grendelbruch wie auch vom Struthof kommen Sie nach **Le Hohwald** (500 Einwohner), wo mich stets ein wenig Wehmut befällt. Was waren das für Zeiten, als im Grandhotel noch die Prominenz abstieg. Der riesige Schuppen gammelt aber seit Jahren unbenutzt vor sich hin, und er ist nicht das einzige leer stehende Gasthaus. Wer fährt heute schon nach Le Hohwald, dem nicht mal sein französischer Name *un petit peu* auf die Sprünge hilft? Dabei ist die Umgebung ausgesprochen reizvoll. Zum Beispiel bei der **Grande Belle-Vue**. Die Anfahrt südlich der D 425 ist auf Ihrer Michelin-Karte eingezeichnet, aber Fußarbeit ist dennoch erforderlich:

Zum Parkplatz seitlich der Straße geleitet Sie die Karte, den Rest besorgt die Markierung (gelber Punkt und später gelbes Kreuz), damit Sie sich 857 m über dem Meeresspiegel einer ‚Großen Schönen-Aussicht' über Vogesenlandschaften erfreuen. Ich glaube, knapp 6 Kilometer (einschließlich Rückweg) kann man auch in den Vogesen langweiliger verwandern.

Mindest so attraktiv ist die andere Natursehenswürdigkeit, ein **Wasserfall**, zumal Sie mit dem WOMO fast in seinen Gischtkreis fahren können und sogar dürfen: Auf der D 425 von Le Hohwald nach Süden bis zum Col du Kreuzweg und dort nach rechts bis zur *‚Cascade'* (Wasserfall). Es gibt noch andere Zufahrten, aber keine schöneren! Die Kaskaden sind beeindruckender als ich sie erwartet habe, und verrostete Scheinwerfer sowie Lautsprecher lassen im Sommer *‚son et lumière'* (Beleuchtung mit musikalischer Untermalung) befürchten. Das wird das Grandhotel allerdings auch nicht wieder auf die Beine bringen. Allenfalls den Wandersmann:

Der stiefelt mit Hilfe des blauen Kreuzes von Le Hohwald parallel zur D 425 bis zum Col du Kreuzweg; jenseits der D 425 entweder mit rotem Kreuz oder etwas oberhalb auf der Asphaltstraße zur *'Cascade'*; von dort in einem nördlichen Bogen zurück nach le Hohwald *(mit der Karte TOP 25, 3716 ET, Mont Ste. Odile, kein Problem, höchstens 10 km).*

Soll die Strecke mehr als einen halben Tag ausfüllen, nehmen Sie beim Col du Kreuzweg den mit blauem Kreuz gekennzeichneten Weg, vorbei an der Vieux Kaelberhütte hinauf zum Champ du Feu. Da Sie am Kreuzwegsattel bereits auf etwa 700 m Höhe stehen, fällt Ihnen der Anstieg zum 1.100 m hohen **Champ du Feu** nicht so schwer, wenngleich es hinter der Vieux Kaelberhütte steil bergauf geht. Die Aussicht ist unterwegs fast schöner als von dem Aussichtsturm des Champ du Feu. Auch der weitere Wanderweg bietet wunderbare Fernsichten. Er führt über einen fast baumlosen, mit vielen Heidelbeersträuchern bedeckten, leicht geneigten Hang zum nördlich gelegenen Gasthaus (rot-weiß-rote Markierung). Die Landschaft erinnert an die südlichen Hochvogesen. Am modernen Wirtshaus sind ausgedehnte Parkplätze vor allem für Skifahrer eingerichtet, ferner ein wenig einladender Campingplatz.

'Cascade'

Falls Sie an einem heißen Hochsommertag unterwegs sind und Ihren Rucksack mit Badesachen bestückt haben, werden Sie weiter unten, schon fast im Tal, nachdem Sie sich am roten Balken orientiert haben, die kleinen Wasserbecken oberhalb des Wasserfalls (*'Cascade'* - siehe oben). genießen.

Der restliche Weg ist dann mit der zuerst beschriebenen Halbtageswanderung identisch *(ca. 16 km; Karte: 3716 ET, Mont Ste. Odile).*

Wer bei Le Hohwald mehrere Tage bleiben möchte und dazu einen **Campingplatz** sucht, hat zwei Alternativen: *Municipal Herrenhaus* mit Dauercampern und *Municipal Louisenthal* wohl eher ohne und deshalb möglicherweise nicht mehr in Betrieb. beide beschildert ganzjährig. Landschaftlich sehr gefällig liegt unser

(102) WOMO-Stellplatz: Col du Kreuzweg

GPS: N 48°23.246' E 7°17.716'; *D 425*; **max.WOMOs**: >5;
Ausstattung/Lage: Wanderwege, wunderbare Sicht, teilweise uneben, einsam mit Häusern in Sichtweite, außerorts;
Zufahrt: auf der D 425 von Le Hohwald nach Westen; auf dem Kreuzwegsattel nach links abbiegen; vorbei an einem Erholungsheim und dann noch etwa 100 m bis zum Waldrand oberhalb einer Weide.
Einzelne **weitere Stellplätze** mit ebenso schöner Sicht finden Sie auch seitlich der Straße, wenn Sie am Kreuzwegsattel nach rechts zur Zundelhütte fahren.

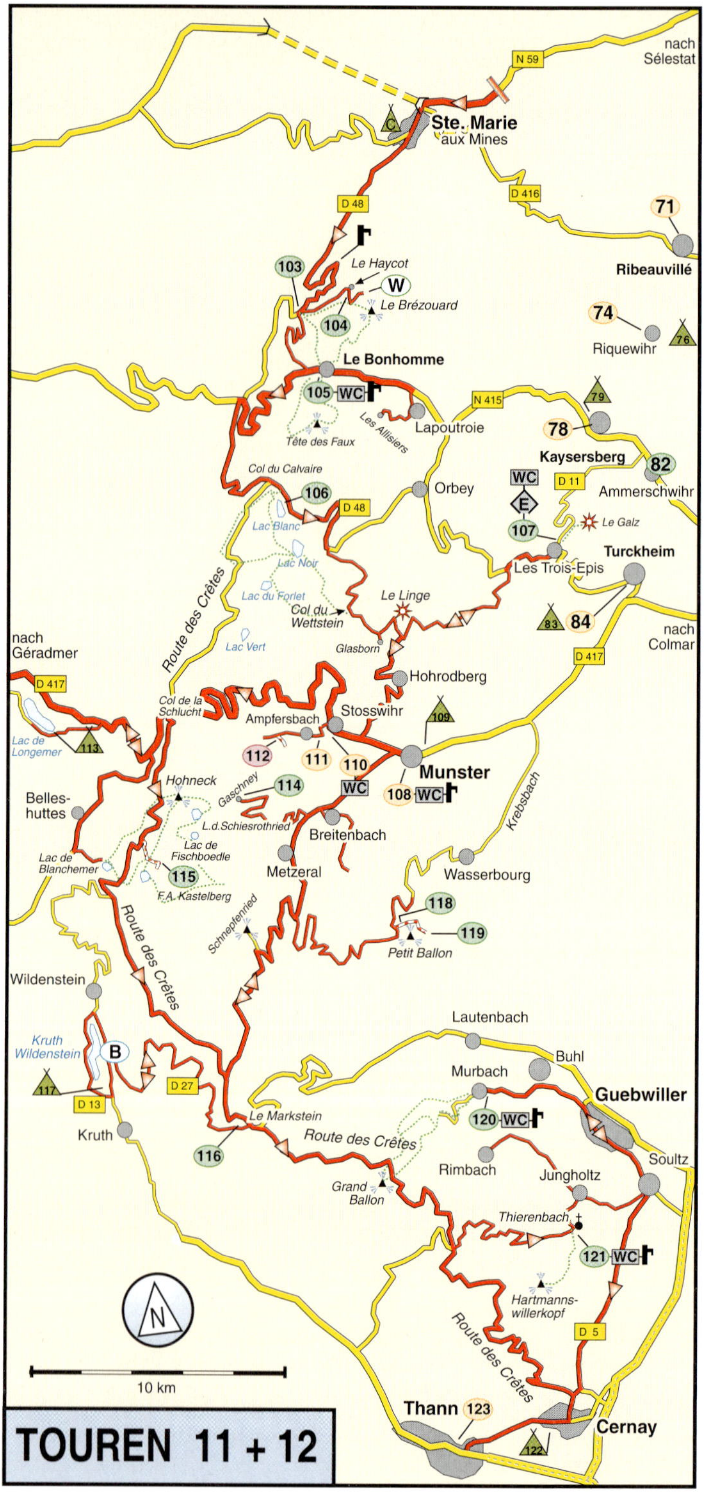
nach Sélestat
N 59
Ste. Marie aux Mines
C
D 416
71
Ribeauvillé
D 48
Le Haycot
W
103
Le Brézouard
104
74
Riquewihr
76
Le Bonhomme
105
WC
Lapoutroie
Les Allisiers
Tête des Faux
N 415
79
78
Kaysersberg
82
Ammerschwihr
D 11
Col du Calvaire
106
D 48
Orbey
WC
E
107
Le Galz
Lac Blanc
Lac Noir
Les Trois-Epis
Turckheim
Lac du Forlet
Col du Wettstein
Le Linge
83
84
nach Colmar
Route des Crêtes
Lac Vert
Glasborn
nach Géradmer
D 417
Hohrodberg
Col de la Schlucht
Stosswihr
109
Ampfersbach
Lac de Longemer
113
112
111
110
Munster
Hohneck
Gaschney
114
WC
108
Belles-huttes
L.d.Schiesrothried
Breitenbach
Krebsbach
Lac de Fischboedle
Lac de Blanchemer
115
Metzeral
Wasserbourg
F.A. Kastelberg
Route des Crêtes
Schnepfenried
118
119
Petit Ballon
Wildenstein
Lautenbach
Kruth Wildenstein
B
Buhl
Murbach
117
D 13
D 27
Guebwiller
120
Le Markstein
Kruth
116
Route des Crêtes
Soultz
Rimbach
Jungholtz
Grand Ballon
Thierenbach
121
Hartmanns-willerkopf
N
D 5
Route des Crêtes
10 km
Thann
123
Cernay
122
TOUREN 11 + 12

Tour 11: Kuppen und Schützengräben

Ste. Marie-aux-Mines - Le Bonhomme
Les Trois Epis - Munster

Stellplätze:	am Col des Bagenelles, in Le Bonhomme, am Lac Blanc, bei de Ferme-Auberge *du Wettstein*, in Les Trois-Epis, in Munster, in Stosswihr, bei Ampfersbach
Campingplatz:	in Munster
Besichtigen:	Ste. Marie-aux-Mines, Museum und Gedenkstätte am Col du Linge, Münster
Wandern:	vom Col des Bagenelles zum Brézouard, zum Tête des Faux, vom Col du Wettstein zum Lac Forlet und zum Lac Noir, vom Lac Blanc zum Lac Noir und auf den Vogesenkamm
Essen:	Restaurant *Les Alisiers* in Lapoutroie, Fermes-Auberges *Graine-Johé* am Col des Bagenelles oder *du Wettstein* in der Nähe des Col du Wettstein, Winstub *A La Schlitte* in Munster

Gute Freunde haben uns so lange von ihrer Wanderung zum Brézouard, einem der hohen Gipfel in den mittleren Vogesen vorgeschwärmt, bis auch wir uns an einem Spätsommernachmittag mit wunderbarer klarer Sicht dazu entschließen, diesen Teil der Vogesen anzusteuern. Von Sélestat dringen wir durch das Tal der Liepvrette, auch Markircher- oder Lebertal genannt, in das Innere der Vogesen bis nach **Ste. Marie-aux-Mines** (Markirch) vor. Die Kleinstadt (6.500 Einwohner) war ehemals durch die Grenze zwischen Lothringen und dem Elsass geteilt. Während die Herzöge von Lothringen nur den katholischen Glauben zuließen, durften sich rechts des Flusses, bei den Grafen von Ribeaupierre, Lutheraner, Calvinisten und aus Frankreich vertriebene Hugenotten ansiedeln. Die Einwohner der Stadt brachten es im in 16. und 17. Jahrhundert zu Wohlstand, als sie über 200 Silber-, Blei- und Kupferminen ausbeuten, die letzten bis ins 20. Jahrhundert. Sie können heute in drei **Besucherbergwerken** die schlechte Arbeitsbedingungen nachvollziehen, am besten in der **Grube Eisenthür**, die man erst nach einer kleinen Wanderung erreicht (Näheres erfahren Sie unter Tel. 03 89 58 62 11 und unter membres.lycos.fr/randoverte/as_asepam.html). Einfacher ist die Besichtigung des **Stollens Barthélémy** im Ort (ab Ende Juni, am besten vor Ort informieren oder unter 03 89 58 72 28). Am letzten Wochenende im Juni wird die internationale **Mineralienbörse** veranstaltet.

Durch das fast unbesiedelte Wiesental des Oberlaufs der Liepvrette steigt die D 48 steil an zum **Col des Bagenelles**. Hier können Sie Ihr Wohnmobil am Rande des einsamen Parkplatzes abstellen, unmittelbar oberhalb des Abhangs, so dass Sie geradewegs ins Lebertal hinabschauen, aber auch auf die Weiden und Wälder einer klassischen Vogesenlandschaft. Ein schöner Übernachtungsplatz, auf dem es nie zu eng werden dürfte. In der näheren Umgebung lädt die **Ferme-Auberge *La Graine-Johé*** zum Essen ein *(Tel. 03 89 47 51 55; vom 1.10. - Mitte Nov. und an Weihnachten geschlossen),* außerdem sehen Sie ein paar Ferienhäuser, die gelegentlich bewohnt sind und dadurch das Gefühl von unheimlicher Einsamkeit mindern. Noch schöner und weniger einsam liegt weiter oben ein weiterer Stellplatz:

WOMO-Wanderparkplätze: Col des Bagenelles

(103) Passhöhe
GPS: N 48°11.589' E 7°06.860'; *D 48;* **max.WOMOs**: >5;
Ausstattung/Lage: Mülleimer, Gaststätte in ca. 500 m Entfernung, Wanderwege, Supersicht, außerorts, einsam;
Zufahrt: an der D 48 zwischen Ste. Marie und Le Bonhomme nicht zu verfehlen.

(104) *Auberge Le Haycot*
GPS: N 48°11.690' E 7°08.185'; *kein Straßenname;* **max.WOMOs**: 2-3;
Ausstattung/Lage: Picknickbänke; Gaststätte in ca. 250 m Entfernung, Wanderwege, Sicht, außerorts, einsam;
Zufahrt: fahren Sie gegenüber dem Parkplatz am Col des Bagenelles bergauf zur *Auberge Le Haycot* fahren (beschildert); nach 2km können Sie - deutlich weniger einsam und auch mit schöner Sicht - kurz vor der Gaststätte *Auberge Le Haycot* in einer Kurve am Straßenrand stehen. Die **schönste**, aber auch einsamste Stelle entdecken Sie bei zwei Picknickbänken, nachdem Sie vor dem letztgenannten Lokal nach rechts noch etwa 250 m der Straße gefolgt sind.

Für die Wanderung zum **Brézouard** kann man mit dem Auto nahe zum Gipfel fahren und dann hinauf spazieren. In diesem Fall muss man den Weg vom Col des Bagenelles nach

Osten zur Auberge *Le Haycot* (siehe beim Stellplatz Nr. 104) nehmen. Fährt man dort noch ein Stück weiter, gelangt man etwa 900 m unterhalb des Gipfels auf einen Waldparkplatz. Schöner ist der Fußmarsch:

Wir lassen unser Auto am Col des Bagenelles stehen (keine Wertsachen zurücklassen oder bei der *Auberge Le Haycot* parken) und machen uns in östlicher Richtung auf den Weg mit dem roten Balken. Die Sicht von 1.228 m Höhe ist wirklich wunderbar, selten haben wir die Alpen so klar gesehen, was natürlich auch daran liegt, dass die Wetterverhältnisse besonders günstig sind.

Unsere Wanderung führt uns runter nach Le Bonhomme (erst mit gelbem, später mit rotem Kreuz), sie soll nur einen halben Tag dauern, weshalb wir ausgangs von Le Bonhomme durch ein Tal östlich der D 48 - geleitet vom roten Balken - zu unserem Parkplatz aufsteigen *(ca. 10 km; Karte: TOP 25, 3718 OT, Colmar-Kaysersberg).*

Bei anderer Gelegenheit starten wir unten in **Le Bonhomme** (Diedolshausen) auf einem schön gelegenen, nicht einsamen und trotzdem ruhigen Übernachtungsplatz zu einer weiteren, geschichtsträchtigen Wanderung:

(105) WOMO-Wanderparkplatz: Le Bonhomme

GPS: N 48°10.290' E 7°06.931'; *Rue des Pierres Blanches*; **max.WOMOs**:>5;
Ausstattung/Lage: Toilette, Wasser, Mülleimer, Gaststätte, Wanderwege, Ortsrand;
Zufahrt: im westlichen Ortsteil von Le Bonhomme südlich der N 415 hinter der Festhalle (hinter dem Rathaus - Wegweiser *,Salle des Fêtes'*) am Rand steiler Weiden.

Schräg gegenüber der Kirche (beim eben genannten Stellplatz) entdecken wir südlich der N 415 zwischen den Häusern die Markierung mit dem roten Balken, die uns gleich zu Anfang unseres Weges gehörig ins Schwitzen bringt. Wir müssen nämlich zwischen weidenden Kühen steil bergauf klettern, ehe wir nach einem kurzen Straßenstück nach rechts dem gelben Balken hinterherlaufen. Der Weg wird nun wesentlich bequemer. Zuerst aber genießen wir den Lohn der Mühe, einen sehr schönen

Blick hinunter aufs Dorf und das Tal mit vielen Gehöften an den Hängen. Auf einem langen Waldweg geht es dann stetig, aber komfortabel

bergauf, bevor wir am Soldatenfriedhof aus dem ersten Weltkrieg das in einem kleinen Holzkästchen aufbewahrte Besucherbuch studieren. Wir sind erstaunt, wie viele Wandersleute unterwegs sind, obwohl uns auf dem ganzen Stück bis hierher keine Menschenseele begegnet ist.

Kriegsreste am Tête des Faux

Wir wählen nun den linken, mit rotem Balken markierten Weg zum Gipfel des **Tête des Faux** (Buchenkopf, 1.220 m). Der Vogesengipfel war während des ersten Weltkrieges heftig umkämpft. Die Deutschen hatten die runde Bergkuppe in eine wahre Festung umgebaut, mit Unterständen, Schützengräben und unterirdischen, teilweise in den Fels gehauenen Galerien. Von den monatelangen Grabenkämpfen gegen die französische Armee zeugen auch heute noch unzählige Stacheldrahtrollen, die hier auf ewig vor sich hin rosten. An manchen Stellen hat man den Eindruck, als lägen die Kämpfe erst wenige Jahre zurück. Auch ein paar hundert Meter unterhalb des Gipfels, am Rocher du Corbeau, ist der Krieg noch ganz nahe: Hier gammeln am Anfang eines 1.100 m langen Tunnels, durch den die Frontlinie auf dem Gipfel versorgt worden ist, noch die Reste einer Eisenbahn. Als hätte man vor gar nicht langer Zeit einen Steinbruch aufgelassen und vergessen, die letzten Reste wegzuräumen - und nicht Tausende zerschossener Leiber aufgesammelt. Am Anfang dieses Stollens befand sich die Bergstation einer Seilbahn, mit der man von Lapoutroie Verpflegung und Waffen heraufgeschafft hat.

am Étang du Devin

Der Weg windet sich nun, immer noch mit rotem Balken markiert, hinunter zum **Etang du Devin** (Hexenweiher), einem stillen, halbausgetrockneten Teich mit interessanter Flora inmitten eines kleinen Naturschutzgebietes. Auf dem weiteren Weg folgt wieder ein Soldatenfriedhof und die *Ferme-Auberge du Devin* (mit Gasthaus), ehe man auf einem Asphaltsträßchen wieder an den Weiden oberhalb von Le Bonhomme auf den Hinweg trifft *(ca. 9 km; Karte: TOP 25, 3718 OT, Colmar-Kaysersberg).*

Bevor wir in Le Bonhomme unser Nachtlager aufschlagen, müssen wir uns die bei der Wanderung verbrauchten Kalorien wieder zuführen, weshalb wir auf der N 415 etwa 6 km nach Westen fahren. Beim Rathaus von **Lapoutroie** suchen wir den Wegweiser zum **Restaurant *Les Alisiers***, das wir nach weiteren 3 km kurviger Strecke südwestlich des Dorfes in den Bergen finden. Genauso wie eine Reihe anderer Elsass-Literaten vor uns, die aber auch nicht die Frage beantworten können, ob die leichte Küche oder die prachtvolle Aussicht mehr Lob verdienen. Wir tendieren zum wirklich phantastischen Weitblick aus dem verglasten Speisesaal auf den Brézouard und den Tête des Faux *(möglichst reservieren: Tel. 03 89 47 52 82; montags und dienstags geschlossen; mittleres Preisniveau; für sehr große WOMOs ist die Zufahrt ungeeignet).*

7 km südlich des Col des Bagenelles, am Col du Bonhomme, beginnt die Vogesenkammstraße, die so genannte Route des Crêtes, auf der Sie uns bei der nächsten Tour begleiten werden. Heute biegen wir nach 6 km links ab, zum Schwarzen und zum Weißen See (Lac Blanc und Lac Noir), während die Route des Crêtes nach Süden zum Col de la Schlucht führt. Der Bereich östlich der Kammstraße auf der Höhe zwischen dem Bonhomme- und dem Schluchtpass gehört in unseren Augen zum Schönsten, was die Vogesen zu bieten haben. Die Landschaft ist überaus vielseitig, schroffes Gebirge und liebliche Wiesen wechseln einander ab, dazwischen haben Natur und Menschenhand mehrere Seen eingebettet.

Es gibt aber nicht nur Erfreuliches, wir besichtigen nämlich das kleine **Museum am Lingekopf** (*Le Linge*), wo im ersten Weltkrieg verheerende Nahkämpfe stattgefunden haben. 10.000 Soldaten mussten hier ihr Leben lassen, vor allem Franzosen, die von Westen her die Hänge erstürmen sollten, auf deren Gipfeln sich die deutsche Armee festungsartig verschanzt hatte. Die Ausstellung des ***Mémorial de Guerre*** dokumentiert in erschütternder Weise die Leiden der Soldaten, deren Schützengräben zuletzt nur wenige Meter von denen des Feindes angelegt waren. Beim Anblick der aufgereihten Granaten und Bomben, des ausgestellten Verbandszeuges, der Gebetbücher der Soldaten, der Bilder von Frauen und Kinder zu Hause und der vielfältigen kleinen Erinnerungsstücke, die aus den Taschen zerschossener Körper eingesammelt wurden, ist uns die Hurra-Stimmung, mit der man damals in den Krieg zog, unverständlich. Diesem schlimmen Krieg musste erst noch ein viel schrecklicherer folgen, ehe man in diesem Teil der Welt begriffen hat, was Menschlichkeit bedeutet. So können heute gerade hier Lehrer ihre Schüler zum Frieden erziehen. Wir freuen uns, dass davon rege Gebrauch gemacht wird - und über die nachdenklichen Gesichter der Jugendlichen.

Bei Le Linge fand auch ein historisches Großereignis meines Lebens statt: Zum ersten und letzten Mal habe ich mir die **Tour de France** zugemutet. Eigentlich sollte das Ziel einer Bergwertung des weltberühmtesten Radrennens nur am Rande unserer Wanderstrecke liegen. Als wir dann aber auf einem kurzen Stück Landstraße an Hunderten Schaulustiger defilierten, die hier schon seit Stunden mit Kühltaschen und Klappstühlen ausharrten, teilweise sogar schon seit dem Vortag mit Zelten und WOMOs, überkam uns die Angst, etwas Wesentliches in unserem Leben zu verpassen. So stellten auch wir uns

Tour de France am Col du Linge

an den Straßenrand. Wir warteten annähernd zwei Stunden bis die *caravane publicitaire* vorbeizog, ein Autokorso der Sponsoren. Danach hatten wir eine dritte Stunde vergeudet und sodann nochmals eine halbe, ehe ein paar Radler mit affenartigem Tempo vorbeihuschten. Das waren die Ausreißer. Nach weiteren fünf Minuten kam das Hauptfeld. Zu erkennen war nichts, nicht mal das gelbe Trikot konnte ich während höchstens 45 Sekunden erahnen. Länger gab es nämlich nichts zu sehen, allenfalls noch die Nachzügler unter den Rennfahrern. Aber die mussten sich dann schon durch die abwandernden Zuschauer schlängeln. Dauer der ganzen Chose: annähernd vier Stunden, Dauer des Sehenswerten maximal 60 Sekunden. Ich werde mir das nicht nochmals antun.

Von *Le Linge* sind es nur 3,5 km zum **Col du Wettstein**, dem Ausgangspunkt einer der schönsten Vogesenwanderungen:

Wir parken am Col du Wettstein (ebenfalls an der D 11) und wandern zunächst zum Lac Forlet, der von vielen für den schönstgelegenen Vogesensee gehalten wird (erst mit gelbem Andreaskreuz, dann kurz mit gelbem Kreuz und zuletzt mit gelbem Dreieck). Der kleine Weiher wird oft auch Étang des Truits genannt. Das ist die Rückübersetzung aus dem deutschen Wort Forellenweiher, das seinerseits auf der fehlerhaften Übersetzung der Bezeichnung Lac Forlet beruht. Mit Forellen hat der Weiher nämlich nichts zu tun, sondern mit Forlen, also mit Kiefern, die sich in seinem Wasser spiegeln.

Von hier aus geht es mit Hilfe eines roten Punktes zum Lac Noir (Schwarzen See). Achten Sie aber darauf, dass sie den Pfad nach rechts nicht verfehlen, der Sie oberhalb des Sees mit rot-weiß-roter Markierung bergab schickt. An der Staumauer des Lac Noir biegen wir nach rechts auf der Teerstraße ab (gelber Balken), die wir nach etwa einem Kilometer auf einem schmalen Weg durch die Weiden verlassen. Dieses Stück ist wegen der wunderschönen Sicht über liebliche Vogesenhänge, kleine Dörfer und Gehöfte der absolute Höhepunkt der Wanderung; auch wer nur wenig Zeit hat, sollte wenigstens einen ausgedehnten **Spaziergang** vom Wettsteinpass zum Lac Noir unternehmen *(einfache Wegstrecke knapp 3 km; die ganze Wanderung ist etwa 14 km lang; Karte: TOP 25, 3718 OT, Colmar-Kaysersberg).*

An den **Lac Noir** ist ein Elektrizitätswerk gebaut, das von dem höhergelegenen Lac Blanc (Weißen See) gespeist wird. Beide Seen kann man mit dem Auto erreichen, und einen prächtigen Überblick über beide Gewässer hat man nach einem etwa 60-minütigen (einfache Wegstrecke) **Spaziergang**, der genauso wie unsere für diese Gegend zweite klassische Wanderung am Südende des **Lac Blanc** beginnt, wo man auch passabel übernachten kann:

(106) WOMO-Wanderparkplatz: Lac Blanc

GPS: N 48°07.533' E 7°05.742'; *D 48*; **max.WOMOs**: >5;
Ausstattung/Lage: Mülleimer, Gaststätte, Wanderwege, außerorts;
Zufahrt: beim Gasthaus des Lac Blanc an der D 48.

Vom Parkplatz beim Gasthaus windet sich ein rot-weiß-rot markierter Zickzackweg in die schroffen Felsen. Der Anstieg erinnert fast schon an einen alpinen Klettersteig, zumal auch hier stellenweise Eisengeländer die schwindligen Wandersleute vor dem Absturz sichern. Aber haben Sie keine Angst! Wenn Sie konditionell einer halbstündigen Kraxelei gewachsen sind, werden Sie wohlbehalten an einem Felsgebilde namens ***Château Hans*** ankommen. Sie werden sich auf einen der gigantischen Steinbrocken stellen und eine grandiose Sicht hinunter auf den See, aber auch über die Vogesenkuppen genießen. Damit haben Sie dann auch den schweißtreibensten Teil der Wanderung, bzw. des Spaziergangs hinter sich. Nicht mehr ganz so eindrucksvoll ist die Sicht vom kurz danach folgenden ***Rocher-Observatoire-Belmont***, da die Bäume inzwischen zu hoch gewachsen sind. Die Sicht wird sich aber bald wieder einstellen, denn *Le Waldsterben* hat hier erbarmungslos zugeschlagen. Bis zum *Rocher-Observatoire-Belmont* führt der oben erwähnte einstündige Spaziergang.

Aufstieg am Lac Blanc

Château Hans

Wir wandern weiter - immer noch mit der rot-weiß-roten Markierung - zum **Lac Noir**, wo wir bei der Staumauer auf dem gleichfalls rot-weiß-rot markierten Pfad ansteigen, den wir nicht mehr verlassen, bis wir am so genannten Soultzeren-Eck (Gazon du Faing) auf 1.302 m Höhe den Vogesenkamm bezwungen haben. Hier wenden wir uns nach rechts auf einem mit rotem Balken markierten Pfad, der am Rande der Hautes Chaumes (Hohe Bergwiesen) durch ein Hochmoor angelegt ist. Dazu musste man an manchen Stellen Holzbohlen in den Boden treiben, damit der Wandersmann nicht in Moortümpeln versackt. Der Weg ab dem **Gazon du Faing**, von dem man auch einen schönen Blick hinab zum Forlenweiher (siehe oben) hat, ist eine der interessantesten Vogesen-Wanderstrecken, auf der man gut sehen kann, wie schwer es die Natur in solchen Regionen hat. Wind und Schnee lassen nur noch ein Krüppelwachstum von Latschenkiefern, etwas Gras und Heidekraut zu.

Kurz vor Erreichen des Waldes zweigt nach rechts noch ein kurzes Wegstück ab, wo man von einem weiteren Aussichtspunkt oberhalb des Steilufers des Lac Blanc hinab auf denselben blicken kann. Unser Weg mit dem roten Balken endet dann unterhalb der Straße und eines Sanatoriums, wo wir scharf nach links gehen und auf einem gelb gekennzeichneten Pfad am Parkplatz des Lac Blanc wieder ankommen. Wir sind uns einig, die wenigstens sechs Stunden lange Wanderung war zwar anstrengend, sie gehört aber zu den interessantesten und abwechslungsreichsten, die man in den Vogesen unternehmen kann *(Karte: TOP 25, 3718 OT, Colmar-Kaysersberg).*

Nach den anstrengenden Wanderungen werden Sie die deftigen Mahlzeit in der **Ferme-Auberge *du Wettstein***, unterhalb des gleichnamigen Passes, geboten *(Tel. 03 89 77 47 61, dienstags und vom 1.12.-31.1. geschlossen).* Hier kann man im WOMO **übernachten**, wenn man vorher fragt.

Auch **Les Trois-Epis** (Drei Ähren), der kleine, aber bekannte Luftkur- und Wallfahrtsort am Ostrand der Vogesen, ist in die deutsch-französische Geschichte eingegangen, wenn auch weniger rühmlich, weil von hier aus die *Elsässische Landespartei* nach der Besetzung des Elsass durch Nazideutschland um die Eingliederung ins »Großdeutsche Reich« ersucht hat. Daran denkt heute niemand mehr, wenn man auf einem idealen Parkplatz nächtigt:

(107) WOMO-Wanderparkplatz: Les Trois-Epis
GPS: N 48°06.048' E 7°13.763'; *D 11*; **max.WOMOs**: >5;
Ausstattung/Lage: Toilette, Entsorgungsstation, Wasser, Spielplatz, Gaststätten, Bäckerei, Wanderwege, Ortsrand;
Zufahrt: geräumige Parkplätze am Nordrand des Ortes, an der Straße nach Ammerschwihr; am schönsten steht man bei der Feuerwehr oberhalb eines Tennisplatzes.

Von hier ist es nicht weit zum Denkmal ***Le Galz***, das man von der Straße nördlich des Ortes in wenigen Minuten zu Fuß

Blick von der 'Galz'

erreichen kann. Den wunderbaren Blick von der ,Galz' habe ich bei der 9. Tour beschrieben.

Ihnen ist nicht nach mehr oder weniger einsamen Stellplätzen, und von den Vogesen sehen Sie nachts sowieso nichts. Viel lieber schlafen Sie im Schoße einer Kleinstadt. Dann sollten Sie am Col du Linge auf dem lieblichen Sträßchen über Hohrodberg hinab ins Tal nach **Munster** (4.600 Einwohner) rollen Es ist heute kaum zu glauben, dass an der Stelle des umtriebigen Ferienortes einstmals nur ein Kloster stand, das von Benediktinermönchen im 6. Jahrhundert gegründet wor-

den war. Inzwischen sind von der Abtei aber nur noch ein paar Außenmauern übrig. Trotzdem scheint es einen stattlichen Zulauf von Pilgern zu geben, denn der schattige Klosterparkplatz ist ausgesprochen geräumig. Da er ruhig, recht ansprechend und trotzdem in Ortsmitte gelegen ist und sich in der Nähe sogar öffentliche Toiletten befinden, bietet er sich für die Wohnmobilnacht geradezu an. Wenn die Turmuhr der nahen Kirche Sie nicht geweckt hat, werden das im Sommer die klappernden Störche besorgen, die in acht Nestern auf den Dächern am Parkplatz ihre Jungen aufziehen:

(108) WOMO-Stellplatz: Munster

GPS: N 48°02.395' E 7°08.258'; *Cour de l'Abbaye*; **max.WOMOs**: >5;
Ausstattung/Lage: Toilette, Wasser (beides nach 150 m im Keller der Festhalle), Gaststätten, Geschäfte, zentral;
Zufahrt: fahren Sie in der Ortsmitte von Munster am Marktplatz vor der Fassade der großen Kirche einfach durch die Toreinfahrt, Sie stehen danach sofort an Ort und Stelle (Achtung Äste).

Mit den Mönchen hängt es auch zusammen, dass der *Munster* aus Munster kommt. Die Gottesmänner rodeten die Wälder und begannen mit der Weidewirtschaft. Mit dem heu-

tigen Münster-Käse hat das aber nur noch in Maßen zu tun. Zwar ist dessen Ursprungsbezeichnung geschützt (wie beim Wein mit einer so genannten *Appellation d'Origine Contrôlée - AOC*), jedoch muss nur die Herkunftsregion der Milch und die Rezeptur den amtlichen Vorschriften entsprechen. So stammt heute der größte Teil des »echten« *Münsters* aus Fabriken, die ihre Milch von Bauern der Südvogesen beziehen müssen, deren Weiden aber auch weit außerhalb des Münstertals liegen dürfen (diesen Fabrik-Münster nennt man *Munster-Géromé*). Das hat mit dem traditionellen Münsterkäse nur noch wenig gemeinsam, da dieser eigentlich auf entlegenen Vogesen-Höfen hergestellt wurde, wo man vor allem deswegen Käse produzierte, weil man im Winter die Milch nicht mehr zu Tale tragen konnte und Vorratswirtschaft betreiben musste. Der Münster war also ein klassisches Produkt bauernhöfischer Käserei. Die gibt es heute auch noch, der Käse heißt *Munster-Fermier*, er ist dann von handwerklicher Qualität und meistens

aus Rohmilch gewonnen. Man kann ihn noch (die Euro-Bürokraten arbeiten immer mal wieder an einem Rohmilchkäseverbot) in vielen Fermes kaufen, die meistens an den Durchgangsstraßen mit kleinen Werbeschildern auf sich aufmerksam machen.

Natürlich kann man auch in der Stadt Munster zuschlagen, Sie können sich denken, dass dort entsprechend viele Geschäfte für das stark riechende Markenzeichen werben. Wehe Sie kaufen zu viel und betreiben wohnmobilistische Vorratswirtschaft; das Öffnen Ihres Kühlschrankes wird eine Duftwolke freisetzen, die in den rollenden vier Wänden ihresgleichen sucht. Mit dem Kauf des *Münsters* ist es übrigens so ähnlich wie mit dem Wein, wer nicht die richtigen Adressen kennt, fällt leicht rein. Am besten probieren Sie den Käse in einem guten Lokal, den Wirt kann man nämlich nicht so leicht über's Ohr hauen. Zum Beispiel in der **Winstub *A La Schlitte***, am Ostrand der Altstadt *(die D 417 führt von Osten kommend am Lokal vorbei; Tel. 03 89 77 50 35; montags und dienstags geschlossen)*. Die Preise sind maßvoll, die Portionen bombastisch, und der Kartoffelsalat zum *Schieffala* (geräuchertem Schweinefleisch) lohnt die weiteste Reise.

Auf dem kurzen Fußweg zum WOMO werden Sie die Kalorien leider nicht verbrauchen. So gesehen wäre der nette Campingplatz (ohne Dauercamper, aber Mobilhomes) die bessere Lösung. Dorthin sind es immerhin 1.3 km:

(109) WOMO-Campingplatz: Munster *(Parc de la Fecht)*
GPS: N 48°02.586' E 7°09.059'; *Route de Gunsbach*;
Ortszentrum: 1,3 km; **Zeiten**: Ostern bis Mitte September;
Ausstattung: Laden, Restaurant; **Zufahrt**: östlich des Ortes am Ufer der Fecht (beschildert).

Sehr schöne Ausflüge bieten sich auf den Hängen der Vogesen südlich des Münstertals an. Vor allem das liebliche Tal der Petite Fecht hat es uns angetan, zumal wir dort auch schöne Stellplätze gefunden haben. Der erste liegt nur etwa 4 km westlich von Munster in Stosswihr:

(110) WOMO-Stellplatz: Stosswihr

GPS: N 48°03.224' E 7°06.031'; *D 417*; **max.WOMOs**: >5;
Ausstattung/Lage: Toilette, Wasser (hinter der Festhalle), Mülleimer, Gaststätten (in Ampfersbach nach ca. 300 m), Ortsrand;
Zufahrt: ca. 4 km westlich von Munster sehen Sie direkt südlich der D 417 bei einer Festhalle einen geräumigen Parkplatz seitlich einer großen Wiese.

(111) Ruhiger stehen Sie **bei der Kirche** von **Ampfersbach**, von deren Parkplatz ein Fußweg über die Wiese zur vorgenannten Festhalle führt (beim Kriegerdenkmal von Stosswihr von der D 417 in einer scharfen Kurve nach Südwesten ins Tal abbiegen, die 1. Straße links);
GPS: N 48°03.176' E 7°05.851'; *Rue d'Ampfersbach.*

Wenn Sie noch weiter ins Tal hinein fahren, gelangen Sie am Waldrand und seitlich eines rauschenden Bachs zu einer großen Fläche, die Sie nur im Sommer aufsuchen werden oder wenn Sie mit allen Ihren Freunden ein WOMO-Treffen veranstalten:

(112) WOMO-Picknickplatz: Ampfersbach

GPS: N 48°03.233' E 07°04.215'; *Chemin de Saegmatt*; **max.WOMOs**: >5;
Ausstattung: Bänke und Tisch, Gaststätte (ca. 300 m taleinwärts), Wanderwege, leicht einsam und leicht abschüssig;
Zufahrt: in Stosswihr beim Kriegerdenkmal von der D 417 in das Seitental abbiegen, die 1. Straße links, bei der Kirche (Stellplatz Nr. 111) nach rechts; nach 2 km schräg gegenüber dem Forsthaus Saegmatt auf einen großen Platz am Waldrand.

In Ampfersbach starten wir auf unserer nächsten Tour auch eine Wanderung.

Tour 12: Kammstraße mit Abwegen

Lac de Longemer - Hohneck - Petit Ballon - Grand Ballon
Murbach - Hartmannswillerkopf - Cernay

Stellplätze:	in Gaschney, bei Le Markstein, am Stausee von Kruth-Wildenstein, bei verschiedenen Fermes-Auberges, am Petit Ballon, in Murbach, in Jungholtz
Campingplätze:	am Lac de Longemer, bei Kruth, in Cernay
Besichtigen:	die Route des Crêtes, Gipfel des Hohneck, Guebwiller, ehemalige Benediktinerabtei von Murbach, Rundblick v om Grand Ballon, Hartmannswillerkopf
Wandern:	vom Kolbenwasen über den Altenweiher zum Hohneck, zum Schiessrothried-See und zum Fischboedle-See; *Spaziergang* vom Hohneck zu den Spitzköpfen; vom Lac de Blanchemer zum Hohneck; von der Sägmatt zum Hohneck, zum Schiessrothried-See und nach Gaschney; *Spaziergang* von der Route des Crêtes zum Grand Ballon; von Murbach zum Lieserwasen und zum Grand Ballon; von Thierenbach zum Hartmannswillerkopf
Essen:	in verschiedenen Fermes-Auberges, Restaurant *St. Barnabé* in Murbach; Restaurants *Les Violettes* bei Jungholtz; Restaurant *Aigle d'Or* in Rimbach
Karte:	Seite 160

Unsere erste Bekanntschaft mit der **Vogesenkammstraße**, der **Route des Crêtes**, sollte vor Jahren Ende April, stattfinden. Wir fuhren damals von Munster hoch zum Col de la Schlucht und nahmen das noch unten im Tal aufgestellte Hinweisschild, wonach die Route des Crêtes gesperrt war, nicht ernst. Wir sahen zwar die weißen Vogesengipfel, wir konnten uns aber angesichts des Frühlings im Tal nicht vorstellen, dass auf den Straßen weiter oben noch nennenswert Schnee liegen würde und hielten daher den Sperrvermerk für einen Ausdruck von französischer Nonchalance. Am Pass mussten wir uns dann aber eines Besseren belehren lassen, die Fahrbahn war noch schneebedeckt und zur Recht verboten. Wir haben es nämlich mit einer Hochgebirgsstraße zu tun, die nur selten unter 1.000 Höhenmetern verläuft.

Ein anderes Mal war das Wetter unten im Tal zwar diesig, aber durchaus passabel, während oben dichter Nebel nur Schrittgeschwindigkeit erlaubte. Das schmale und kurvenreiche, bei entsprechendem Wetter aber überall gut befahrbare Sträßchen gibt seine Reize also nicht jederzeit preis, und nur wenn man Glück hat, wird die Fahrt zum Erlebnis. Wenn die

Sonne scheint, wenn zudem die Sicht klar ist, darf Sie nichts mehr aufhalten auf dem Weg zum schönsten Stück der Kammstraße, der Strecke zwischen dem Col de la Schlucht und dem Grand Ballon. Und bei einer Inversionswetterlage, wenn die Nebelschwaden nur in den Tälern hängen, wenn auf den Gipfeln aber Schwarzwald und Alpen grüßen, werden Sie Stunden erleben, die Sie nie mehr vergessen. Die Erbauer der Straße dürften diese Glücksgefühle nicht verspürt haben, waren es nämlich französische Soldaten, die im ersten Weltkrieg den Weg als Versorgungsstraße unmittelbar hinter ihrer Front anlegen mussten. So verläuft auch heute noch die Grenze zwischen dem Elsass und den anderen Teilen Frankreichs zu einem großen Teil parallel oder nahe der Kammstraße. Lediglich im südlichen Teil der beim Col du Bonhomme beginnenden und bei Cernay endenden Route des Crêtes ist die Grenze, jenseits derer man kaum noch deutsch sprechende Franzosen trifft, weiter westlich gezogen.

Ein Besuch der hohen Vogesen ist zugleich eine Fahrt auf der Route des Crêtes, und selbst für den eiligen Urlauber offenbaren sich auf einer zweistündigen Fahrt vom Col du Bonhomme bis zum südlichen Ende unzählige Naturschönheiten. Auch auf die Gefahr hin, dass Sie uns verfluchen, wenn an jeder zweiten Ecke ein Wohnmobil steht: Eine Elsassreise ohne Route des Crêtes ist wie ein Besuch in Straßburg ohne das Münster. Genauso denken viele Busunternehmer und alle Motorradfahrer dieser Welt; an schönen Sonntagen ist also ein abgeschiedenes Tal die bessere Alternative.

Wir können davon absehen, Ihnen die vielen Aussichtspunkte, Halte- und Spaziergangsmöglichkeiten aufzuzählen, Sie werden diese selbst entdecken. Sie fragen aber nach Übernachtungsplätzen? Sie wollen nämlich die Naturschönheiten in vollen Zügen genießen, und wozu haben Sie ein Wohnmobil! Diese Erwartungen sollten Sie reduzieren. Auf einigen der vielen Parkplätze, die wegen der Wintersportmöglichkeiten oftmals sehr geräumig sind, ist das Übernachten aus guten Gründen verboten. Die vom Wintersport und Tourismus geschundene Natur, der im rauen Bergklima nur wenige Vegetationsmonate im Jahr verbleiben, hat absoluten Vorrang vor den Freizeit- und Abenteuergelüsten motorisierter Urlauber. Außerdem wird es nachts auf 1.000 Metern oft ungemütlich kalt. Und einsam sind die Parkplätze sowieso (aber wir nennen Ihnen gleich einige sehr schöne Sommerplätze).

An einem wunderschönen, warmen Augustnachmittag, als im Tal laue Lüfte wehen, der Himmel wolkenlos ist, und als der Kalender uns Vollmond verspricht, zwingen wir wieder einmal unser Wohnmobil von Munster zum Col de la Schlucht (das

Übernachten ist dort verboten und ohnehin uninteressant). Wir suchen einen Stellplatz, und als wir dann nach einiger Zeit südlich des Hohneck sogar einen kleinen Parkplatz ohne Verbotsschild finden, beginnt die Zeit zwischen Nachmittag und Abend. Der Himmel ist zwar immer noch ohne Wolken, von einem warmen Sommertag bleibt uns aber nur noch die Erinnerung, und schnell muss die ganze Familie mit dicken Pullovern versorgt werden. Aus dem nachmittäglichen Lüftchen ist ein kühler Südwestwind geworden, und uns bleibt die Alternative, entweder auf einem verlassenen Parkplatz frierend auf Klappstühlen zu sitzen oder aber den Rest des Tages im Wagen zu verbringen. Die romantische Vorstellung ist der Realität gewichen, die uns nach kurzer Beratung veranlasst, unser Nachtlager im Tal, am Lac de Longemer, zu suchen. Auf einem der Campingplätze spielen dann dort unsere Kinder noch bis in die Dunkelheit Federball, während wir ihnen von Klappstühlen aus zuschauen.

Der **Lac de Longemer** liegt mit seinem kleinem Bruder, dem Lac de Retournemer, bereits außerhalb unseres Buchtitels. Wegen der großen touristischen Bedeutung wollen wir jedoch ein Auge zudrücken. Im größeren, etwa 2 km langen See von Longemer, der aus einer Gletschermoräne entstanden ist, kann man gut baden, das Wasser scheint auch einigermaßen sauber zu sein. Das wilde Campen ist rund um den See, wie auch am Lac de Retournemer, verboten. An dem erwähnten Augustabend lassen sich jedoch viele wohnmobile Kollegen von den zahlreichen Schildern nicht abschrecken, manche haben unmittelbar daneben ihr Nachtlager aufgeschlagen, andere machen sich wenigstens die Mühe, eine annähernd verschwiegene Ecke zu finden. Obgleich wir hier die Verbote nicht so ganz einsehen, suchen wir zur Freude unserer Töchter einen Campingplatz. So genießen wir schließlich auf der einen Seite des Zauns in Ruhe den Abend, während auf der anderen Seite die Illegalen in Erwartung der nächtlichen Polizeikontrolle (die offenbar ausgeblieben ist, da am nächsten Morgen noch alle da sind) die Ausweise bereithalten. Übrigens erleben auch Ihre Kinder die schönsten Urlaubsstunden nicht auf einer Wohnmobilsitzbank während Sie die Landschaft betrachten?

(113) WOMO-Campingplatz: Lac de Longemer (*Le Lac*)
GPS: N 48°03.809' E 6°57.463'; *Route du Lac*;
Ortszentrum: 2,5 km; **Zeiten**: 15.4.-15.10.; **Tel.** 03 29 57 52 91;
Ausstattung: am See, Laden, Restaurant, schöne Lage;
Zufahrt: am südlichen Teil des Sees.
Auch der nahe **Campingplatz *Les Jonquilles*** (15.5-15.9.) ist schön gelegen; **GPS**: N 48°04.045' E 6°57.007'; *Route du Lac*;

In einer Vorauflage durfte ich für warme Sommerabende noch eine »wilde« Alternative am wunderschönen **Lac de Blanchemer** (an der D 34, siehe auch weiter unten) empfehlen. Aber grölende Jugendgruppen und besoffene WOMO-Fahrer haben mit Stromgeneratoren, Freudenfeuern und jeder Menge Müll die Verbotsschilder heraufbeschworen. Hier wie auch an anderen Seen.

Wenn Sie am Col de la Schlucht die D 34 nach La Bresse nehmen, können Sie Ihren Kindern - und sich selbst - eine besondere Gaudi bieten. Am Skilift von Belles Huttes mit dem Namen *Vologne* gibt es eine **Riesenrutschbahn**, die süchtig macht: Mit dem Sessellift hoch und mit dem Rollschlitten auf lang gezogenen, kurvenreichen Betonschalen zum Ausgangspunkt zurück. Noch rasanter ist die Talfahrt auf einer ähnlichen, aber etwas kürzeren und teureren Anlage, oben am Col de la Schlucht, wo es sogar zwei Pisten gibt, eine für die ängstliche Mutter und eine schnellere für die draufgängerischen Kids. Alle Rutschen sind aber nur bei trockenem Wetter geöffnet, da man auf einer nassen Piste nicht mehr richtig bremsen kann. Unsere Kinder haben sich noch nach Jahren beim Stichwort *Elsass* fast nur an die Rutschbahnen erinnert.

am Col de la Schlucht

Anschließend sollten Sie eine der schönsten Fernsichten vom mit 1.361 m dritthöchsten Vogesengipfel, dem **Hohneck**, der eine Zufahrt bis oben hinauf erlaubt, gönnen. Weitaus interessanter ist es aber, seine runde Kuppe zu Fuß zu erklettern, was uns bei wunderschönen Wanderungen gelungen ist:

Die Erste beginnt am so genannten *Kolbenwasen*, den wir westlich von Metzeral von Mittlach aus erreichen, wenn wir am Ortseingang (!) von Mittlach die Straße nördlich des Baches benutzen. Sie zweigt von der D 10 IV ab und ist auf der Michelin-Karte als Strich mit der Bezeichnung RF zu erkennen. Wir parken am *Kolbenwasen* und starten dort auf dem mit gelbem Kreuz markierten Weg hinauf zum **Altenweiher**, einem Stausee am Fuß des Rainkopfes. Bei der Staumauer beginnt auch der mit derselben Markierung versehene, teilweise steile Anstieg hinauf zum Kastelberg, bei dem wir dann schon etwa 1.300 Höhenmeter erklettert haben. Am Kastelberg haben wir die Baumgrenze durchschritten und können nun nach den Anstrengungen des Aufstiegs gemütlich auf einem herrlichen Höhenweg zum Hohneck weiterwandern.

Höhenweg zum Hohneck

Rechts unter uns liegen nun bald die so genannten **Spitzköpfe**, auf denen unter alpinen Bedingungen Bergsteiger in den Seilen hängen. Auch ein paar lebensmüde Wanderer versuchen sich an den extrem steilen und spitzen Felsen, die für die sonst eher rundlichen Vogesen ganz untypisch wirken (vom Hohneck auch nach einem halbstündigen Spaziergang zu erreichen). Der Hohneck, genauer seine Fernsicht, fordern uns zu einer ausgedehnten Pause heraus, ehe wir auf dem mit rotem Balken markierten Weg zur Ferme *Schiessroth* absteigen. Sie kommen dort an einer wunderbaren Terrasse vorbei, einem weiteren Tipp für die Rast mit der besonderen Aussicht. Sie sitzen oberhalb eines malerischen Tales inmitten der Hochvogesenlandschaft, mit Blick auf den unten liegenden Schiessrothried-See.

Von dieser Ferme-Auberge führt ein Zickzackweg zunächst auf einer steilen Wiese und danach im Wald herunter zum Lac de Schiessrothried. Selten haben wir das Waldsterben schlimmer gesehen als an diesem Hang. Vor ein paar Jahren waren die Bäume schon praktisch tot, bei unserer zweiten Wanderung, bestand annähernd jeder zweite Baum nur aus einem kärglich in den Himmel ragenden Stumpf, nachdem ein Sturm die geschwächten und kranken Bäume reihenweise abgeknickt hat. Inzwischen wird das Wandern wird nun gleichsam zu einer Kletterpartie über quer auf dem Weg liegende Stämme. Ein jammervolles Bild.

Der **Lac de Schiessrothried**, der aus einem aufgestauten Gletschersee entstanden ist, gehört trotzdem zu den schöneren Vogesenseen und beeindruckt besonders durch die alpine Landschaft unterhalb der Spitzköpfe. In ihm könnte man im Hochsommer baden, man darf es aber nicht.

Der See kann allerdings dem **Fischboedle-See** nicht das Wasser reichen. Allerdings nur im übertragenen Sinne, da der Lac de Fischboedle vom Schiessrothried-See gespeist wird. Der Fischboedle-See, zu dem wir weiter dem roten Balken folgend absteigen, ist nämlich kreisrund und einer der schönsten Vogesenseen inmitten eines Kessels hoher Berge. Er wurde im 19. Jahrhundert von einem Industriellen zur Fischzucht künstlich angelegt. Zwischen den beiden Seen sprudelt das Wasser rauschend zu Tal, und zu Zeiten der Schneeschmelze bilden sich kleine Wasserfälle. Sie sollten zu allen Zeiten feste und etwas wasserdichte Schuhe tragen.

Unsere Wanderung führt nun von diesem kleinen See - mit blauem Kreuz schlecht markiert - zunächst wieder hinauf auf einen unbewaldeten Bergrücken, und dann auf einem ausgedehnten, steinigen und wenig begangenen Weg zurück zum Altenweiher *(Länge 22 km; Karte: TOP 25, 3618 OT, Le Hohneck-Géradmer).*

Zu einer ebenso tollen Wanderung können Sie am **Lac de Blanchemer** (siehe oben) loslegen, den Sie von der D 34 (Col de la Schlucht - La Bresse) erreichen:

Mit Hilfe des blauen Dreiecks klettern Sie hinauf zur **Route des Crêtes**, Sie wenden Sie sich dort ein kleines Stück nach rechts und überqueren dann die Straße, um auf der anderen Seite auf einem mit blauem Balken markierten Weg wieder nach links zu wandern. Sie sehen dann unten den See, ehe Sie bei der nächsten Weggabelung die linke Alternative mit der rot-weiß-roten Markierung wählen, die Sie über ausgedehnte Hochweiden zum **Hohneck** führt. Ich langweile Sie, ich kann es mir aber trotzdem nicht verkneifen, Sie nochmals auf die unglaublich schöne Sicht von diesem Stück des Weges hinzuweisen. Unterhalb des Hohnecks wendet man sich dann an einer Spitzkehre der Zufahrtsstraße nach links, wobei die Strecke immer noch rot-weiß-rot markiert ist. Hinter der Ferme-Auberge *Schmargult* (mit Restauration) zweigt dann nach rechts ein Weg mit gelbem Kreuz ab, wobei Sie nun auf einer asphaltierten Waldstraße talwärts stiefeln. Diese Straße endet wieder am **Lac de Blanchemer**, mit Hilfe der Wanderkarte können Sie aber auch ein urigeres Stück für den Rückweg finden *(Länge ca. 14 km; Karte: TOP 25, 3618 OT, Le Hohneck-Géradmer).*

Lac de Blanchemer

Sie werden mehrere Kurzurlaube für unsere Wandervorschläge benötigen. Unsere dritte Wanderung, die wir von der Nähe eines Übernachtungsplatzes der vorherigen Tour beginnen, muss ja nicht gleich beim ersten Mal stattfinden:

Wir verlassen die D 417 westlich von Munster bei **Stosswihr** und steuern unser WOMO durch Ampfersbach südlich des Baches bis zum Ende des Tals, wo am Beginn des Waldes bei der so genannten ***Saegmatt*** ein kleiner Parkplatz eingerichtet ist (wer Angst vor Dieben hat, sollte weiter vorne bei den Häusern parken). Von dort geht es zu Fuß hinauf, vorbei an einem Wasserfall (Weg mit gelber Scheibe) bis zur Auberge *Frankenthal.* Eine echte Leistung ist danach der Aufstieg zum **Hohneck**, der absolut alpinen Charakter hat und in nicht endendem Zick-Zack am steilen Hang angelegt ist. Der Blick hinunter auf ein kleines Hochmoor entschädigt für die Mühe, und der nahe Gipfel des Hohneck spornt uns an. Von dort wandern wir auf dem eben beschriebenen Weg hinunter zum Schiessrothried-See, wo der Weg - nach einem Abstecher zum Lac de Fischboedle und zurück - mit blauem Rechteck markiert über den Wintersportort Gaschney wieder zur *Saegmatt* führt, zuletzt auf bequemem Waldweg, dessen rote Kreuze nicht zu verfehlen sind *(Länge ca. 15 km; Karte: 3618 OT, Le Hohneck-Géradmer).*

Für die anschließende Übernachtung liegen die am Ende der vorigen Tour genannten Stellplätze goldrichtig. Oder Sie entscheiden sich für den großen Parkplatz in Gaschney, den Sie vielleicht bei der Wanderung schon beäugt haben:

(114) WOMO-Wanderparkplatz: Gaschney

GPS: N 48°02.064' E 7°02.812'; *D 310*; **max.WOMOs**: >5;
Ausstattung/Lage: Mülleimer, Gaststätte, Wanderwege, im Ort;
Zufahrt: in Muhlbach von der D 10 dem Wegweiser nach Gaschney folgen, dann bis zum Ende der Straße.

Am Rande der Route des Crêtes haben wir inzwischen zwei weitere sehr schöne Stellplätze mit Supersicht entdeckt:

(115) WOMO-Wanderparkplatz: F.A. Kastelberg

GPS: N 48°00.906' E 7°00.773'; *kein Straßenname;* **max.WOMOs**: 2-3;
Ausstattung/Lage: wunderbare Sicht, Gaststätte, Wanderwege, leicht einsam, außerorts;

Zufahrt: biegen Sie südlich des Hohneck beim Wegweiser zur *,Ferme-Auberge Kastelberg'* nach Osten, also bergauf, zur Ferme-Auberge ab; fahren Sie etwa 2,2 km bis zur letzten Rechtskurve vor dem Gasthaus; dort ist der Weg ausgeweitet.

(116) WOMO-Wanderparkplatz: Le Markstein

GPS: N 47°55.420' E 07°01.510'; *D 27*; **max.WOMOs**: >5;
Ausstattung/Lage: weite Sicht, Gaststätte (nach 350 m), Sommerrodelbahn, Spielplatz, Hüpfburg, Wanderwege, im Sommer nicht einsam, außerorts;
Zufahrt: an der Straßenkreuzung von Le Markstein stellen Sie sich nicht auf den großen Parkplatz neben die Kneipe, sondern eine Etage höher seitlich der Straße nach Kruth-Wildenstein, der D 27.

Am westlichen Ende dieses Wiesenparkplatzes zweigt talwärts bei einem runden Schild ein gekiester Weg ab; wenn Sie hier etwa 200 m gefahren sind, werden Sie an einem **weiteren**, einsamen Miniplatz mit einer noch schöneren Sicht belohnt.

Vielleicht herrscht Drachenflieger-Wetter, blauer Himmel und weiße Wölkchen. Auto nach Auto fährt mit langen, eingepackten Flugdrachen auf dem Dach zum Rainkopf und zum Jungfraukopf bei Le Markstein, über unserem eben genannten Stellplatz. Wir wollen zum **Stausee von Kruth-Wildenstein**, westlich der Kammstraße. Da diese gerade zwischen dem Hohneck und Le Markstein die schönsten Blicke ins Tal erlaubt, biegen wir erst bei Le Markstein nach Westen auf eine Straße ab, die am Stausee endet, der ein Badesee ist. Die Trockenheit hat stark am Wasserreservoir gezehrt, das Ufer könnte auch etwas schöner sein, aber wir baden mit Wonne in den im Sommer angenehm temperierten Fluten. Die früher empfohlenen Stellplätze unmittelbar am Ufer gibt es nicht mehr, tagsüber kann man hier aber zum baden gut parken, auch am Westufer. Ein nur mäßig schöner, riesengroßer Parkplatz südlich des Sees soll nicht unerwähnt bleiben, weil man dort auch **nächtigen** darf. Besser ist der

(117) WOMO-Campingplatz: Kruth *(Le Schlossberg)*
GPS: N 47°56.650' E 6°57.302'; *D 13*; **Ortszentrum**: 2,3 km; **Zeiten**: Ostern bis 7. 10.; **Ausstattung**: am Rand eines Baches, kleines Restaurant; **Zufahrt**: südlich des Sees beschildert.

hat auch schöne Ecken. Wir fahren an diesem Tag durch das Thurtal über St. Amarin und Goldbach wieder hinauf zur Kammstraße. Sie wissen ja, blauer Himmel, weiße Wölkchen, Drachenflieger-Wetter! Da verlässt die Vogesen talwärts nur, wer baden will, oder wer einen Stausee anschauen muss, weil er einen Wohnmobilreiseführer schreibt.

Aber auch die Gegend östlich der Route des Crêtes und südlich des Münstertals ist für Wohnmobil-Touren wie geschaffen, zumal es hier eine Reihe netter Fermes-Auberges und kleinerer Gasthöfe gibt. Wir verlassen die Kammstraße nördlich von Le Markstein nach rechts auf der D 27, die auf der anderen Seite in Munster endet. Unser Ziel ist ein bescheidenes Wirtshaus, in dessen Nähe wir einfach stehen bleiben können. Das findet man hier vielfach:

Zwischen Metzeral und Munster kommt man durch das Dorf Breitenbach, wo mit einer ganzen Latte von Wegweisern die verschiedenen Fermes-Auberges für sich werben. Wir folgen rechts, also in südlicher Richtung, dem Hinweisschild zur **Ferme-Auberge *du Lameysberg***, wo wir aber nicht ankommen. Erst am nächsten Tag kann ich mich davon überzeugen, dass die kleine Wirtschaft dieses Bauernhofes über eine Terrasse verfügt, wo man in hinreißender Lage preiswerte Bauerngerichte und selbsthergestellten Münsterkäse vertilgen kann. Auf dem hauseigenen Parkplatz kann man in ebenso wunderbarer Umgebung nach dem Essen auch für die **Nacht** stehen bleiben *(Tel. 03 89 77 35 30; dienstags und vom 1.12.-1.2. geschlossen; preiswert).*

Aber wie gesagt, wir bleiben auf halbem Wege beim **Gasthaus *Lerchenfeld*** hängen, wo der Blick aus einem verglasten

Speisesaal über das Tal der Fecht schweift. Die ganze Familie hilft mit, um solide Gerichte der Hausmacher Art auf den Tisch zu bringen. Als wir nach dem Essen fragen, ob wir auf der Wiese seitlich des Lokals schlafen dürfen, ist die Antwort erwartungsgemäß positiv *(Tel. 03 89 77 36 87; Reservierung nicht notwendig; montags abends und dienstags Ruhetag, preiswert).*

Ein schönes Stück Vogesen-Elsass erlebt man auch, wenn man östlich von Münster von der D 417 bei Soultzbach nach Süden in das **Krebsbachtal** abbiegt. Man könnte glauben, dieses schmale Wiesentälchen hätte noch nie einen Touristen gesehen. In dem Dörfchen Wasserbourg folgen wir dem Wegweiser zum Petit Ballon, wobei Sie keine Sorge haben müssen, auch große Wohnmobile schaffen die Steigungen und Kurven auf der engen Strecke. Wenn man nun immer weiter in Richtung Petit Ballon fährt, sieht man nach 1 bis 2 km die Zufahrt zur **Ferme-Auberge *Buchwald***. Muss ich Ihnen noch erklären, weshalb ich Sie zu dieser Wirtschaft schicke? Auch hier macht die Sicht süchtig, zum Beispiel wenn man gleich am Anfang des Zufahrtsweges links in einer Ausbuchtung, in der es allerdings nur Platz für ein WOMO gibt, stehen bleibt.

Das alles ist aber nichts gegen die Stellplätze am **Petit Ballon**, im Sommer zählen Sie zu den schönsten unserer vielen Reisen:

WOMO-Wanderparkplätze: Petit Ballon

(118) Sattel

GPS: N 47°59.104' E 7°07.274'; *kein Straßenname;* **max.WOMOs**: >5; **Ausstattung/Lage**: Gaststätte in der Nähe, Wanderwege, schöne Sicht (Sie können sich ohne Probleme an die Wiesenseite des Parkplatzes stellen), einsam, aber oft besucht, weshalb Sie im Sommer selten alleine sind; bei Angstgefühlen zur Ferme-Auberge hinunterfahren; **Zufahrt**: von Sondernach oder Wasserbourg zum Petit Ballon; am Sattel

unterhalb des Petit Ballon und oberhalb der Ferme-Auberge *Kahlenwasen* zweigt ein Fahrweg von der Straße ab, an dessen Anfang oberhalb von Weiden ein Parkplatz angelegt ist.
Eine **ähnlich** schöne Sicht haben Sie von einem Parkplatz auf halber Strecke von der F.A. Kahlenwasen zum Sattel.

(119) Ostblick
GPS: N 47°59.091' E 7°07.977'; *kein Straßenname;* **max.WOMOs**: 2;
Ausstattung/Lage: prachtvolle Sicht in die Rheinebene und zum Schwarzwald, eher einsam, Wanderwege;
Zufahrt: zunächst wie zum vorgenannten Stellplatz; wenn Sie dort den Fahrweg nach Osten für weitere ca. 850 m nehmen, können Sie am Beginn des Hangs seitlich einer Linkskurve (links sehen Sie ein Ferienhaus) auf einer kleinen Ausbuchtung nächtigen.

Am Abend eines wunderbaren Sommertages laufen wir von unserem WOMO am Sattel etwa 200 m über eine Weide (siehe Foto) hinunter zur **Ferme-Auberge *Kahlenwasen***. Wir laben uns an Wein aus Krügen und der deftigsten Melkermahlzeit, die wir je gegessen haben: Angekrustete Kartoffeln mit Zwiebelchen neben geräuchertem Schweinefleisch und einer großen Portion Salat, zu einem Preis, den man anderswo schon für ein Stück Kuchen hinlegt *(Tel. 03 89 77 32 49; mittwochs und von Mitte November - Ostern geschlossen; hauseigener Münsterkäse; Leser waren auf dem Parkplatz für die Nacht willkommen)*. Wir sind auch von der herzlichen Atmosphäre dermaßen beeindruckt, dass wir nach der Wanderung des nächsten Tages (rund um den Petit Ballon, von der zu lesen ich Ihnen nicht auch

noch zumuten möchte) eine Wiederholung dranhängen. Aber der Petit Ballon ist schließlich auch mein **WOMO-Lieblingsberg** im Elsass, weil es dort keinen Skibetrieb und keine Verunstaltung durch Lifte gibt.

Ich könnte noch Seiten damit füllen, Ihnen weitere Fermes-Auberges zu nennen, fast überall können Sie auch nächtigen, man muss sich nur mit dem kleinen Führer *Bauern- und Berggasthöfe in den Vogesen* (Näheres siehe beim Stichwort *Restaurants*) auf die Suche machen. Und ist man dann auf den Geschmack gekommen, haben die besternten Nobelkneipen unten an der Weinstraße schlechte Karten.

Alpenblick vom Grand Ballon

Zu jeder Fahrt auf der Route des Crêtes gehört eine Rast beim höchsten Vogesengipfel, dem 1.424 m hohen **Grand Ballon** (Großer Belchen). Ein kleiner, zehnminütiger Spaziergang gilt dann als das Vogesenpflichtprogramm schlechthin, vor allem der kaum zu übertreffenden Aussicht wegen.

Wir machen es anders und erwandern den Großen Belchen von **Murbach** aus, hierbei verbinden wir zwei Höhepunkte des südlichen Elsass, die großartige romanische Klosterkirche von Murbach mit dem sich dahinter erhebenden Berggipfel. Wir nehmen den einzigen Zufahrtsweg nach Murbach, das kleine Sträßchen von Buhl, nachdem wir zuvor in **Guebwiller** (Gebweiler) eingekauft haben. Die Stadt ist mit ihren 11.000 Einwohnern eine der größten Städte in den Vogesen mit dem abgerundeten Stadtbild einer französischen Kleinstadt, in der man alles kaufen kann, was man zum Leben wie Gott in Frankreich braucht. Wir beschließen unseren Bummel mit einer Besichtigung der Kirche St. Léger, deren romanische Westfassade (Ende des 12. Jahrhunderts) besonders eindrucksvoll ist.

Unsere Einkäufe müssen allerdings an diesem Abend im Kühlschrank bleiben, da auf einem Parkplatz im Tal kurz vor Murbach plötzlich der VW-Bus von Heidelberger Freunden steht. Holger und Bärbel sind gerade dabei, das Feinste anzuziehen, was der kleine Schrank eines solchen Fahrzeuges hergibt, sie haben nämlich im **Restaurant *Saint Barnabé*** einen Tisch reserviert. Es bedarf keiner größeren Überredung, um uns zum Mitessen zu motivieren, zumal die Straße geradewegs auf das einladende, an einem plätschernden Bach gelegene Lokal hinführt. Die Freude über ein unerwartetes Wiedersehen und das gute Essen sind dann auch die Garanten für einen gelungenen Abend. Das stille Restaurant in einem wunderschönen Vogesental ist nicht ganz billig, aber immer einen Besuch wert. Das wissen auch andere, so haben wir Glück, dass wir uns an den freigehaltenen Tisch im ansonsten gut besetzten Speisezimmer dazusetzen dürfen *(Tel. 03 89 62 14 14; montags mittags, mittwochs mittags, freitags mittags, im Winter sonntags abends und von Anfang Januar bis Anfang März geschlossen).*

Als wir zu vorgerückter Stunde das Lokal verlassen, ist der Abend noch nicht zu Ende. Wir fahren noch einen halben Kilometer weiter ins Tal hinein zum Parkplatz vor der Klostermauer. Wir tun nun etwas, was man nicht immer und überall tun sollte, wir holen Klappstühle und den Campingtisch heraus. Wir sind aber sicher, dass wir damit niemanden belästigen. Jenseits der Klostermauer wohnt noch eine Hand voll Menschen, und in den wenigen Häusern davor sind die Fenster schon dunkel. Außerdem rauscht der Bach direkt neben dem Platz so laut, dass niemand unsere Stimmen hören kann. Das ist gut so, denn auf dem Campingtisch steht eine Flasche Elsässer *Crémant*, und als Holger uns daran erinnert, dass heute, am 30. April, Walpurgisnacht ist, sehen wir sogar die Hexen auf ihrem Besen über die Klostermauer genau zwischen den beiden Türmen der ehemaligen Abteikirche hindurchreiten. Wir kuscheln uns in warme Wolldecken und lauschen still dem gurgelnden Bach und den Schreien der Eulen.

(120) WOMO-Wanderparkplatz: Murbach

GPS: N 47°55.385' E 7°09.635'; *Rue de Guebwiller*, **max.WOMOs**: >5;
Ausstattung/Lage: Toilette (rechts neben der Kirche), Wasser (an der Friedhofsmauer), Mülleimer, Gaststätte, Wanderwege, Ortsrand;
Zufahrt: von Guebwiller nach Murbach bis zum Parkplatz vor der Klostermauer.

Am nächsten Morgen werden wir wach, weil der erste Reisebus bei strahlendem Sonnenschein Touristen ausspuckt, die sich ein lohnendes Ziel ausgesucht haben. Die verwun-

Abteikirche in Murbach

schene Stimmung der letzten Nacht ist nur noch Erinnerung, als wir jenseits des Tores innerhalb der Klostermauer vor den imposanten Resten des früheren **Benediktinerabtei** stehen. Nur der Chor und das Querhaus sind von der 1155 erbauten Abteikirche übrig geblieben, die der Heilige Pirmin 727 gegründet haben soll. Der Hauptteil der einstigen Kirche, ein aus drei Schiffen bestehendes Langhaus, wurde im 18. Jahrhundert abgetragen. Aber was heute - restauriert - noch übrig ist, gehört zu den Höhepunkten einer Elsassreise: die perfekte Harmonie von Landschaft und Bauwerk. Still und majestätisch erheben sich zwischen den bewaldeten Höhen eines Vogesentals die beiden viereckigen Türme mit romanischen Rundbogenfenstern, dazwischen eine gewaltige Fassade aus rotem Sandstein, auf der verschiedene Skulpturen und Ornamente angebracht sind.

Unsere gestern eingekauften Vorräte kommen doch noch zu späten Ehren, wir packen nämlich einen Teil davon in unsere Rucksäcke, nachdem Holger und Bärbel jetzt von uns zu einer anstrengenden, dafür umso lohnenderen Wanderung überredet worden sind:

Der erste Teil dauert mit Rückweg ungefähr 2 1/2 Stunden und empfiehlt sich vor allem für denjenigen, der nur weniger Zeit hat, der aber die herrliche Lage von Murbach und seiner Kirche von 900 m Höhe bewundern möchte. Dieser ausgedehnte Spaziergang, bei dem es allerdings auf dem Hinweg immer bergauf geht, wird von uns wärmstens empfohlen, Sie werden es nicht bereuen. Wir lassen unsere Autos auf dem Übernachtungsplatz stehen (keine Wertsachen!) und gehen an der Kirche vorbei, um den Waldweg mit der roten Scheibe nach rechts, also in nördlicher Richtung, zu wählen. An der Wegspinne des Col de Wolfsgrube nehmen wir den Weg scharf links, der rot-weiß markiert ist und steigen nun eine gute halbe Stunde immer bergauf. Wo sich der Wald lichtet, befindet sich eine Hütte mit Bänken und einem allein stehenden Toilettenhäuschen mit einem richtigen Herz in der Tür. Der Ort lädt also mit allen erdenklichen Vorzügen zur Rast ein, zumal wir jetzt den schon erwähnten prachtvollen Blick auf Murbach und die Abteitürme haben: Tief unten eingebettet im waldigen Tal ruht die Klosterkirche, und am liebsten hätten wir Flügel, um lautlos hinabzuschweben. Dieser herrliche Ort hat auch einen Namen: ***Lieserwasen***. Man kann von hier aus auf dem selben Weg zurückgehen oder die Wanderung über den Judenhutplan (blaues Kreuz) beenden.

Blick vom Lieserwasen

Wir haben Kraft gesammelt für die dritte Alternative, nämlich den weiteren Anstieg zum **Grand Ballon** und suchen uns auf der Wanderkarte den direkten Weg, der weiterhin rot-weiß markiert ist, aber an einer Stelle eine Abkürzung zulässt. Rechtzeitig zur Mittagspause sind wir dann auf 1.424 m angelangt; von der hervorragenden Sicht in alle Himmelsrichtungen haben wir Ihnen schon oben vorgeschwärmt. Für den Rückweg wählen wir wieder den rot-weiß bepinselten Weg, der bei einem der Lokale neben dem Skilift in den Wald hinunterführt. Nach einer knappen Stunde haben wir das meiste geschafft, wir ruhen uns zum letzten Mal bei der Fontaine Schlumberger und der dortigen Schutzhütte am so genannten Judenhutplan aus. Mitglieder des Vogesenclubs feiern dort gerade den 1. Mai. Zum Glück werden wir aber nicht zum Mitfeiern eingeladen, sonst würden uns die Beine für den letzten Teil des Weges noch sehr schwer. Etwa 1 km hinter dem Judenhutplan zweigt ein mit rotem Kreuz gekennzeichneter Weg nach links den Berg hinunter ab (Richtung Murbach), dem wir folgen, bis wir ganz dicht an der Asphaltstraße angekommen sind. Auf ihr wandern wir die letzten Meter zu unseren Autos, wo wir am Nachmittag total erschöpft ankommen. Was auch kein Wunder ist, da wir einen Höhenunterschied von 900 m und rund 20 km Wegstrecke bewältigt haben *(Karte: TOP 25, 3719 OT, Grand Ballon).*

Für die nächste Nacht steuern wir einen nicht weit entfernten Übernachtungsplatz am Fuße des Hartmannswillerkopfes an: Südlich von Guebwiller nehmen wir beim Dorf Soultz das Sträßchen in Richtung Jungholtz. In der Ortsmitte zweigen wir nach links zur Wallfahrtskirche von **Thierenbach** ab. Bekommen Sie keinen Schreck, wenn rund um die gewaltige Kirche mit dem Zwiebelturm an die Hundert Autos parken, sie gehören nämlich Wallfahrern oder wenigstens Gläubigen aus der näheren Umgebung, deren Gesang bis ins Freie zu hören ist. In spätestens einer Stunde werden Sie die großflächigen Parkplätze nur noch mit ein paar Feinschmeckern oder Wanderern teilen. Und wenn es dunkel wird, kann nur noch die Kirchturmuhr ihren Schlaf stören, der Parkplatz ist dann völlig menschenleer:

(121) WOMO-Wanderparkplatz: Jungholtz

GPS: N 47°52.827' E 7°11.386'; *Rue Thierenbach*; **WOMO-Zahl**: >5;
Ausstattung/Lage: Toilette mit Wasser (an beiden Seiten der Kirche), Mülleimer, Gaststätte, Wanderwege, leicht einsam mit Häusern in der Nähe, außerorts;
Zufahrt: von Soultz nach Jungholtz und dort auf den Parkplatz der Kirche von Thierenbach; am besten stehen Sie seitlich des Fischweihers.

In jeder Beziehung ein feines Restaurant ist die ***Résidence les Violettes***, wo man vorzüglich kocht, die aber zu teuer geworden ist. Gleichwohl gehört dieses Lokal in die Oberklasse Elsässischer Esstempel (allerdings kein Michelinstern), und im Sommer kann man auf einer wirklich herrlich gelegenen Terrasse entspannen *(Tel. 03 89 76 91 19; montagsabends und dienstags geschlossen).*

Wohl tuend herzlich sind die Wirtsleute im **Restaurant *Aigle d'Or*** in Rimbach, einem kleinen Nest, das man erreicht, wenn man in Jungholtz weiter taleinwärts fährt. Schon der Weg dorthin wird zur Freude, stelzen doch leibhaftig zwei Störche durch die Wiese. Im *Goldenen Adler* hat man kulinarisch aufgerüstet, was wir noch nicht wieder getestet haben *(Tel. 03 89 76 89 90; von Oktober bis Juni montags geschlossen).*

Von Thierenbach aus kann man auf einer kleinen Straße

direkt zur Route des Crêtes und zum Hartmannswillerkopf (Vieil Armand) gelangen, oder man besinnt sich auch hier auf seine Füße. Man kann dann direkt in Thierenbach loswandern:

Vorbei am *Les Violettes*, um dann jenseits des Tales den zuvor mit rotem Andreaskreuz markierten Weg nach rechts zu verlassen. Die Strecke ist jetzt rot-weiß gekennzeichnet und führt bis zum Hartmannswillerkopf. Zurück wird es etwas schwierig, wenn man einen anderen Weg wählt, man muss sich dann auf der Wanderkarte eine Strecke aussuchen. Wir irren teilweise quer den Hang hinunter und haben Mühe, wieder einen Weg zu finden, weshalb wir an dieser Stelle zur Eigeninitiative raten. Überhaupt soll hier einmal gesagt werden, dass nicht nur die Wandervorschläge, sondern das ganze Buch nur eine Anleitung für den eigenen Urlaub sein dürfen *(Karte: TOP 25, 3719 OT, Grand Ballon).*

Der **Hartmannswillerkopf** (Vieil Armand) hat im ersten Weltkrieg traurige Berühmtheit erlangt. 60.000 Soldaten mussten hier sterben, so viele wie sonst nirgends im Elsass. Man kann sich das heute kaum noch vorstellen, wenn man vorne von einem Felsvorsprung weit in die Ebene hinunter auf den Kirchturm von Thierenbach blickt. Hier oben sind noch zahlreiche Schützengräben und Unterstände zu sehen, und bei genauem Hinschauen merkt man auch, dass die Bäume auf dem mit Blut und Blei durchsetzen Boden nie wieder richtig gewachsen sind. Auf jeden Fall sollte man von der Route des Crêtes aus einen **Spaziergang** bis vor zu diesem Aussichtspunkt unternehmen, der Weg führt dann auch am Soldatenfriedhof vorbei und durch das ehemalige Schlachtfeld. Nahe der Straße wurde ein Mahnmal errichtet mit einem Museum darunter, welches bei unseren Besuchen aber immer geschlossen war, obgleich es nach den dort aufgehängten und in den Reiseführern vermerkten Öffnungszeiten eigentlich hätte offen sein müssen *(April - Mitte Nov. 9-12 und 14-18 Uhr; 2 €).*

Vom Hartmannswillerkopf schraubt sich die Straße in mehreren Spitzkehren ins Tal hinab. Es ist nicht mehr weit bis an das Ende der Route des Crêtes, noch 9 km bis nach **Cernay** (Sentheim, 10.000 Einwohner), einer Stadt, die in beiden Kriegen sehr stark, im ersten Weltkrieg fast vollständig, nämlich zu 85 Prozent, zerstört worden ist. Aber es gibt einen schönen Campingplatz, auf dem die Dauercamper nicht dominieren. Und die Störche (es leben hier im Sommer über 100 Vögel) stolzieren so dicht an unserem WOMO vorbei, dass wir sie fast streicheln können:

(122) WOMO-Campingplatz: Cernay (*Les Acacias*)

GPS: N 47°48.277' E 7°09.987'; *Rue René Guibert*; **Ortszentrum**: 0,5 km; **Zeiten**: 15.4.-15.10.; **Ausstattung**: Laden, Restaurant, Schwimmbad in der Nähe; **Zufahrt**: in Cernay beschildert.

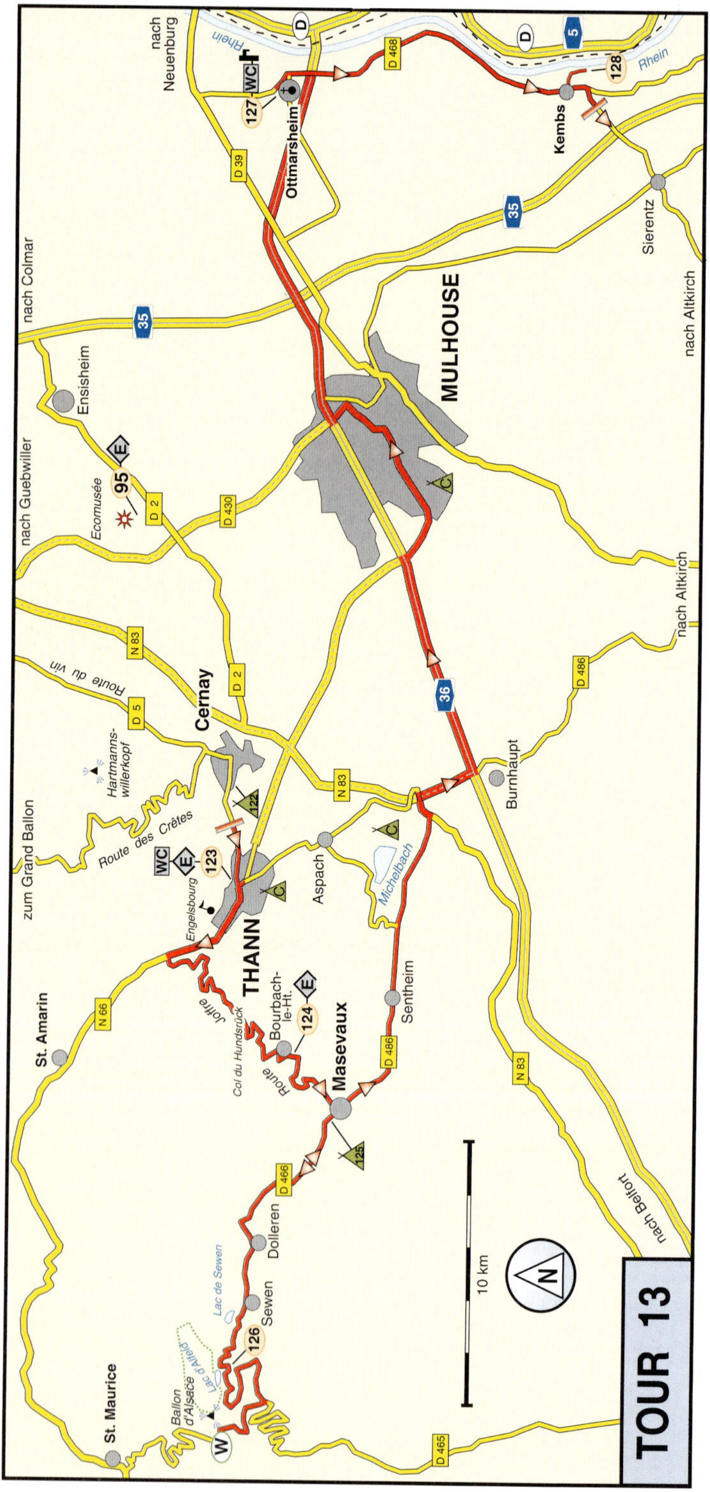
TOUR 13
MULHOUSE
THANN
Cernay
Masevaux
Ottmarsheim
Kembs
Sierentz
Ensisheim
Burnhaupt
Aspach
Sentheim
Bourbach-le-Ht.
Dolleren
Sewen
St. Amarin
St. Maurice
Ballon d'Alsace
Lac d'Alfeld
Lac de Sewen
Michelbach
Engelsbourg
Hartmanns-willerkopf
Route des Crêtes
Route du vin
Route Joffre
Col du Hundsrück
Ecomusée
Rhein
nach Neuenburg
nach Colmar
nach Guebwiller
zum Grand Ballon
nach Altkirch
nach Belfort
D 39
D 468
D 2
D 430
D 5
N 83
D 486
N 66
D 466
D 465
35
36
5
D
WC
E
C
W
95
122
123
124
125
126
127
128
10 km
N

Tour 13: Ein Stück von allem

Thann - Masevaux - Ballon d'Alsace - Mulhouse
Ottmarsheim - Kembs

Stellplätze:	in Thann, in Bourbach-le-Haut, am Stausee von Alfeld, in Ottmarsheim, in Kembs
Campingplatz:	in Masevaux
Besichtigen:	Thann, Engelsbourg bei Thann, das Automobilmuseum sowie das Eisenbahnmuseum in Mulhouse, Kirche in Ottmarsheim
Wandern:	*Spaziergänge* auf den Ballon d' Alsace, rund um den See von Michelbach, am Hundsrück; *Wanderung* vom Lac d'Alfeld zum Ballon d'Alsace

Schon auf unserer vorletzten Tour machen wir Ihnen den Abschied vom Elsass schwer. Wir servieren Ihnen nämlich das ganze Elsass, ein Stück von jeder Landschaft: Den letzten Zipfel der Weinstraße, eine Portion Vogesen, als Hauptgang die zweitgrößte Stadt und zum Dessert eine breite Schnitte der Rheinebene. Bon Appetit:

Auf den wenigen Kilometern von Cernay nach Thann fällt die Vorstellung schwer, dass es die Weinstraße ist, die ein kleines Industriegebiet streift. Aber das Städtchen **Thann** (7.700 Einwohner) weckt alte Erinnerungen: Gemütlichkeit, Fachwerk und Plüschstörche. Mittendrin das **gotische Münster** Saint-Thiébaut (Bauzeit zwischen 1350 und 1516), mit einem Turm, der nach einem alten Sprichwort niedriger ist als

Thann -Westportal des Münsters

der von Freiburg, dünner als der von Straßburg, aber schöner als beide zusammen. Glanzstück ist das Westportal, dessen zahlreiche, gut restaurierte Figuren als Meisterwerke der Gotik gelten. Achten Sie auch auf das wunderschöne, einfallsreiche Chorgestühl und auf die ‚Winzermadonna', einer Holzfigur (um 1510) in der 5-eckigen Kapelle neben dem rechten Seitenschiff: Maria hält Jesus im Arm und versteckt eine Weinrebe hinter dessen Rücken.

Beachtenswert ist auch der **Hexenturm** (Tour des Sorcières), ein Rundturm mit barockem Zwiebeldach am Ufer der Thur, einer der wenigen Überreste der mittelalterlichen Stadtbefestigung (unser Stellplatz liegt ganz in der Nähe - dazu gleich mehr). Wie es sich für ein Städtchen an der Weinstraße gehört, thront auch eine Burg über den Geranien. Zur **Engelsbourg** braucht man zu Fuß vielleicht 30 Minuten, die sich des Blickes wegen allemal lohnen. Die Reste des bei der Zerstörung von 1673 umgefallenen Bergfriedes schauen wie ein riesiges, steinernes ‚Hexenauge' zur Rheinebene und auf den wohlgeformten Münsterturm.

Blick von der Engelsbourg

Auch der offizielle Stellplatz - mitten im Ort und am Ufer der Thur - ist erfreulich:

'Hexenauge'

(123) WOMO-Stellplatz: Thann

GPS: N 47°48.690' E 7°06.288'; *Rue des Pelerins*; **max.WOMOs**: >5; **Ausstattung/Lage**: Toilette, Wasser, Entsorgungsstation, Strom, Mülleimer, Gaststätten, Geschäfte, Wanderwege, nicht in der Nacht auf Samstag, zentral;
Zufahrt: am östlichen Rand des Stadtzentrums - beschildert mit *‚P' für Pkw, Lkw und Bus* - nach Norden zum Fluss abbiegen; auf einen großen Parkplatz mit Bäumen und einer Wiese am Rand.

Der Anflug von Hässlichkeit in den Randgebieten von Thann ist 3 km westlich der Stadt schnell vergessen, dort beginnt nämlich eine nicht ganz unbekannte Straße, die **Route Joffre**. Auch diese Bergstraße ist ein Überbleibsel des ersten Weltkrieges, sie diente hinter der Front der französischen Versorgung, und ihr Name erinnert an ihren Erbauer, einen französischen Offizier. Wie wär's mit einem kleinen Spaziergang am **Col du Hundsrück**, wo die Sicht am abwechslungsreichsten ist? Unweit, in **Bourbach-le-Haut**, finden Sie, was hier wirklich erstaunt, eine hochoffizielle Entsorgungsstation und, weniger überraschend, einen Stellplatz:

(124) WOMO-Stellplatz: Bourbach-le-Haut

GPS: N 47°47.709' E 7°01.728'; *Route Joffre*; **max.WOMOs**: >5;
Ausstattung/Lage: Wasser, Entsorgungsstation, Mülleimer, Gaststätte, Wanderwege, schöne Sicht, Ortsrand;
Zufahrt: am südwestlichen Ortsrand seitlich der Durchgangsstraße nicht zu übersehen; schwieriger ist der Picknickplatz ca. 80 m weiter zu erkennen, unsere eigentliche Empfehlung.

Wir hätten hier den Tag bleiben sollen. Stattdessen kurven wir ins Tal, weil wir über **Masevaux** (Masmünster, 3.300 Einwohner) Erfreuliches gelesen haben; von Bademöglichkeiten im Flüsschen Doller, vom Kahnfahren und ähnlichen Übertreibungen. Aber der Campingplatz neben einem Hallenbad hilft ein wenig über die Enttäuschung hinweg:

(125) WOMO-Campingplatz: Masevaux *(Municipal)*
GPS: N 47°46.677' E 7°59.477'; *Route du Stade*; **Ortszentrum**: 0,3 km; **Zeiten**: Ostern bis Ende September; **Ausstattung**: Hallenbad, relativ wenige Dauercamper; **Zufahrt**: am westlichen Ortsrand beschildert.

Während seiner Winterpause kann man vermutlich auf einer Wiese davor am Rande des Flüsschens frei nächtigen.

Wer nur das wilde Badeglück am **Stausee von Michelbach** sucht, einem Gewässer östlich von Masevaux, sollte gar nicht erst hinfahren. Die Verbotsschilder sind so penetrant, dass man sie ernst nehmen muss. Sie betreffen leider auch das *Camping*. Insoweit haben wir die Ernsthaftigkeit (am östlichen Teil kurz vor der Staumauer; in der Ortsmitte von Michelbach seewärts abbiegen; schöner Picknickplatz am See, auch schön für einen Spaziergang auf der Staumauer) nicht ausprobiert. Man wird im Elsass beim freien Übernachten ziemlich in Ruhe gelassen, wir respektieren also die Schilder - ohne jedoch ihre Berechtigung einzusehen.

Wir müssen also unsere Pläne ändern und in entgegengesetzter Richtung über Masevaux das Tal des Doller aufwärts fahren. Ein Dorf ist nun beschaulicher als das andere, und wenn wir früher im Sommer am Lac de Sewen (keine Bademöglichkeit, kein Stellplatz) vorbei waren, haben wir uns schon auf ein kühles Bad gefreut. Damals hing vor der Staumauer des **Lac d'Alfeld** ein Schild mit der Aufschrift ‚*Baden auf eigene Gefahr*'. Das ist nun einem Verbotsschild gewichen, und wir wissen nicht, ob das im Sommer auch ernsthaft befolgt wird. Denn über Jahre konnte man hier bestens baden. Schade! Der Rest ist immer noch schön: Ein wunderbares Seeufer, runde Felsen, ein kleines Inselchen, Tannen und Lichtungen, und die Kenner tragen die Kühltasche in irgendeine verschwiegene Nische. Der Stellplatz ist geblieben, aber die Büsche haben die Aussicht ziemlich zugewuchert. Trotzdem reicht von einer Stelle der Blick immer noch auf den Lac de Sewen:

(126) WOMO-Stellplatz: Lac d'Alfeld
GPS: N 47°48.914' E 06°52.454'; D 466; **max.WOMOs**: >5;
Ausstattung/Lage: ein reiner Sommerplatz, auf dem wir noch nicht selbst geschlafen haben, außerorts;
Zufahrt: großer Parkplatz in einer Kurve seitlich der D 466 knapp unterhalb des Sees.

Alternativ bietet sich der große Parkplatz am **Ballon d'Alsace** an, wo der meiste Niederschlag der Vogesen abgeht. Auch der Wind pfeift oft und kühl, aber ungestört sind Sie dort bestimmt. Wo es viel regnet, fällt in dieser Höhe (1.250 m) auch viel Schnee. Der Skitourismus braucht große Parkplätze, Kneipen, Andenkenläden und Schutzheilige. Mit allem ist am Ballon d'Alsace reichlich gedient. Die Marienstatue passt noch einigermaßen, während das Denkmal der Jungfrau von Orléans auf stolzem Ross in der Nähe eines Skiliftes und oberhalb der Baumgrenze keinen Sinn macht. Die bronzene Johanna schaut hinab ins Tal von St. Maurice (an der Moselquelle). Wer den 45-minütigen Gipfelrundweg spaziert, darf auch ins Dollertal blicken, zum Grand Ballon und vielleicht auch bis zu den Alpen.

Der Rundblick ist wirklich extrem schön. Bleiben Sie auf dem Weg und lassen Sie sich vom Ausmaß der Bodenerosion abschrecken, wo Touristen und Wintersportler abseits des Weges die Pflanzen zertrampeln und die dann haltlose Erde dem Regenwasser preisgeben. Zum Sammeln von Heidelbeeren brauchen Sie den Pfad nicht zu verlassen, vermutlich ist ohnehin keine Beere mehr am Strauch. Anfang August sehen wir Scharen von Profis mit Spezialpflückwerkzeug bei der Sache, einem Zwischending von Rechen, Kamm und Schaufel. Die Erntehilfe macht ganze Arbeit, scheint aber den Beerenstrauch zu schonen.

An einem Lift südlich des Gipfels dürfen Sie Ihren Nachwuchs zum Wettrennen fordern. Wo im Winter die Skifahrer den Berg runter brettern, holpern Sie mit einem Go-Kart ähnlichen Wägelchen auf dem Gras steil bergab. An das Vergnügen werden Sie sich lange erinnern.

In dieser schönen Gegend erwarten Sie noch einen Wandervorschlag:

Parken Sie am **Lac d' Alfeld** und wählen Sie am nördlichen Ende der Staumauer den Weg mit dem blauen Balken und später den blauen Dreieck zum **Col de Charbonnieres**. Von dort erstreckt sich ein wunderbarer Kammweg (roter Balken) bis fast zum **Ballon d' Alsace**, erst in dessen Nähe geht es wieder nennenswert bergauf. Für den Abstieg empfiehlt sich der zunächst noch genauso markierte Weg neben der Straße, der dann mit rot-weißem Zeichen in einigen Kurven und einem Zickzack bergabwärts zum See zurückführt.

am Ballon d'ALsace - Blick zum Lac de Sewen

Die ca. 15 km lange Wanderung lässt sich am Anfang verkürzen, wenn man an der Staumauer den steilen Berg hinaufklettert (rotes Andreaskreuz). Am Rundkopf trifft man dann wieder auf den oben geschilderten Weg. Sie sparen so 3 bis 4 km, versäumen aber auch den erwähnten Kammweg entlang der ehemaligen deutsch-französischen Grenze *(Karte: TOP 25, 3520 ET, Ballon d'Alsace).*

Am Ballon d'Alsace verabschieden wir uns von den Vogesen und setzen am östlichen Ende des Elsass unsere Tour fort:

Für **Mulhouse** (Mühlhausen, 108.000 Einwohner) gilt erst Recht, was ich anlässlich der 9. Tour in Bezug auf Colmar geschrieben haben: Eine Visite bietet sich vor allem an Regentagen an, wobei in Mühlhausen ein Sonnentag schon fast zu schade wäre, es sei denn, Sie reisen bei einem ortsfesten Hoch. Im Gegensatz zu Colmar hat nämlich Mulhouse kein attraktives Stadtbild, zu stark haben hier die Industrialisierung und die beiden Weltkriege gewütet. Das Zentrum ist also weitgehend uninteressant, nach unseren Erfahrungen kann man auch nicht besser einkaufen als in kleineren elsässischen Städten, obgleich man von der zweitgrößten Stadt des Elsass viel erwartet. Schon während der Fahrt in die Innenstadt, wenn man zwischen grauer Vorstädte Mauern den Wegweiser ‚*Centre*' sucht, erkennt man schnell, wo die Schwerpunkte der Stadt liegen: Mulhouse ist eine reine Industriestadt, hier waren, die bedeutendsten Stoff- und Textildruckereien Frankreichs zu Hause. Große Kalivorkommen haben aber auch dazu geführt, dass sich in der Rheinebene im Umkreis der Stadt chemische Fabrikbetriebe angesiedelt haben, die beträchtlich an der Rheinverschmutzung mitwirken. Schließlich gibt es auch noch ein Peugeot-Werk, und wir würden Ihnen raten, den Dunstkreis von Mulhouse großräumig zu umfahren, gäbe es nicht in der Stadt zwei Museen, die in ihrer Art einmalig auf der Welt sind, und die ohne das industrielle Umfeld hier gar nicht entstanden wären: Das Nationale Automobilmuseum sowie das französische Eisenbahnmuseum.

Man muss weder Eisenbahn-Freak noch automobilbegeistert sein, um in diesen Museen feuchte Augen zu kriegen. Die Stimmung wird Ihnen auch nicht im großstädtischen Verkehrsgewühl bei der Suche der den Museen verdorben, da beide in der ganzen Stadt ausgesprochen gut beschildert sind. Sie liegen auch nicht weit voneinander entfernt, südlich der Autobahn zwischen der Schnellstraße nach Guebwiller (D 430) und der nach Thann (N 66).

Das **Musée National de l' Automobil (Nationales Automobilmuseum)** wäre auch ohne Wegweiser ganz leicht zu finden; wenn man von Norden kommt, liegt es nämlich an der *Avenue de Colmar*. Man musst also auf der D 430 stur geradeaus fahren, bzw. auf der D 20 dort zur D 430 gelangen, wo diese die Autobahn überquert. Gleich hinter der Autobahn steht links die alte Halle der Textilfabrik, in welcher heute die Autos ausgestellt sind, 100 m weiter südlich findet man einen großen Parkplatz, auf dem man die Eindrücke auch bei einem Mittagsschläfchen verarbeiten kann. Ich stehe dem Automobil eher distanziert gegenüber; wenn ich Ihnen aber sage, dass mich das Museum trotzdem begeistert hat, kann ich mir weitere Anpreisungen ersparen. Zwischen 845 detailgetreuen Nachbildungen von Straßenlaternen der Brücke *Alexandre III* in Paris sind auf 17.000 m^2 fast 500 Oldtimer von 98 europäischen Automarken ausgestellt. Es gibt keinen klangvollen Namen, der hier nicht durch mehrere Modelle vertreten wäre, von denen wir nur einige erwähnen möchten: Alfa Romeo, Bentley, Daimler-Benz, DeDion, Ferrari, Hispano-Suiza, Horch, Lancia, Maybach, Mercedes, Peugeot. Das Kernstück der Sammlung bilden 123 Autos des elsässischen Fabrikanten Ettore Bugatti, der als italienischer Einwanderer 1907 in Molsheim eine Autofabrikation gewagt hat. Hier im Museum sind fast alle Modelle ausgestellt, die jemals von Bugatti gebaut worden sind, darunter auch der Bugatti T 64, von dem nur ein einziges Exemplar handgefertigt worden ist, ferner zwei „Royales", eine Limousine und der „Coupé Napoléon", der bei einem Schätzpreis von mehr als 8 Millionen Euro für das teuerste Automobil der Welt gehalten wird.

Genauso außergewöhnlich wie die ausgestellten Fahrzeuge ist die Geschichte dieses Museums. Als Inhaber mehrerer Textilspinnereien waren die Brüder Fritz und Hans Schlumpf zu Reichtum gekommen, sie hatten nach und nach Betriebe hinzugekauft, und um das Jahr 1970 befand sich die gesamte Wolleindustrie im Elsass unter der Kontrolle von Fritz Schlumpf, der 1972 als der sechstreichste Mann Frankreichs eingestuft worden ist. Seine Sammelleidenschaft zwang ihn aber zu immer größeren Geldausgaben. Was in den 50er Jahren zunächst als Hobby begann, entwickelte sich ab 1960 zur regelrechten Sucht: Fritz Schlumpf kaufte an Oldtimern, was zu haben war, und oftmals erwarb er wegen eines einzigen Bugatti eine ganze Sammlung. Die Autos wurden sorgsam versteckt, vor allem in Fabrikhallen in Mulhouse, den Räumlichkeiten des heutigen Museums. Noch bevor dort 1965 die Wollspinnerei gänzlich stillgelegt worden ist, arbeiteten 9 Autoschlosser, 7 Gehilfen, 2 Sattler, 2 Blechschmiede, 1 Schmiedegeselle und 5 Maler an der Restaurierung alter Autos. Später waren hier bis zu 40 Personen damit beschäftigt, die Fahrzeuge aufzuarbeiten, wobei oft Monate und manchmal auch zwei Fahrzeuge notwendig waren, um ein naturgetreues und in der Regel fahrbereites Auto wieder zusammenzubasteln.

Auf diesem Weg entstand, vor den Augen der Öffentlichkeit völlig verborgen, ein Museum, in das heute die drittmeisten Besucher in Frankreich strömen (nach dem Louvre in Paris und dem Unterlindenmuseum in Colmar). Bis es so weit war, gab es aber noch einige Unruhen. Im Jahre 1973 befanden sich schon nahezu alle Fahrzeuge in der ehemaligen Spinnerei, als sich abzeichnete, dass die Leidenschaft für Fritz Schlumpf zum Verhängnis wurde. Das fehlende Geld, welches er seinen Firmen zum Ankauf von Autos entzogen hatte, führte nach und nach zum Zusammenbruch, der schließlich darin gipfelte, dass die Belegschaft am 7. März 1977 das Museum besetzte und es mit gewerkschaftlicher Hilfe zwei Jahre lang für 800.000 Besucher geöffnet hielt. Mit den Erlösen wurde eine Solidaritätskasse gefüllt, aus der die arbeitslosen Baumwollspinner unterstützt wurden. Im Jahre 1983 wurden Fritz Schlumpf zu vier und Hans Schlumpf zu zwei Jahren Gefängnis verurteilt, die von ihnen aber nicht abgesessen worden sind. Als Schweizer Bürger haben sie sich in ihre Heimat geflüchtet. Zuvor war das Museum zwangsweise für 44 Millionen Mark an eine Vereinigung verkauft worden, in der die Stadt Mulhouse, die Region und der französische Staat vertreten sind. *(der Eintritt ist leider nicht niedrig: 10 € für Erwachsene und 5 € für Kinder und Jugendliche; April bis Oktober 10-18, sonst bis 17 Uhr).*

Nicht ganz so spektakulär ist das **Musée française du chemin de fer (Eisenbahnmuseum)**. In dem 1976 eröffneten Museum wird auf 12 Gleisen französische Eisenbahngeschichte präsentiert. So findet man neben 29 Dampfloks, 5 elektrischen Lokomotiven, zahlreichen Personen- und Güterwagen auch allerlei Eisenbahngerät wie Signale, Fahrkartenentwerter und Uhren. Die älteste Dampflokomotive, die hellgrüne „St. Pierre", wurde 1844 gebaut, und die „Sézanne" von 1847 war sogar versuchsweise mit einer Ölfeuerung ausgestattet. Unter einer Lokomotive kann man in einem beleuchteten Graben hindurchgehen, bei einer anderen darf man mittels Knopfdruck die Räder in Bewegung setzen, und wem das alles noch nicht reicht, der kann sich im danebenliegenden Feuerwehrmuseum (im Eintritt enthalten) noch an Uniformen und Spritzen der Mulhousener Feuerwehrleute erfreuen *(April bis September von 9-18, sonst bis 17 Uhr; 5 € bzw. 3 €).*

Wenn Sie noch einen zweiten Regentag überbrücken müssen, können Sie auch noch das Stoffdruckmuseum in der Innenstadt am Canal du Rhône au Rhin beehren oder das Historische Museum neben dem Rathaus, ferner das Tapetenmuseum im 9 km östlich gelegenen Rixheim oder den Zoologischen- und Botanischen Garten am Südrand der Stadt. Bei unseren Besuchen war das Wetter allerdings nie so miserabel, dass wir alle diese Museumstortouren ertragen mussten. Wir wünschen Ihnen dasselbe. In Mulhouse haben wir noch nicht übernachtet, wir werden dies nie tun, es gibt auch keinen Grund dafür. Wer es trotzdem nötig hat: Der **Campingplatz** liegt am Ufer eines Flüsschens südwestlich der Innenstadt, er ist auch über die Autobahnausfahrt Dornach erreichbar *(geöffnet vom 1.4. bis 30.9.).* Wir raten eher zu den folgenden Übernachtungsplätzen.

In Mulhouse ist man geneigt, auf kurzem Autobahnweg ins Badische zu eilen. Jahrzehnte hat auch uns, wenn wir schon diese Strecke gewählt haben, kurz vor der Grenze nichts mehr aufgehalten. Was jedoch ein großer Fehler war. So ist uns bis vor kurzem ein bedeutendes elsässisches Bauwerk verborgen geblieben, die achteckige, zweigeschossige **Kirche von Ottmarsheim**.

Erst anlässlich einer Rückfahrt aus der Toskana unternehmen wir einen Abstecher in den von Industrie umgebenen Ort, in dem man kaum eine solche Schönheit erwartet. Die Kirche vermittelt ein unglaubliches Gefühl von Raum und Proportio-

Ottmarsheim

nen, wir halten regelrecht die Luft an, als wir den Innenraum betreten. Sie wurde 1049 geweiht, und es ist Kunsthistorikern ein Rätsel, weshalb in Mitteleuropa (einen ähnlichen Bau findet man im italienischen Ravenna) außer in Aachen, dessen Pfalzkapelle Vorbild war, ausgerechnet in Ottmarsheim eine byzantinische Kirche errichtet worden ist. Wie oft sind Sie schon ahnungslos hier vorbeigefahren? Von der A 5 in Deutschland sind es ca. 12 km Umweg, und von der französischen A 36 gerade mal zwei.

Für die Nacht kommt der Parkplatz neben dem Gotteshaus in Frage; man steht ruhig, sicher und auf geschichtsträchtigem

Boden - im Gegensatz zum Autobahnrastplatz ganz in der Nähe:

(127) WOMO-Stellplatz: Ottmarsheim

GPS: N 47°47.205' E 7°30.472'; *Rue de l'Eglise*; **max.WOMOs**: >5; **Ausstattung/Lage**: Toilette, Wasser, Mülleimer, Gaststätten, Geschäfte, im Ort; **Zufahrt**: *,P'*-Wegweiser *,Centre'* und *,Église romaine'.*

Auch ein paar Kilometer weiter im Süden dürfen wir Ihnen in **Kembs** einen lauschigen Stellplatz empfehlen; an einem historischen Kanal und neben einer altertümlichen Holz-Ziehbrücke:

(128) WOMO-Stellplatz: Kembs

GPS: N 47°41.133' E 7°30.530'; *Rue Paul Bader*, **max.WOMOs**: >5; **Ausstattung/Lage**: Mülleimer, Gaststätte, Geschäfte (im Ort), Ortsrand; **Zufahrt**: biegen Sie mitten in Kembs von der D 468 beim Wegweiser zum *,Port de Plaisance'* ab, überqueren Sie die Brücke und stellen Sie sich danach rechts auf die Wiese am Kanal.

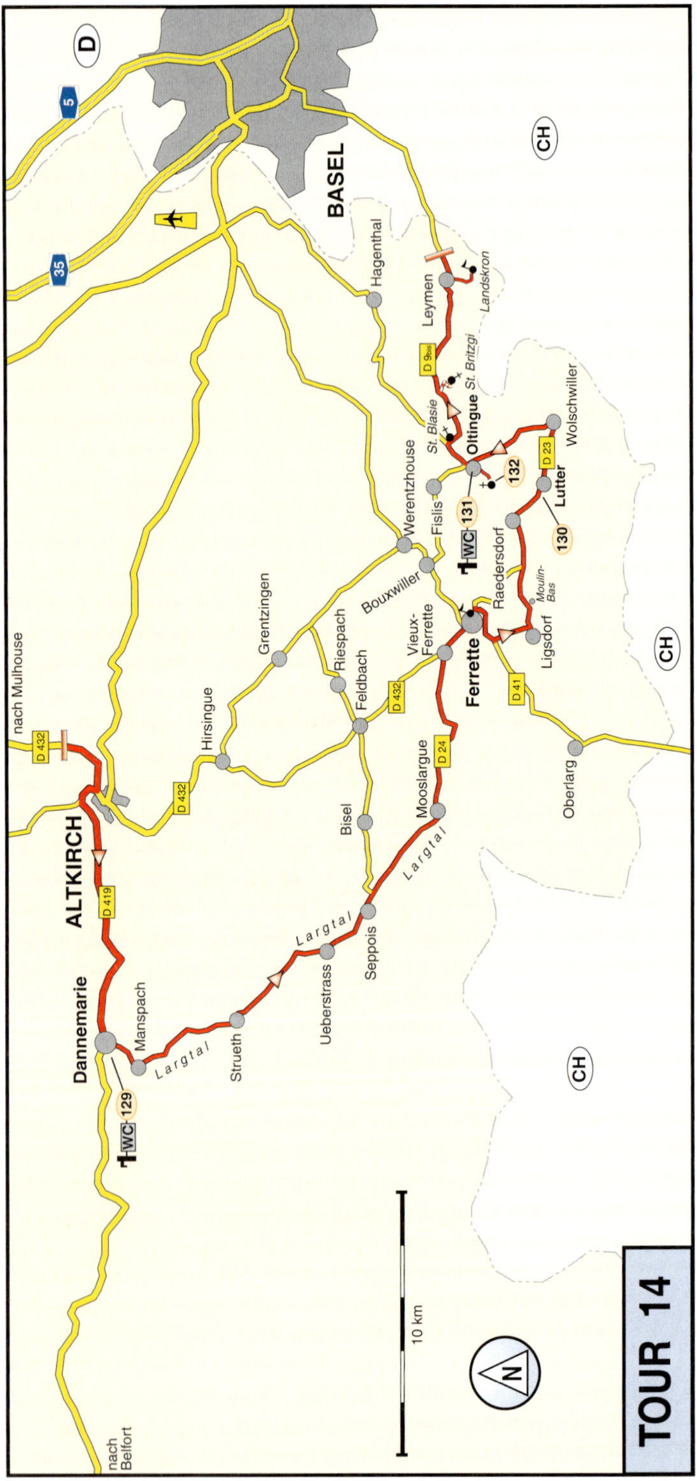
TOUR 14
10 km
N
nach Belfort
nach Mulhouse
Dannemarie
ALTKIRCH
D 419
D 432
129
WC
Manspach
Largtal
Strueth
Ueberstrass
Seppois
Bisel
Mooslargue
D 24
Hirsingue
Feldbach
Riespach
Grentzingen
Bouxwiller
Vieux-Ferrette
Ferrette
D 41
Ligsdorf
Moulin-Bas
Raedersdorf
130
Lutter
D 23
Wolschwiller
132
131
Oltingue
Fislis
Werentzhouse
St. Blasie
St. Britzgi
D 9bis
Leymen
Landskron
Hagenthal
BASEL
35
5
D
CH
Oberlarg

Tour 14: Auf den Straßen des gebackenen Karpfens

Altkirch - Dannemarie - Ferrette - Oltingue

Stellplätze:	in Dannemarie, in Lutter, in Oltingue
Besichtigen:	die Burgen von Ferrette, Burg Landskron bei Leymen
Essen:	Restaurant *Ritter* in Dannemarie, Restaurant *Le Moulin-Bas* in Ligsdorf, *Auberge Paysanne* in Lutter

Im Jahre 1975 kamen im **Sundgau**, dem Landstrich südlich von Mulhouse, findige Wirte, an deren Gaststuben der Elsasstourismus zumeist vorbeigerauscht war, auf die Idee, den Straßen zu ihren Tresen einen vermeintlich reizvollen Namen zu geben. Man erinnerte sich an eine örtliche Spezialität und an die vielen Karpfenteiche der Umgebung, also erfand man die **Straßen des gebackenen Karpfens**. Nun schlossen sich aber 36 Wirtshäuser an, und jedes musste an dieser Fressroute liegen. Auch diese touristische Herausforderung wurde gemeistert: Im Sundgau fährt man außerhalb der Autobahn und der Durchgangsstraßen fast nur noch dem Schild des *‚Carpe frite'* hinterher. Am besten mit dem Fahrrad, denn die Sträßchen sind schmal, kurvenreich und wenig befahren. So können wir - wenn auch mit dem Wohnmobil - an einigen Sommertagen gemächlich durch das hügelige Land tuckern und Himmel und Erde auf uns wirken lassen. Diese beiden sind sich sehr nahe im Sundgau, besonders wenn ein Südwestwind Wolken über die Mais- und Weizenfelder treibt. Man lebt hier noch von der Landwirtschaft, und auch die 36 Patrons konnten den Tourismus nicht entscheidend ankurbeln. Die *Routes de la carpe frite* sind nicht die *Route du vin*. Aber das hat gerade seinen Reiz.

im Sundgau

Solange man nichts Großartiges erwartet, besternte Sehenswürdigkeiten zum Beispiel. Die werden Sie nämlich nirgends finden, genauso wenig wie dazugehörende Infrastruktur. Der Sundgau ist weder ein Landstück für den Allerweltstouristen noch für Regentage. Aber bei Sonne ist er wunderschön (nehmen Sie sich bei Regen die Museen von Mulhouse vor - Tour 13).

Die Strecken für WOMO und Zweiventiler sind dieselben. Sie führen durch kleine Dörfer, vorbei an viel Fachwerk und an alten Lehmbacköfen, die wegen der Feuergefahr unter einem kleinen Dach von außen an die Häuser gebaut worden sind, von denen viele leer stehen. Der Verfall ist mehr oder weniger weit fortgeschritten, fast nur alte Menschen stehen auf der Straße. Der bäuerliche Kleinbetrieb des vereinten Europas hat auch im Sundgau keine Chance. Die in Jahrhunderten gewachsene Struktur wird allmählich zerstört, und ich hatte, als ich nach fast 10 Jahren die Karpfenstraße wieder abgefahren bin, den Eindruck, dass es schon viele der klassischen, alten Sundgauhäuser nicht mehr gibt. Fahren Sie also bald!

Aber wohin soll man fahren? Einfach drauflos! Den frittierten Karpfen können Sie ruhig im Teich schwimmen lassen.

Zuerst in den Hauptort des Sundgaus, nach **Altkirch** (6.200 Einwohner). In dem verschlafenen Städtchen gibt es zwar auch nichts von Rang zu sehen. Dafür viel unverfälschte Provinz; Frankreich wie wir es lieben. Samstags wacht man auf, wenn in der Oberstadt der Wochenmarkt zelebriert wird, einer der Hauptmärkte im südlichen Elsass. Zahlreiche Bauern aus der Umgebung bieten dann ihre ökologisch angebauten Produkte feil.

Wirkliche Ziele kennt der Sundgau nicht, allenfalls Etappenorte. Das sind dann meist Restaurants, oder Stellplätze in deren Nähe. In dieser Hinsicht hat der Sundgau schon mehr zu bieten: Zum Beispiel in **Dannemarie**, 10 Kilometer westlich von Altkirch. Ein Mekka für einen lauen Sommerabend (aber auch bei anderen Temperaturen erfreulich), wenn im Garten des **Restaurants *Ritter*** gedeckt ist. Über makellosem Grasboden schmecken die bleistiftdünnen *frites* noch wie damals, als wir zum ersten Mal entdeckt haben, dass *Pommes frites* eine Delikatesse sein können. Den Karpfen können wir uns noch verkneifen. Stattdessen nehmen wir Entenleber, Rindersteaks und hausgemachten Nachtisch.

Alles kommt in einer schlichten Variante auf die karierten Tischdecken und zu maßvollen Preisen *(Tel. 03 89 25 04 30; donnerstags abends, montags abends und dienstags geschlossen).*

Der Stellplatz liegt in Sichtweite und am nahen Friedhof gibt's Wasser.

(129) WOMO-Stellplatz: Dannemarie

GPS: N 47°37.692' E 7°07.407'; *Rue de la Gare*; **max.WOMOs**: >5;
Ausstattung/Lage: Wasser, Gaststätte, Ortsrand;
Zufahrt: biegen Sie im östlichen Teil von Dannemarie nach Süden zum Bahnhof ab. Sie kommen dann mitten im Ort an **weiteren Stellplätzen** vorbei (mit Toilette). Diese lassen Sie seitlich liegen und fahren weiter bis zum Parkplatz der Festhalle gegenüber dem Bahnhof und seitlich des Restaurants *Ritter* .

In Dannemarie beginnt auch die Strecke durch das liebliche **Largtal**, eines der schönsten Sundgautäler. Lassen Sie sich treiben! Durch Manspach, Strueth, Ueberstrass, Seppois, Mooslarque bis nach **Ferrette** (Pfirt, 700 Einwohner), wohin jede Sundgaufahrt führt. Endlich gibt's mal wieder einen Nippesladen - und sogar eine Burgruine. Parken Sie am besten vor der Oberstadt (an der großen Kreuzung bei der Touristeninformation). Von hier sind es zum Chateau höchstens 10 Minuten. Wir steigen hoch zu den **Burgen**, erst zur neueren Unterburg (15. Jahrhundert), danach auf die Plattform der Oberburg (12.

Jahrhundert) und genießen den Rundblick über die herrliche Lage des Dorfes am Rande des Jura. Von der Plattform führt ein kurzer, beschilderter Wanderweg zur Zwergenhöhle *(Grotte des Nains).*

Ferrette -Blick von der Oberburg

Den früheren Stellplatz gibt es leider nicht mehr, und einen neuen haben wir für diese Auflage noch nicht gefunden. Wir arbeiten daran und nehmen Vorschläge dankend entgegen (Notlösung beim Schwimmbad, seitlich der D 432 zwischen Ferrette und Vieux-Ferrette).

Nördlich von Ferrette kommt man durch sehenswerte Sundgaudörfer, durch Feldbach, Riespach, Grentzingen .... und südlich, schon nach 6 km, durch **Ligsdorf**, zu einem umgebauten Mühlenkomplex mit Tischen im Freien, Liegewiese und Spielplatz. Das zu unterhalten kostet Geld, weshalb die Preise des **Restaurants *Le Moulin-Bas*** *(beschildert, 0,8 km östlich von Ligsdorf; Tel. 03 89 40 31 25; montags und dienstags außer an Feiertagen geschlossen)* nicht niedrig sind. Aber auf dem Gelände kann man es gut aushalten und auf dem schönen Parkplatz auch **schlafen** (nur wenn man in der Mühle gegessen hat). Das schmale Bächlein, das einst das Mühlrad trieb, ist, man glaubt es kaum, die Ill, deren Unterlauf wir in so angenehmer Erinnerung haben (Touren 5 und 8).

Ein paar Kilometer weiter östlich, in **Lutter**, einem einladenden, urtümlichen Dorf,, lauert die Herausforderung für Ausgehungerte, die ***Auberge Paysanne***, beinahe ein Markenzeichen des Sundgaus. Zu relativ günstigen Preisen bekommen wir mit viel freundlicher Gastlichkeit große Portionen, und für die Kinder gibt es ein eigenes Menü oder einfach *frites* mit Ketchup. *(montags und in der zweiten Februarhälfte geschlossen; Tel. 03 89 40 71 67).* Mit mehr als vollem Bauch bleiben wir für die Nacht einfach unter einem Basketballkorb neben einer großen Wiese, auf der ein Fußballtor aufgestellt worden ist. Ein Platz, der sich für eine reine Übernachtung gut eignet:

Lutter - Stellplatz

(130) WOMO-Stellplatz: Lutter

GPS: N 47°28.028' E 7°22.774'; *Rue de Raedersdorf*; **max.WOMOs**: >5;
Ausstattung/Lage: Mülleimer, Gaststätte, im Ort;
Zufahrt: in Lutter an der Straße nach Raedersdorf (D 23) auf der linken Seite nicht zu übersehen.

Geräumige Stellplätze finden Sie auch im Nachbarort, in **Oltingue** (mit Heimatmuseum). Die behütete Variante beim Rathaus:

(131) WOMO-Stellplatz: Oltingue *(Ort)*

GPS: N 47°29.500' E 7°23.436'; *Rue de l'Ill*; **max.WOMOs**: >5;
Ausstattung/Lage: Toilette, Wasser, Mülleimer, Geschäfte, im Ort;
Zufahrt: an der Hauptstraße, der D 23 III mit blauem *'P'* hinter die Kirche beim Rathaus.

oder das einsame, romantische Gegenstück:

(132) WOMO-Stellplatz: Oltingue *(Kirche)*

GPS: N 47°29.089' E 07°23.004'; *Rue de l'Eglise*; **max.WOMOs**: >5;
Ausstattung/Lage: außerorts, einsam;
Zufahrt: südwestlich des Dorfes ist die allein stehende Kirche St. Martin mit Friedhof nicht zu übersehen. Sie erreicht man - nicht wie auf der Michelin-Karte eingezeichnet - von der D 21B aus, man steuert sie vielmehr von Oltingue an, entweder auf einem geteerten Weg von der Ortsmitte (bei der *Mairie*), oder man nimmt auf der Straße nach Lutter am südlichen Ende von Oltingue den letzten rechts abzweigenden Sandweg *(Rue St. Martin)*.

In der Nähe versteckt sich ein klassisches Ausflugs- und Vesperlokal im Wald: An der Strecke von Oltingue nach Leymen und 2,5 km auf der D 9bis westlich der Pfarrkirche St. Blaise zeigt ein Wegweiser nach rechts in den Forst (beschildert). Der Parkplatz am Anfang des Waldweges wirkt mir für Autoknacker zu einladend. Ich fahre daher noch wenigstens

Kapelle St Britzgi

400 m bis zur nächsten Gabelung. Wenn ich früh genug dran bin, komme ich sogar bis in die Nähe der **Kapelle St. Britzgi** und kann noch wenden, bevor halb Basel hier einfällt und sich im Bauerngasthaus neben der Briccius-Kappelle über den Speck hermacht. An heißen Tagen, wenn auch ein paar Badener und sogar Elsässer an den Holztischen im Freien

vespern, werden die Getränke im Brunnen gekühlt (*sonntags abends und montags geschlossen; im Winter nur freitags, samstags und sonntags mittags*). Manches WOMO bleibt sogar über **Nacht**, auch wenn es keinen richtigen Stellplatz gibt; nur Notlösungen für kleinere Fahrzeuge.

Spätestens am Tag danach ist wieder der normale Sundgau angesagt. Bouxwiller, Fislis, Wolschwiller ... und irgendwann die **Stauferburg Landskron** bei **Leymen** (*9 Uhr - Sonnenuntergang; freier Eintritt; schöner Blick*). Und wenn dabei irgendwann eine breite Straße unseren Weg kreuzt, geben wir Gas. Wir brettern zurück ins richtige Elsass, nach Italien oder in die Provence. Viel zu oft auch nach Hause.

Burg Landskron

Eines Tages kommen wir wieder, wir essen in der *Auberge Paysanne*, fahren über Werentzhouse nach Durmenach, Bisel, Hindlingen ...

Und vielleicht werden wir auch einen der 36 Kneipiers in die Pflicht nehmen und einen Karpfen *à la semoule*, also mit Grieß, oder *à la bière* bestellen.

Vielleicht aber auch eine Forelle.

Burgen und Festungen

Wir können heute etwa 100 Burgruinen, Burgen und Festungen besichtigen. In der Blütezeit der Burgen, im hohen Mittelalter, als das Elsass politischer Mittelpunkt des Deutschen Reiches war, hatten die Grafen und Ritter auf den meisten Bergkuppen und an strategischen Punkten insgesamt zwischen 450 und 500 befestigte Wehrbauten installiert. Wir treffen auf Reste in allen erdenklichen Erhaltungsstadien: teilweise vollständig restaurierte Bauten (Haut-Koenigsbourg), stellenweise nur noch Mauer- oder Felsreste. Wir klettern aber auch zu sehr schönen, geradezu klassischen Exemplaren mittelalterlicher Burgenbaukunst (beispielsweise den Rappoltsteiner Schlössern). Wer Burgenromantik liebt, kann sich kein besseres Reiseziel aussuchen.

Ruine Windstein (Tour 2)

Auf den meisten der von uns beschriebenen Wanderwegen kommt man wenigstens an einer Burgruine vorbei, sozusagen als Salz in der Wandersuppe. Reisen Sie mit Kindern? Sie werden sehen, wie motiviert Ihr Nachwuchs durch den Wald stiefelt, wenn eine romantische Burgruine mit Felsengängen, ehemaligen Verliesen und großen Höhlen lockt (Taschenlampe nicht vergessen!). Nehmen Sie aber Ihre Kinder unbedingt an die Hand, die Ruinen sind manchmal immer noch ungesichert und - wirklich ohne Übertreibung - stellenweise lebensgefährlich. Vertrauen Sie keinem rostigen Eisengeländer, bevor Sie nicht daran gerüttelt haben; denken Sie immer daran, dass unter dem schönen Ginsterstrauch bei der noch schöneren Aussichtsstelle ein Loch über einem gähnenden Abgrund klaffen könnte. Diese Fernsicht ist von den meisten Burgen erwartungsgemäß prächtig und in der Regel kostenlos. Nur wenige Anlagen und Festungen (beispielsweise Fleckenstein, Haut-Koenigsbourg, Lichtenberg oder Ottrotter Schlösser) kosten Eintritt.

Und noch einen Vorteil haben die vielen *Châteaux* (Burgen, Schlösser): In der Nähe sind häufig geräumige Parkplätze angelegt, auf denen man oftmals ordentlich übernachten kann.

Campingplätze

Frankreich hat, aufs Ganze gesehen, vermutlich das weltweit dichteste Netz unterschiedlichster Campingplätze. So dass jeder, der einen Platz sucht, auch in der Hochsaison fündig wird. Es ist also im Elsass kein Problem, einen Campingplatz zu finden, es gibt etwa 130 Plätze, wenn man die Bauernhofplätze mitzählt.

Falls Sie sich eingehend über Campingplätze informieren wollen, kaufen Sie sich den jährlich erscheinenden Michelin-Führer *Camping Caravaning France*, der sowohl bei uns wie auch im Elsass überall zu haben ist, der aber längst nicht alle Plätze auflistet. Außerdem geben die Fremdenverkehrsbüros (siehe Stichwort) jährlich einen hervorragenden Gratisführer heraus, in dem auch Campingplätze auf dem Bauernhof (*Camping à la ferme*) genannt werden. Dieses Verzeichnis, das man auch bei einigen örtlichen Verkehrsbüros ausgehändigt bekommt, enthält tatsächlich **alle** elsässischen Campingplätze und ist sehr informativ.

Sogar die Anzahl der Dauercamper ist aufgelistet. Die großen, vor allem viele ganzjährig geöffneten, und eine gewaltige Reihe anderer Plätze kommen für uns nur selten in Frage: Sie sind oft zu 3/4 mit Dauercampern vollgestellt. Wenn Sie gerne den Samstagnachmittag damit verbringen, Ihrem Nachbarn zusehen, wie dieser zunächst mittels elektrischem Gerät seinen eingezäunten, gepflegten und mit Gartenzwergen verzierten Rasen vor seinem mit Wellplastik überdachten „Vorzelt" mäht, um danach bei gut gekühltem Bier gemeinsam mit ihm zu grillen, sind Sie auf solchen Plätzen genau richtig; allerdings haben Sie sich dann bei der Anschaffung dieses Buches ein wenig verkauft. Nach unserer Ansicht kommt ein Großteil der elsässischen Campingplätze nicht einmal für eine Übernachtung in Frage, weil diese Plätze von Dauercampern beherrscht werden.

Die schönsten Campingplätze (ohne Dauercamperüberzahl) werden auch von uns bei den Touren beschrieben.

Man muss auf einem Campingplatz für eine vierköpfige Familie und Stromanschluss 15 bis 25 Euro pro Nacht einkalkulieren. Auf einige Plätzen lässt man Sie vielleicht (immer noch) nur mit einem gültigen *Camping-Carnet*, dessen Besitz sich ohnedies lohnt, ersetzt es nämlich die Hinterlegung des Ausweises in der Schreibtischschublade des Campingplatzbesitzers. Außerdem bietet es in gewissem Umfang Haftpflichtversicherungsschutz auf Campingplätzen. Man erhält das *Carnet* beim ADAC oder dem Deutschen Campingclub.

Diebstahl

Das Elsass gehört inzwischen auch zu den Gebieten, in denen gehäuft Autos aufgebrochen werden. Frankreich rangiert in der Kriminalitätsbelastung inzwischen vor den USA, vor allem wegen der Vermögensdelikte. Wer so tut, als gäbe es das Problem nicht, lügt sich in die eigene Tasche. Je sorgloser man ist, umso eher schlagen die Diebe zu. Und die Wahrscheinlichkeit ist leider groß.

Es gilt eine **Grundregel**, die Sie eisern befolgen müssen: **Verlasse nie dein WOMO mit nichts als dem Autoschlüssel in der Hand**. Denn Diebe sind nicht blöde und wissen, dass Sie mehr als diesen Autoschlüssel dabei haben: Geld, eine Fotoausrüstung, eine Videokamera und die Damen eine Handtasche. Tragen Sie aber nichts unterm Arm, müssen diese Dinge zwangsläufig im WOMO zurückgeblieben sein. Eine Auto- oder Reisemobiltür ist aber für einen Profi ein Klacks. Er öffnet sie in Sekunden.

Das betrifft besonders die Leser, die ein Wohnmobil gemietet haben, weil diese Fahrzeuge gegen Autoknacker schlecht gesichert sind. Die Besatzung solcher Mietmobile muss immer damit rechnen, das schwächste Glied in der Kette zu sein. Den Fahrzeugen, durchweg neuesten Modellen mit wenig individuellen Innereien, sieht der erfahrene Einbrecher schon von weitem an, dass die Mieter unkundiger und sorgloser sind als alte Hasen. **Das dürfen Sie in keiner Minute vergessen**, schon gar nicht auf dem Autobahnrastplatz oder an anderen Stellen, an denen Sie nur kurz Ihr Fahrzeug verlassen. Die wenige Minuten dauernde Einkehr ist oft die beste Gelegenheit, im Auto herumliegende Wertgegenstände zu stehlen. Wenn es irgendwie geht, sollte auf Rastplätzen immer ein Familienmitglied im Auto bleiben, und wenn es nicht geht, müssen die Wertsachen zur kurzen Erfrischung (und Entleerung) mitgenommen werden!

Wer meine Bücher kennt, weiß, dass mein Wohnmobil über Sicherungsvorkehrungen verfügt. Diese sind zwar für einen brutalen Einbrecher nur eine Hemmschwelle, denn wer ein derart leicht gebautes Fahrzeug aufbrechen will, über erforderliches Werkzeug und einen entsprechenden Zerstörungswillen verfügt, kriegt jedes Reisemobil auf. Aber der Bösewicht zaudert eher, wenn er sieht, dass ihm sein Handwerk nicht leicht gemacht wird. Bekanntlich bekomme ich hin und wieder Leserpost (leider mit abnehmender Tendenz, was Sie durch Ihre Zuschriften ändern sollten), in denen mir die Freunde meiner Bücher ab und an von positiven Entdeckungen berichten, gehäuft aber von schlechten Erfahrungen, von verbotenen Stellplätzen, übel gelaunten Wirten und schlechten Wegbeschreibungen. Und, besonders aus Frankreich, von aufgebrochenen Wohnmobilen. In keinem einzigen Fall wurde mir berichtet, dass bei diesen Fahrzeugen die **Alarmanlage** scharf geschaltet war. Abgesehen davon, dass eine solche Vorrichtung Lärm macht, den Sie in der benachbarten Kneipe möglicherweise selbst hören, dürften schon entsprechende Aufkleber an den Seitenscheiben oder ein blinkendes Lichtchen eine gewisse Warnfunktion haben. Der Einbau ist leider teuer und kostet gut und gerne 500 Euro, aber er belohnt Sie mit einem deutlich sorgenfreieren Urlaubserleben (Sie sollten ab und zu an entlegener Stelle die Funktion testen).

Es gibt auch wirksame **mechanische Hürden**: Der WOMO-Verlag verkauft Ihnen den *WOMO-Knacker-Schreck*, den Sie auch in Mietmobilen einsetzen können, und der die Vordertüren wirksam verriegelt (Herr Schulz vom WOMO-Verlag berichtet Ihnen gerne, welchen durchschlagenden Erfolg ihm sein Produkt in Strasbourg beschert hat). Außerdem vertreibt in Deutschland die Firma Oelmühle (Annoncen in den WOMO-Zeitschriften, *Tel 02174/2223* oder per *www.quick-safe.de*) leicht zu montierende Ketten, mit denen Sie die Fahrzeugtüren verrammeln. Und zwar so gut, dass jeder Dieb sie von außen erkennt und (wie beim Produkt des WOMO-Verlages) ahnen kann, dass die Ketten nicht einmal nach dem Einschlagen der Scheibe problemlos auszuklinken sind. Wer über handwerkliche Grundkenntnisse verfügt, ist auch in der Lage, die Schlösser zu montieren, die Oelmühle ebenfalls für die Aufbautüren anbietet, und deren Riegel auch nachts einen optimalen Einbruchsschutz bieten. Dabei wundert mich nur, dass derlei Zubehör nachgerüstet werden muss, wo doch der Käufer eines Wohnmobils, der stolze 50.000 Euro hinblättert, zu seiner Sicherheit gerne ein paar Euro mehr ausgeben würde. Und noch mehr erstaunt es mich, dass in Testberichten der Wohnmobil-Fachpresse dieses Thema und die Sparsamkeit der Hersteller totgeschwiegen werden. Wie viel mehr haben Sie doch von einem sicheren Fahrzeug als von der aufwendigen Badezimmerarmatur! Aber da Sie, liebe Leser, schon erfahrene Wohnmobil-Reisende sind, oder sich zumindest auf dem Weg dorthin befinden, werden Sie der Industrie ihre an Äußerlichkeiten orientierte Verkaufspolitik lassen, die Ihnen einen gewissen Einbruchsschutz bietet. Denn neben Ihrem WOMO steht zumeist ein schlechter gesichertes, das von den Dieben bevorzugt wird.

Das alles hat mit der **Übernachtungssicherheit** auf freien Stellplätzen nichts zu tun. Nur drei Leser haben mir im Verlauf von 12 Jahren von einem nächtlichen Überfall (in Südfrankreich) berichtet. Und die standen alle auf einem Autobahnrastplatz, wo ich **niemals** übernachten würde. Es gibt nichts Gefährlicheres, auch wenn Sie wohnmobile Nachbarn haben !!!

Falls Ihr Auto einmal aufgebrochen worden ist, brauchen Sie unbedingt eine polizeiliche Bestätigung von der Anzeige, damit Ihre Kaskoversicherung und, in Maßen, auch Ihre Reisegepäckversicherung bezahlen. Ich habe übrigens die Versicherungsbedingungen beider Sparten stets bei mir, um ab und zu nachzulesen, was nicht versichert ist. Ist der Schaden erst einmal eingetreten und hat man die polizeiliche Anzeige aufgegeben oder gar die Meldung an die Versicherung abgeschickt (!), nutzt Ihnen die Lektüre der Versicherungsbedingungen nichts mehr.

Freies Camping

Die Gretchenfrage lautet: *Darf ich, oder darf ich nicht?* Meine Antwort: *Im Prinzip ja, aber ....*

Ich habe ausführlich recherchiert, den ADAC befragt, verschiedene Fremdenverkehrsbüros in Frankreich und in Deutschland, ich habe französische Rechtsanwälte angeschrieben und Rechtsberater von Wohnmobilzeitschriften. Ist das freie Übernachten in Frankreich nun erlaubt? Die Antworten war ein glasklares *Jein*. Richtig scheint Folgendes zu sein:

Außerhalb geschlossener Ortschaften ist die freie WOMO-Übernachtung in Frankreich grundsätzlich erlaubt, jedoch nicht an Bach, Fluss, See, nicht am Strand, nicht im Wald und nicht in 100 m Nähe von diesem. In einigen Départements soll es weitere Einschränkungen geben, und innerhalb geschlossener Ortschaften hat die Gemeindeverwaltung das Sagen. In vielen Orten ist das Camping durch Gemeindesatzung geregelt, was man gelegentlich am Ortseingang mit einem symbolisierten Wohnwagen und der sinngemäßen Aufschrift, dass das Übernachten reglementiert ist, bekannt gibt. Damit ist aber über den Inhalt der örtlichen Regelung noch gar nichts ausgesagt. Manchmal ist nämlich die freie Übernachtung nur zeitlich beschränkt oder in bestimmten Ortsteilen verboten. Nach den mir erteilten Informationen will man oftmals auch „nur Landfahrer" fern halten - auf jeden Fall aber auch eine Handhabe, wenn die WOMOs überhand nehmen und lästig werden.

Sie fragen sich angesichts obiger Aufzählung, wo Sie eigentlich noch frei stehen können? In der Praxis sieht man alles nicht so eng, und nach unseren Erfahrungen kann man sich überall dorthin stellen, wo es nicht durch Schilder ausdrücklich verboten ist, oder wo man wegen des berüchtigten Balkens in 2 m Höhe erst gar nicht hinkommt.

Ob man mit *Camping interdit* (*Camping verboten*), das neuerdings immer häufiger an den Einfahrtstraßen der Ortschaften auftaucht, auch ein Wohnmobil meint, wird heiß diskutiert. Französische Wohnmobilisten ignorieren dieses Verbot grundsätzlich. Sie behaupten steif und fest, damit sei nur das Zelten gemeint - und machen sich meist über unseren deutschen Obrigkeitsgehorsam lustig. Gehen Sie davon aus, dass Schilderaufsteller durchaus fähig sind, ein eindeutiges WOMO-Verbotsschild zu montieren, wenn sie das auch wollen.

Wir wurden nur ein einziges Mal von einem Übernachtungsplatz gescheucht, als ein besonders eifriger Feldhüter mit hohen Stiefeln und zackigen Umgangsformen für Recht und Ordnung gesorgt hat. Inzwischen interpretieren auch wir zunehmend das *Camping interdit* wie die Franzosen, wir tolerieren jedoch stets ein Verbot für *Camping-Cars* (*Wohnmobile*) und haben insgesamt das freie Camping im Elsass als unproblematisch erlebt.

Wer an freies Camping denkt, also an eine Übernachtung außerhalb der Zeltplätze, hat oft zwiespältige Gefühle. Einerseits will man beim freien Camping alles das erleben, was man sich vorgestellt hat, als man ein Wohnmobil gemietet oder gekauft hat. Man erwartet das leichte, ungeregelte Leben und möchte an den Stellen bleiben, die einem gerade gefallen oder die einem vom WOMO-Führer vorgeschlagen werden. Befragungen haben ergeben, dass erstaunlich viele Wohnmobilfahrer fast ausschließlich Zeltplätze besuchen, obgleich ihnen freie Plätze zumindest zeitweise viel lieber wären. Viele Leser haben also Angst. Insbesondere die Deutschen, die in Betracht ziehen, etwas Verbotenes zu tun. Und genauso vielen ist deshalb bange, weil sie einen nächtlichen Überfall befürchten.

Ich gebe es zu, auch mir gruselt gelegentlich auf einsamen Stellplätzen in dunkler Nacht, besonders wenn ein fremdes Auto auf den Parkplatz einbiegt, oder wenn ich, was allerdings äußerst selten vorkommt, nachts Schritte höre. Aber die Wahrscheinlichkeit, Opfer eines Raubüberfalls zu werden, ist extrem niedrig. Ich bin mit dem Wohnmobil wahrlich häufig unterwegs, aber ich war noch nie in einer brenzligen Situation. In 12 Jahren Reiseführer-Tätigkeit haben mir drei Leser von einem Überfall berichtet, der sich in Südfrankreich nachts ereignet hat. Gemessen an den Zig-Tausenden meiner Leser ist das so gut wie nichts. Die Angst spielt sich also nur in Ihrem Kopf ab, sie ist dort am größten, wo sie am unberechtigtsten ist. Ein einsames WOMO mutterseelenallein im stockdunklen Wald ist gleichbedeutend mit der Garantie für eine unbehelligte Nacht, und doch werden Sie dort von jedem Knacken erschreckt. Der umtriebige Autobahnrastplatz (siehe Stichwort *Diebstahl*) hingegen wiegt Sie weit mehr in Sicherheit, obwohl gerade hier die Überfälle stattfinden (Bösewichte sprühen Narkosegas ins Auto und knacken dann die schlecht gesicherten Türen; dagegen helfen sowohl die oben schon erwähnten Zusatzschlösser und –Ketten wie auch ein elektronisches Gerät, das Sie vor Narkosegas warnt und das Sie im Fachhandel kaufen können).

Die Angst vor der Nacht auf den von uns erwähnten Stellplätzen ist objektiv also unbegründet, zumal die Existenz dieses Reiseführers neben dem Nachteil, dass die Stellplätze überbelegt sein könnten, auch den Vorteil hat, dass Sie sehr häufig neben einem gleich gesinnten Nachbarn stehen. Man tauscht sich dann mit der Frage aus: „Bleiben Sie heute Nacht auch hier?“ Und wenn der Nachbar dann antwortet: „Sie auch?“, gehen beide beruhigt zu Bett.

Mehr zu diesem Thema lesen Sie unten unter der Überschrift *Stellplätze*.

Fremdenverkehrsbüros

Jede Stadt oder Gemeinde, die sich für touristisch bedeutsam hält - dies tun viele - hat ein Fremdenverkehrsbüro eingerichtet *(Syndicat d'initiative)*, das Ihnen aber weder Tipps für gute Übernachtungsplätze noch für Wasserhähne gibt, dafür diverse bunte Prospekte, die man aber nicht ganz achtlos beiseite legen sollte. Regional übergreifende Informationen erhält man zum Teil dort, auf jeden Fall aber für das nördliche Elsass auch schriftlich bei der

AGENCE DE DÉVELOPPEMENT TOURISTIQUE
DU BAS-RHIN - Maison du Tourisme
9, rue du Dôme - B.P. 53
F 67061 Strasbourg cedex
Tel. 03 88 15 45 80
www. tourisme67.com

und für den südlichen Teil bei der

ASSOCIATION DÉPARTEMENTALE DU TOURISME
DU HAUT-RHIN - Maison du Tourisme
1, rue Schlumberger - B.P. 337
F 68006 Colmar
Tel. 03 89 20 10 68
www. tourisme68.asso.fr
für das ganze Elsass: www.tourisme-alsace.com

Regional übergreifende Informationen und in Deutsch erhält man in den ausländischen Vertretungen des französischen Fremdenverkehrsamtes, *Maison de la France*, :

D-60325 Frankfurt/M., Westendstr. 47, Tel. 069/97581034
www.franceguide.com

Gas

Das Stichwort hat an Aktualität verloren, nachdem fast alle Wohnmobile über zwei 11 kg **Flaschen** verfügen, mit denen ein durchschnittlicher Leser ohne zu heizen beinahe einen ganzen Sommer lang verreisen kann. Man bunkert zu Hause ausreichend Vorrat, schaltet den Warmwasserboiler nur bei Bedarf ein und vergisst das Thema für den Rest des Urlaubs.

Wer zur Vorratswirtschaft nicht fähig ist, kann sich in Frankreich eine teure, blaue *Camping-Gaz* Flasche kaufen (auf vielen Campingplätzen, in Supermärkten und in Eisenwarengeschäften). Für den Einsatz im WOMO braucht man aber auch ein spezielles Anschlussstück (möglichst schon zu Hause kaufen und ausprobieren, ob es an Ihren Regler passt). Langzeiturlauber benötigen ein Euro Füll- und Anschluss-Set, mit dem sie in Frankreich an wenigen Stationen die eigene Flasche füllen lassen können (nach einer Füllstation fragt man bei den zahlreichen Gastankstellen, die nur eingebaute Tanks befüllen). Mit den genannten Überbrückungsteilen lässt sich der eigene Regler auch an eine französische Gasflasche schrauben. Hat man das Set nicht zur Hand, ist Vorsicht geboten, denn ein französischer Regler eignet sich nicht immer für Ihre Gasanlage. Die Wohnmobile schreiben nämlich einen unterschiedlichen Gasdruck vor, der auf dem in Ihrem WOMO eingebauten Regler, dem runden Ding an der Gasflasche, aufgedruckt ist, und der **unbedingt** beibehalten werden muss (30 oder 50 mbar).

Wohnmobilbesitzer mit fest eingebautem **Gastank** sind in Frankreich vergleichsweise gut dran, dort ist das Gas-Tankstellennetz wesentlich dichter als in Deutschland, außerdem ist das Gas preiswert. Gas-Tankstellen erkennt man an dem Schild *G.L.P.*

Schrauben Sie, möglichst auch in das gemietet WOMO eine **Schlauchbruchsicherung**, das dauert 15 Minuten. Sie ist unerlässlich, wenn Sie, was fast alle tun (wir nicht auf der Autobahn und auf längeren Strecken) und was derzeit nur in Frankreich verboten ist, unterwegs mit Gas kühlen. Die Sicherung verhindert, dass Gas bei einem Unfall oder einem Schlauchbruch in großer Menge ausströmt.

Geld

Banköffnungszeiten sind nebensächlich (wie hieß noch dieses blaue längliche Papier, irgendwas mit Euro, obgleich es den noch lange nicht gab?). Geld zieht man flächendeckend mit Pin-Code aus dem **Bankautomaten**, am besten mit der ec-Karte, fast genauso oft auch mit der **Kreditkarte** (Visa oder Eurocard), was aber deutlich teurer ist. Beim Tanken und in Supermärkten kann man ausnahmslos mit der Kreditkarte bezahlen. Beim Gaststättenbesuch sollten Sie zur Sicherheit ausreichend Bares dabei haben, oder zumindest vorher fragen, jedenfalls dann, wenn Sie in einem Kaff speisen, in dem es keinen Bankautomaten gibt.

Ein Problem besteht darin, die Scheckkarte zu verlieren, weshalb wir peinlich darauf achten, diese von unserer Kreditkarte getrennt aufzubewahren. Zu den Reisedokumenten höchster Wichtigkeit, deren diebstahlgeschützter Ablageplatz niemals in Vergessenheit geraten darf gehört der Zettel mit der Kreditkarten- und Scheckkartennummer, der Bankleitzahl (!) sowie der Telefonnummer der Frankfurter Zentrale. Alles brauchen Sie für die Kartensperre: Tel. +49 (0)1805 021021 - rund um die Uhr für ec-Karte, und für VISA ist es die Tel. +1 410 581 9994 (Näheres unter www.kartensicherheit.de). Rufen Sie dort **umgehend** an, wenn das Ding abhanden gekommen ist, und sei es auch mitten in der Nacht. Nur dann, wenn Sie davon berichten können, dass Ihnen das Stück Plastik gerade erst, vor wenigen Minuten, verlustig gegangen ist (und dass Sie die Geheimzahl nirgends aufgeschrieben haben), zahlt die im Kredit- oder Scheck-Kartenvertrag enthaltene Versicherung, falls der Dieb Missbrauch treibt!

GPS

In diesem Reiseführer sind für alle Stell- und Campingplätze die Koordinaten (Kartendatum: WGS 84 = World Geodetic Sorvey 1984) angegeben. Das nutzt Ihnen nur, wenn Sie Ihrerseits ein Navigationsgerät besitzen, in das man Koordinaten eingeben oder, noch besser, zugleich eine Datei mit allen Koordinaten aufspielen kann. Sie können beim WOMO-Verlag die CD zum

Buch erwerben und auf diese Weise alle Stell- und Campingplätze auf Ihr Navi überspielen. Wie das funktioniert, wird Ihnen beim Kauf der CD erklärt, und ob es funktioniert, hängt davon ab, ob Sie über ein geeignetes Navigationsgerät verfügen. Tauglich dafür sind, wie erwähnt, nur Geräte, bei denen man die Koordinaten eingeben und Daten überspielen kann.

Wir haben sehr gute Erfahrungen mit der neuesten Generation der *tom-tom* Software gemacht und navigieren mit einem Gerät, das man *pda* oder *smartphone* nennt, einem Telefon, mit dem man auch navigieren kann oder umgekehrt. Gut geeignete Autohalterungen bietet der Hersteller *Brodit* an, Lieferadressen können Sie mit dem Stichwort *Brodit* leicht ausgoogeln.

Die *tom-tom* Software enthält viele Waldwege, so dass unser Multifunktionstelefon sogar dort bei der Orientierung gute Hilfe geleistet hat.

Landkarten

Unter allen **Straßenkarten** gibt es zur den Michelin-Karte ***Local Nr. 315***, *Bas-Rhin / Haut-Rhin / Ter. Belfort*, die man bei uns in jedem größeren Buchladen sowie beim WOMO-Verlag und in Frankreich in Buch- und Schreibwarengeschäften kaufen kann, keine echte Alternative. Wir setzen sie in unserem Buch voraus. Leider hat Michelin, um mehr Karten verkaufen zu können, den Maßstab auf 1:150.000 vergrößert, ohne allerdings den Inhalt, der jetzt nur größer ist, zu ändern. Die Karte ***Régional Nr. 516*** *Alsace-Lorraine* in 1:275.000 ist nicht geeignet.

Falls Sie ab und zu wandern möchten, suchen Sie natürlich nach **Wanderkarten**, die es in Frankreich inzwischen fast flächendeckend gibt; näheres können Sie unter der Überschrift *Wandern* nachlesen.

Sie fragen vielleicht noch nach **Stadtplänen**? Ich kann auch in diesem Buch nicht damit dienen. Was daran liegt, dass Zeichnungen von Konkurrenzverlagen urheberrechtlich geschützt und gar nicht oder nur für teures Geld zu bekommen sind, und ich nach Zeit raubenden und aufwendigen Versuchen dem Beispiel anderer Reiseführer, dem Leser mit unzulänglichen Plänen Orientierungshilfen nur vorzugaukeln, nicht folgen will. Die Lücke in unserem Reiseführer schließen Sie problemlos, wenn Sie sich den Michelin Restaurantführer leisten (Stichwort: *Restaurants*), wo Sie einen Stadtplan von jedem halbwegs großen Ort finden. Wenn Sie weitere Geldausgaben scheuen, bekommen Sie bei den meisten örtlichen Fremdenverkehrsbüros kostenlose Pläne.

Lebensmittel/Getränke

Zu diesem Stichpunkt müsste ich eigentlich nichts schreiben. Lassen Sie sich überraschen. Es gibt fast alles, was es bei uns auch gibt, und noch vieles mehr.

Das **Preisniveau** entspricht im Wesentlichen dem deutschen, es besteht also keine Veranlassung, Ihr WOMO mit heimischem Proviant zu überladen. Es wäre auch schade, wenn Sie sich ausgerechnet im Elsass aus mitgebrachten Konserven ernähren würden. Selbst wenn Sie nicht in Restaurants essen, werden Sie überall auf ein schon sprichwörtliches Lebensmittelangebot (vor allem vielfältiges Gemüse, Käsesorten, Fleisch und Fisch) treffen. Flächendeckend wurden größere, teils riesige **Supermärkte** und Einkaufszentren gebaut. Dort ist es wie bei uns: Das Angebot ist groß, man kauft einiges, was man gar nicht braucht, und die Qualität frischer Produkte, zum Beispiel von Gemüse und Obst, ist schlechter als im Fachgeschäft, aber besser als bei uns. Die Supermärkte sind an allen Werktagen einschließlich Samstagnachmittag geöffnet, teilweise sogar sonntags morgens. Andere Geschäfte sind häufig länger über Mittag und montags oder mittwochs nachmittags geschlossen.

Das **Getränkeangebot** ist ebenfalls groß. Als Deutscher nimmt man zufrieden zur Kenntnis, dass es in Frankreich alle Arten von Gerstensaft gibt, denn die Franzosen legen im Bierkonsum von Jahr zu Jahr zu (was den Produzenten von einfachem Landwein zu schaffen macht). Die Auswahl an Fruchtsäften ist in Frankreich erstaunlicherweise schlecht, die Säfte sind auch verhältnismäßig teuer. Dem *Wein* widmen wir weiter hinten ein eigenes Stichwort.

Literatur

Sie werden sich vermutlich noch einen Reiseführer kaufen, der sich mit dem beschäftigt, was bei uns zu kurz kommt; in erster Linie also mit Kunst, Kunstgeschichte und Architektur.

Unter den Kunstreisebüchern traut man dem **DuMont**, *Das Elsass*, die meiste Kompetenz zu. Wobei mir allerdings nie ganz eingeleuchtet hat, weshalb diese Bücher so einseitig und so spröde sein müssen.

Eine sehr gute Ergänzung zu unserem WOMO-Führer ist der beim WOMO-Verlag erhältliche, grüne ***Michelin***, *Elsass, Lothringen, Champagne.* Trocken, dass es staubt, zum Schmökern völlig ungeeignet und wegen der alphabetischen Aneinanderreihung auch unübersichtlich. Aber mit präzisen, in sich hervorragend gegliederten Infos und Stadtplänen sowie Karten, die alles andere mühelos in den Schatten stellen.

Dem eiligen Reisenden, der sich kurz, anschaulich und sehr übersichtlich informieren möchte, sei der **HB-Bildatlas**, *Elsass und Vogesen* empfohlen, mit schönen Fotos, und passablem Kartenmaterial - aber bitte nur für den ersten Appetit, der beim Durchblättern sicher kommt.

Wer die abgeschiedene Landschaft des Sundgau liebt, sollte sich unbedingt das witzig geschriebene Buch von J. Salamander und W. Abel ***Süd-Elsass & Sundgau***, Oase-Verlag ins Handschuhfach legen, den einzigen Reiseführer am Markt, in dem der Sundgau ausführlich behandelt wird, mit vielen Restauranttipps sowie alternativen Bezugsquellen für Wein und andere landwirtschaftliche Erzeugnisse.

Einen Roman-Tipp, den viele Elsass-Freunde sicher schon aufgrund der Verfilmung - mit Mario Adorf - kennen, darf ich Ihnen nicht vorenthalten: Jean Egen erzählt in ***Die Linden von Laudenbach*** die deutsch-französische Lebensgeschichte einer Familie, die sich mit den wechselnden politischen Machtverhältnissen im Elsass arrangieren musste.

Die **Wander-** und **Restaurantführer** erwähnen wir unter den dazugehörigen Stichworten.

Notfälle

Ärzte

Ab dem Jahre 2006 wird es einfach, dann gilt die neue ‚*Europäische Krankenversicherungskarte*'. Bis dahin stellt Ihnen Ihre Krankenkasse (zumindest in Deutschland, die nicht deutschen Leser müssen sich selbst erkundigen) eine ‚*Bescheinigung als provisorischer Ersatz für die Europäische Krankenversicherungskarte*' aus, die auch für die Schweiz gilt. Damit gehen Sie zum Arzt oder ins Krankenhaus. Das Papier nehmen Sie dort aber wieder mit, nachdem man Ihre Daten abgeschrieben hat. Falls der Arzt den Schein nicht akzeptiert, was nicht unwahrscheinlich ist, können Sie zu Hause die Rechnung bei Ihrer Kasse vorlegen, die Ihnen voraussichtlich einen Teil der Kosten erstatten wird. Wer eine private Krankenversicherung (wenn auch nur für den Urlaub) abgeschlossen hat, ist besser abgesichert. Der muss dann zwar bezüglich aller Leistungen das Geld vorlegen, mit der späteren Erstattung gibt es jedoch in der Regel keine Probleme. Wir empfehlen **dringend** eine (bis zu 45 Tagen) sehr preisgünstige **Auslandskrankenversicherung**.

Adressen deutschsprachiger Ärzte erhält man bei den Konsulaten oder vom ADAC, München (Tel. 0049 89 222222), aber auch bei den örtlichen Touristenbüros oder beim Campingplatzverwalter.

Im schlimmsten aller schlimmen Fälle: Wenn Sie einen Auslandsschutzbrief haben, werden Sie, Ihre Familie und das WOMO kostenlos nach Hause transportiert; ADAC siehe eben.

Apotheken

Französische Apotheken *(Pharmacies)* haben nicht einheitlich geöffnet. Vor allem montags sind die meisten Apotheken dicht. Normalerweise müsste ein Schild an der Eingangstür auf die Dienst habende Apotheke hinweisen *(Pharmacie de Garde)*. Die Bereitschaftsapotheke steht auch in der Zeitung; wenn Sie nicht weiterkommen, wenden Sie sich auch diesbezüglich an die Polizei, die Sie angeblich nachts ohnehin brauchen, denn dann öffnet Ihnen wahrscheinlich kein Apotheker die Tür, weil er Angst vor Überfällen hat.

Konsulate/Botschaften

Konsulat der **Bundesrepublik Deutschland**: 15 Rue des Francs-Burgeois, 67081 Strasbourg, Tel. 03 88 15 03 40;
Botschaft: 13/15 Avenue Franklin D. Roosevelt, 75008 Paris, Tel. 01 53 83 45 00;
Konsulat der **Republik Österreich**: 29 Avenue de la Paix, 67000 Strasbourg, Te. 03 88 35 13 94;
Botschaft: 6 Rue Fabert, 75007 Paris. Tel. 01 40 63 30 63;
Konsulat der **Schweiz**: 11 Boulevard du Président Edwards, 67083 Strasbourg, Tel. 03 88 35 00 70;
Botschaft: 142 Rue de Grenelle, 75007 Paris, Tel. 01 49 55 67 00

Notrufe (die auch per Handy funktionieren)

Polizei *(police secours)*: 17
Feuerwehr, Unfallrettung *(sapeurs-pompiers)*: 18
ADAC-Auslandsnotruf, München: 0049-89-222222
ADAC-Auslandsnotruf, Paris: Tel. 01 45 00 42 95; von Mo. bis Fr. 9 bis 15 Uhr, von Mai bis Oktober bis 17 Uhr

Pannendienst

Seit der französische Automobildienst nicht mehr existiert, über den Polizeinotruf (siehe oben), und zwar entweder über die Notrufsäulen an der Autobahn und einigen Nationalstraßen, sonst überall über die Ruf-Nr. 17. Außerdem kann man mittels der Telefonnummer 05 10 61 06 über *AIT-FIPA Assistance* einen Pannenhilfsdienst rufen. Weitere Infos erhalten Sie unter dem Stichwort *Unfall.*

Rad fahren

Für Radtouren eignen sich besonders die nördlichen Gebiete bis zur Höhe von Saverne, das Ried südlich von Strasbourg und für kleinere Ausflüge auch der Hagenauer Forst.

Dass Sie zu den verbissenen Asketen zählen, die sich die Vogesenpässe hinaufquälen, nehme ich nicht an. Wenn doch, erwarten Sie bitte keine Tipps von mir.

Die meisten Radler strampeln auf der Weinstraße - und fürchten nicht selten um ihr Leben, wenn nämlich der Fahrwind dicker Wohnmobile und noch breiterer Reisebusse unaufhörlich um die Nase pfeift. Kenner meiden demnach die *route du vin*, wo es nur geht, und weichen auf kleine Sträßchen aus, die - zumeist geteert - zwischen der Weinstraße und dem Vogesenabbruch durch die Weinberge gezogen sind. Das ist fast überall der Fall, nur tut man sich bisweilen schwer, die Wingertwege zu finden (ziehen Sie die Wanderkarten zu Rate), aber dafür wird man doppelt belohnt: Zum einen gibt es so gut wie keinen Autoverkehr und zum Zweiten radelt man schon eine Etage über der Weinstraße - mit unvergleichlich schönen Ausblicken.

Ein Paradies für Ihren Drahtesel ist der Sundgau, wo auf Nebenstraßen wirklich wenig Autoverkehr herrscht, die Steigungen moderat sind und die Gartenkneipen zur Vesper einladen. Ein paar gute Tipps dazu finden Sie in dem oben schon empfohlenen Buch *Süd-Elsass & Sundgau.*

Reisezeit/Klima

Vogesen und Rheinebene haben ein völlig unterschiedliches Klima. Während die Oberrheinische Tiefebene zu den wärmsten Gegenden Mitteleuropas zählt, wird in den hohen Vogesen nur eine Jahresmitteltemperatur von 3,1°C gemessen. Meist fällt schon in den ersten Novembertagen Schnee (wir sind auch schon Mitte Oktober im Schneegestöber gewandert), der zwar dann noch nicht immer liegen bleibt, eine Schneedecke trifft man jedoch während fast 5 Monaten an. Wir konnten schon einmal am 1. Mai die *Route des Crêtes* wegen zu hoher Schneereste nicht befahren; in der ersten Aprilhälfte ist eine geschlossene Schneedecke, auf der man in den Hochlagen noch Wintersport betreiben kann, fast die Regel. Die Vogesen sind auch ausgesprochen niederschlagsreich (bis zu 2.000 mm im Jahr) und gelten daher als noch schneesicherer als der Schwarzwald. Dies liegt daran, dass die von Westen kommenden Wolken zunächst über dem Gebirge der Vogesen abregnen, bevor sie den Schwarzwald erreichen. Was im Winter zur Schneesicherheit führt, plagt uns im Sommer in Form von Regen. Es ist daher auch keine Seltenheit, dass es in den Vogesen bewölkt ist oder regnet, während in der Rheinebene die Sonne scheint.

Direkt am geschützten Osthang der Berge wird es im Sommer abends schön kühl. Darauf können Sie sich freuen, wenn Sie an einem heißen Hochsommertag bei über 30°C im Rheintal schwitzen. Allerdings kehrt an diesen Rebhängen auch der Frühling nicht so schnell ein, wie im badischen Teil der Rheinebene.

Im **Frühjahr**, also vor Anfang Juni, fehlt in den pittoresken Orten noch der Geranienaufputz, und wer die Dörfer mit Blumenkübeln von früher kennt, wird etwas vermissen (Lästermäuler fragen sich, ob die Geranie im Elsass schon wild aus Weinfässern, Milchkannen und Blumenkästen wächst und empfehlen geranienfreie Zonen).

Im **Frühsommer** streife ich besonders gerne durch die Hügel im Nordelsass, wenn die Wiesen bunt werden oder die Obstbäume noch blühen.

Der **Sommer** eignet sich hervorragend für die Vogesen und die wenigen Badeseen. Unsere liebste Reisezeit für das Elsass beginnt im **August** und erreicht im **Oktober** ihren Höhepunkt. Wenn sich das Laub der Weinberge gefärbt hat, die Nächte aber noch frostfrei sind, wenn der Blumenschmuck an den Häusern noch nicht weggeräumt worden ist und es in den Weinorten aus jedem dritten Keller nach Trester riecht, wenn das ganze Dorf zur Weinlese unterwegs ist und die Abende schon so lange sind, dass man gemütlich im Gasthaus sitzen mag, zieht es uns Jahr für Jahr dort hin. Im **Oktober** ist im Elsass **Hochsaison**. Für Restaurantbesuche muss man sich dann so früh anmelden, wie sonst nur an deutschen Feiertagen (bei gehobenen Restaurants möglichst ein bis zwei Wochen vorher). Wenn wir nicht überall lesen würden, dass die touristische Hochsaison während der Sommerferien liegt, würden wir es jedenfalls an der Weinstraße kaum glauben, vom Eindruck her ist nämlich im Herbst genauso viel los.

Das Elsass eignet sich das ganze Jahr über für Wohnmobiltouren. Wir haben keine Erfahrungen mit **Wintercamping**, wir wissen aber, dass es einige dazu eingerichtete Campingplätze gibt. An den Liften wurden geräumige Parkplätze geschaffen, meistens sind auch Gasthäuser in der Nähe, so dass wir uns dort durchaus Übernachtungsmöglichkeiten vorstellen können.

Achten Sie darauf, dass Sie Ihre Aktivitäten dem Wetter anpassen. Der Elsassurlaub lebt von der Natur. Bei Regen haben Sie nichts von der Landschaft, aber viel von den Städten und den Museen. Bei Sonne müssen Sie aber raus an die Hänge und hoch in die Vogesen. Planen Sie also kurzfristig und dem Wetter angepasst. Sie können ja den deutschen Wetterbericht im Radio hören und so rechtzeitig disponieren.

Restaurants

Bei uns im Badischen hört man häufig noch das hässliche Wort von den elsässischen „Fresslokalen“. Dabei muss man aber inzwischen mit Vorurteilen gründlich aufräumen: Die deutsche Küche hat in den letzten Jahren erheblich an Boden gewonnen, etwa im selben Maß haben elsässische Küchenleistungen nachgelassen - und sind trotzdem treurer geworden. Was heutzutage dort bisweilen auf den Tisch kommt, grenzt an vorsätzliche Körperverletzung oder ist eine üble Beutelschneiderei. Schon längst ist das Elsass nicht mehr gleich bedeutend mit guten, raffiniert zubereiteten, reichlichen oder gar preiswerten Speisen. Man fährt zwar von uns in Baden immer noch ins Elsass „zum Essen“, aber man muss schon aufpassen, dass

man nicht in die Fänge von Wirten gerät, die davon ausgehen, dass der Gast ohnehin nie mehr wieder kommt. Und deren einziges Ziel darin besteht, die ahnungslosen Urlauber in großer Anzahl an die rot-weiß-kariert gedeckten Tische zu locken, sie schnell und vermeintlich preisgünstig abzuspeisen. Es ist ein Anliegen meines Buches, Sie vor solchen Reinfällen zu bewahren, wobei Ihnen eines völlig klar sein muss: Ein sorgfältig zubereitetes Mahl hat seinen Preis (der im Elsass höher ist als in den meisten anderen Teilen Frankreichs), weshalb Sie bei schmalem Geldbeutel lieber seltener, dann aber umso genussvoller essen gehen sollten. Ich habe bei den einzelnen Touren den kulinarischen Seiten des Urlaubs viel Platz eingeräumt, um Sie in bekannte Gourmet-Tempel, zunehmend mehr aber auch in einfache Wirtshäuser zu führen.

Dabei muss man zunächst einmal zwischen den einzelnen Gasthaustypen unterscheiden, von denen wir im Wesentlichen hier nur die Restaurants und die **Weinstuben (***Winstub* oder *Wistub***)** erwähnen wollen. Letztere sind meistens sehr gemütlich. Es werden in der Regel elsässische Spezialitäten serviert, man kann auch einen kleinen Imbiss zu sich nehmen und muss nicht ein ganzes Menü bestellen. Ähnliche Sitten herrschen in einer **Ferme-Auberge**, einer Bauernhofgaststätte, die wir vor allem in den Vogesen antreffen. Hier bekommt man für wenig Geld ein reichliches, oft deftiges Essen, zum großen Teil aus eigenen Produkten des Hofes.

In ein **Restaurant** sollte man nur gehen, wenn man Zeit, Lust und Geld für ein gepflegtes Mahl hat. Für einen kleinen Happen ist es ungeeignet. Mit Ausnahme von ganz einfachen Gasthäusern isst man an gedeckten Tischen mit entsprechendem Drumherum. Das Preisniveau ist ähnlich dem deutschen, nur muss man einkalkulieren, dass in der Regel mehrere Gänge serviert werden. Ein preisgünstiges Essen bekommt man für 15 Euro. In den Spitzenrestaurants sollte man für das Essen zwischen 45 und 100 Euro pro Person einplanen. Hinzu kommen noch die Getränke, wobei man sich nicht scheuen sollte, auch in Spitzenlokalen nach offenem Wein zu fragen. Wir haben auf diese Weise schon manchen fruchtigen, frischen Riesling genossen. Wenn man zu einem gepflegten Essen auch den entsprechenden Wein trinken möchte (auch guter Wein ist niemals billig), kann der Abend schnell zu einem sehr teuren Vergnügen werden. Sollten Sie Flaschenweine wählen, nehmen Sie wenigstens bei den Weißweinen Elsässer Gewächse, es gibt darunter echte Spitzenweine, und auch die preiswerte Flasche ist zumeist noch von hoher Qualität. Flaschenwein ist in Frankreich im Restaurant durchweg billiger als in Deutschland.

Ein Problem kann darin bestehen, dass die Speisekarte häufig nur in französischer Sprache geschrieben ist. Man kann sich zwar fast überall vom Kellner die Karte ins Deutsche übersetzen lassen, dies geht aber oft so schnell, dass man nicht richtig mitkommt, irgendetwas bestellt und dann eine Überraschung nach der anderen erlebt, wenn das Essen aufgetragen wird. In einem normalen Wörterbuch stehen die kulinarischen Fachausdrücke nur höchst unvollständig, weshalb wir Ihnen unbedingt den ***Gourmet-Sprachführer Französisch***, erschienen im Hueber-Verlag, empfehlen. Mit diesem Buch bleibt fast kein Wort unübersetzt. Dort finden Sie auch entsprechende Redewendungen für die Tischbestellung und das durchgebratene Steak. Und Sie können darin auch Appetit anregend schmökern.

Wenn Sie noch rund 25 Euro übrig haben, entscheiden Sie sich für den dicken, roten ***Guide Michelin***. Wir sind bestimmt nicht restaurantunerfahren und haben schon so manches Lokal erst nach sorgfältiger Prüfung der Speisekarte und der Preise beehrt, wir fallen aber auch immer wieder herein. Gelegentlich waren wir auch schon von einem Gasthaus begeistert, das nicht im *Michelin* erwähnt ist, wir sind aber umgekehrt fast noch nie total eingebrochen, wenn wir ein Haus in dem roten Wälzer gefunden haben. Schon wenn Sie einen einzigen Reinfall vermeiden, hat sich die Anschaffung gelohnt, wenngleich ich zugeben muss, dass *Michelin* nicht gerade die preiswerten Lokale favorisiert. Aber auch in Billig-Kneipen läppert sich auf der Rechnung einiges zusammen. Der rote *Michelin* lohnt sich übrigens auch wegen seiner einmalig präzisen Stadtpläne!

Sehr brauchbar sind auch die Restaurantempfehlungen von *J. Salamander und W. Abel* in ***Süd-Elsass & Sundgau***, die sich scheinbar monatelang hinter wenig bekannten Gasthaustüren vergnügt haben (siehe bei *Literatur*). Und noch einen Ess-Literaturtipp: Sie werden in den Vogesen die rustikale Küche der Fermes-Auberges schätzen lernen, die in dem Buch ***Bauern- und Berggasthöfe in den Vogesen*** von *Michele Sturm* mit Öffnungszeiten, Speiseangebot und Wegbeschreibung aufgelistet sind; das richtige Büchlein für den Wanderrucksack.

In den bekannten Restaurants sollte man sich so frühzeitig wie möglich anmelden, insbesondere für freitags oder samstags abends. Dann bekommt man zwischen Mai und Oktober ohne Reservierung nur mit Glück einen Platz. Ganz schlimm ist es an deutschen und französischen Feiertagen (also auch am 14.7. und 15.8.). Im Südelsass muss auch der Schweizer Nationalfeiertag, der 1.8., bedacht werden. In der restlichen Zeit sollten Sie wenigstens am Mittag schon einplanen, wo Sie abends essen wollen und anrufen. Man spricht in der Regel deutsch (näheres unter *Sprache* und *Telefonieren*).

Bitte beachten Sie, dass sich die von mir bei den einzelnen Touren angegebenen Öffnungszeiten von Jahr zu Jahr verändern; der Ruhetag wird zwar meistens beibehalten, bezüglich der Ferien krempeln manche Wirte aber ihre Jahresplanung völlig um. Auch deshalb empfiehlt sich ein vorheriger Anruf.

Sehenswürdigkeiten/Öffnungszeiten

Nicht selten werden Ihre Pläne durch ungünstige **Öffnungszeiten** durchkreuzt. Am besten gehen Sie davon aus, dass über Mittag, also zwischen 12 oder 12.30 und 14.30 Uhr, alles dicht ist, mitunter sogar die Kirchen. Museen und andere Sehenswürdigkeiten haben manchmal auch einen ganzen oder halben Ruhetag, häufig dienstags. Das Unangenehme daran ist aber, dass es insoweit keine Gesetzmäßigkeit oder Verlässlichkeit gibt. Die Öffnungszeiten ändern sich leider von Jahr zu Jahr. weshalb auch die von uns angegebenen Zeiten sicherlich nicht mehr überall zutreffen.

Ich bin immer wieder erstaunt, wie hoch die **Eintrittsgebühren** sind, Kinder zahlen immer weniger, nach dem Alter fragt niemand so genau. Staatliche Museen müssen Bürgern der EU, sind diese unter 18 oder über 64 Jahre alt, kostenlosen, Schülern und Studenten (gegen Ausweis) zum halben Preis Eintritt gewähren. Kirchen sind fast ausnahmslos eintrittsfrei. Oft gibt es preiswerte Sammelbillets, Sie müssen fragen oder schauen.

Sprache/Geschichte

Zwei Fakten vorweg: Erstens, wir sind in Frankreich, und die deutsche Sprache erfährt keine wesentliche staatliche Förderung; zum Zweiten werden Sie aber auch ohne Französischkenntnisse kaum Sprachprobleme haben.

Dies ist fast so paradox wie es klingt. Wir müssen in diesem Zusammenhang ein wenig die Geschichte bemühen: Bis gegen Ende des Dreißigjährigen Krieges gehörte das Elsass zum Heiligen Römischen Reich Deutscher Nation, und man sprach einen deutschen Dialekt. Im Mai 1646 verzichtete der Habsburger Kaiser Ferdinand III. auf die heute noch elsässischen Gebiete westlich des Rheins, weshalb im Westfälischen Frieden von 1648, als der Dreißigjährige Krieg beendet war, das Elsass auch endgültig vertraglich französisch wurde. Es dauerte zwar noch einige Jahre, bis sich jede einzelne Stadt mit den geänderten politischen Verhältnissen abgefunden hatte, das Elsass war aber im ausgehenden 17. Jahrhundert französisch. Dieses hatte jedoch auf die Sprache zunächst wenig Einfluss. Besuchen Sie einmal einen elsässischen Friedhof und betrachten Sie dort alte Grabsteine (bei-spielsweise in dem Dörfchen Blaesheim südlich von Strassburg). Die Grabinschriften aus dem 18. und 19. Jahrhundert sind deutsch. Auch Goethe hat bei seinem Studium in Straßburg mit Sicherheit überwiegend deutsch gesprochen. Die ersten französischen Texte auf den Grabmalen beginnen während des ersten Weltkrieges, und sie werden kaum noch eine deutsche Inschrift aus der Zeit ab 1918 finden. Seit mehreren Jahrzehnten wären sie völlig undenkbar.

Von 1871 bis 1918 war das Elsass deutsch, und zwischen 1940 und 1944 wurde es von der deutsche Wehrmacht besetzt. Gerade das Geschehen der letzten beide Kriege, unter denen die elsässische Bevölkerung ganz besonders stark leiden musste, führte dazu, dass die Pariser Regierung jeweils nach den beiden Weltkriegen intensive Bestrebungen zur Durchsetzung der französischen Sprache unternommen hat - mit Erfolg. Obgleich man inzwischen wieder verstärkt der elsässischen Kultur und Sprache eine Existenz zuerkennt und sie sogar wieder zaghaft unterstützt, scheint der „Dialekt“ auszusterben, auf dem

Lande und im Norden langsamer; in den Städten hingegen kann es heute schon schwierig sein, sich deutsch zu verständigen.

Aber dort, wo wir uns bei unseren touristischen Aktivitäten hauptsächlich tummeln, in den Dörfern und Städten an der Weinstraße und in den Vogesen, in Museen, Geschäften, in Restaurants und Kneipen und vor allem bei den Weinhändlern und Winzern, gibt es keine Verständigungsprobleme - und doch häufig Sprachschwierigkeiten. Womit wir wieder zum eingangs aufgedeckten Widerspruch zurückkehren. Zwei Beispiele: Sie wollen morgens in einer Bäckerei Brot kaufen, Sie stehen in einer Warteschlange und merken, dass die Bäckersfrau mit drei Kunden „Dialekt" spricht, mit einem Vierten, der es offenbar nicht anders kann, französisch. Und nun sind Sie an der Reihe. Sie denken an Ihre Väter und Großväter, an Sedan und Verdun. Die Literatur hat Ihnen ein freundliches „*Bonjour, Madame*" empfohlen, und Sie beginnen zurückhaltend einen französischen Satz. Die Bäckersfrau antwortet auf elsässisch, das Gespräch geht problemlos in dieser Sprache zu Ende. Am anderen Morgen kaufen Sie in einer anderen Bäckerei bei einer anderen Bäckersfrau ein anderes Brot. Alles ist wie gestern: Die Bäckersfrau spricht mit den anderen Kunden elsässisch, und nachdem Sie das Gespräch mit der selben französischen Floskel wie gestern begonnen haben, antwortet die Bäckersfrau französisch. Sie kaufen Brot und Hörnchen mit einem derart schlechten Französisch, dass der Dame Ihr Sprachproblem nicht verborgen bleibt. Und doch wird das Gespräch französisch zu Ende geführt. Es gibt also kaum Regeln und Gesetzmäßigkeiten. Wir haben sie jedenfalls nur dort kennen gelernt, wo die Geschäfte vom Tourismus bestimmt sind. Dort passt man sich den Deutschen an, wie auf dem Heidelberger Schloss den Amerikanern. Wenn Sie kein Französisch sprechen, kommen Sie erst gar nicht in Konflikte. Ansonsten sollten Sie so sprechen, wie Sie es in der jeweiligen Situation als angemessen empfinden. Sprechen Sie ruhig Deutsch, vor allem, wenn Sie sich damit besser verständigen können. Peinlich wird es allenfalls, wenn Sie Französisch sprechen und Ihr französischer Gesprächspartner Deutsch.

Stellplätze

Die Erfahrungen mit meinen anderen Büchern der *WOMO-Reihe*, insbesondere mit den Toskana-Führern, haben mich gelehrt, dass ich unter dieser Überschrift erst einmal ein paar **deutliche Worte** schreiben muss:

Unsere Stellplatztipps sollen Ihnen helfen, ohne stundenlange Herumkurverei schöne oder geeignete Übernachtungsplätze zu finden. Das heißt aber nicht, dass Sie diese Plätze auf Biegen oder Brechen anfahren müssen. Möglicherweise hat sich die örtliche Situation geändert (das passiert oft über Nacht und leider auch mal schon vor dem Erscheinen unserer Bücher), wahrscheinlich haben aber auch andere Urlauber unser Büchlein gelesen und vor Ihnen einen der Stellplätze angesteuert. Außerdem werden unsere Stellplätze auch gerne für andere Publikationen „geklaut". Fahren Sie bitte weiter, wenn Sie das Gefühl haben, dass der Platz belegt ist, dass ein weiteres WOMO für die Umgebung nicht akzeptabel ist. Denn zu viele Wohnmobile auf einem Fleck führen auf Dauer dazu, dass die Plätze gesperrt werden.

Wie finden Sie selbst einen passenden Stellplatz? Natürlich braucht man Gespür, viel Erfahrung und ein bisschen Glück, um einen guten Platz zu entdecken. Das ist im Elsass genauso wie anderswo. Sie können dem Glück jedoch ein wenig nachhelfen: Sie haben sich die Straßenkarte von Michelin gekauft? Mit kleinen blauen Strichen sind dort Aussichtspunkte eingezeichnet; häufig haben wir dort keine Stellplatzmöglichkeiten angetroffen, oft genug aber ideale Übernachtungsplätze (beispielsweise bei Kaysersberg/Sigolsheim, oder bei Dambach). Das Kartenstudium hilft bei der Stellplatzsuche mehr als man denkt. Auch auf den topographischen Wanderkarten haben wir schon manche Anregung entdeckt. Diesen Karten entnehmen wir auch eine präzise Darstellung der Zufahrtswege. Oft wird man auch fündig, wenn man den Wegweisern zu außerhalb von Ortschaften stehenden Kirchen oder anderen Sehenswürdigkeiten folgt. Wenn nichts mehr hilft, suchen wir den Wegweiser zum Sportplatz (*centre sportif*) oder, da wir nicht abergläubisch sind, zum Friedhof (*cimetière*).

Und machen Sie es sich zur Regel, lieber einen mittelschlechten Platz zu nehmen (einen halbwegs ruhigen Parkplatz finden Sie immer) als genervt und schlecht gelaunt stundenlang in der Gegend herumzukurven.

Die Grundregeln für die Stellplatzsuche lauten aber stets: Möglichst nie im Dunkeln, möglichst nie müde und nach langer Fahrt und möglichst nicht hungrig. Oder man reduziert die Erwartungen auf ein Minimum, also auf einen einigermaßen ruhigen und ebenen Platz. Und bevor Sie mit der Sucherei der ganzen Familie an den Nerven zerren, gehen Sie auf den Campingplatz.

Dass Sie an allen Orten, also auch auf dem Campingplatz, so stehen sollten, dass Sie jederzeit ohne Rangiermanöver abfahren können, versteht sich für den erfahrenen Wohnmobilisten fast von selbst.

Weitere Hinweise finden Sie oben unter dem Stichwort *Freies Camping.*

Straßenverhältnisse/Tankstellen

Insoweit machen wir es kurz: Die **Straßen** sind gut, gelegentlich etwas schmal, aber völlig problemlos. Die **Autobahn** ist fast im ganzen Elsass kostenlos.

Wenn man entsprechend langsam und vorsichtig fährt, kommt man auch mit einem breiten Alkovenmodell ohne Probleme auf den schmalen, steilen und kurvenreichen Vogesenstrecken durch. Passen Sie aber unbedingt auf, dass Ihr - möglicherweise chronisch überladenes - Wohnmobil beim Bergabfahren weitestmöglich mit dem Motor gebremst wird. In neuerer Zeit sind Strecken - gerade in Ortschaften - für Fahrzeuge mit einem Gesamtgewicht von mehr als 3,5 to gesperrt. Das hat häufig nichts mit der Straßenbreite zu tun, sondern soll LKW fern halten. Schwere WOMO ziviler Größen sind davon betroffen, obwohl die Durchfahrt physikalisch möglich ist.

Die **Höchstgeschwindigkeiten**: Innerorts 50 km/h; auf Landstraßen 90 km/h (bei Nässe 80 km/h); bei zwei Fahrstreifen in jeder Richtung 110 km/h (bei Nässe 100 km/h); auf Autobahnen: 130 km/h (bei Nässe 110 km/h). Ist Ihr Führerschein jünger als ein Jahr, dürfen Sie höchstens 90 km/h fahren.

Das **Tankstellennetz** ist dichter als in Deutschland. Dieselkraftstoff hat fast den gleichen Preis wie bei uns. Meiden Sie möglichst Autobahntankstellen, denn hier ist der Kraftstoff am teuersten. Am preiswertesten tankt man bei großen Supermärkten. An Tankstellenautomaten hat meine *Visa-Karte* nur selten den Zapfhahn sprudeln lassen.

Telefonieren

Sie könnten sich Ihr Mobiltelefon ruhig klauen lassen, denn Sie finden ein wesentlich dichteres Netz an öffentlichen Telefonzellen als in Deutschland. Hier und da ist man noch auf Münzfernsprecher angewiesen, vor allem auf Campingplätzen, aber die meisten Telefone funktionieren nur noch mit der Karte. Die *Télecard* bekommt man im Tabakladen oder auf der Post. Es gibt eine mit 50 Einheiten (*la petite*) oder eine mit 120 Einheiten (*la grande*). Neuerdings kann man sich auch schon in Deutschland Karten kaufen, wobei das Telefongeld dann zu Hause abgebucht wird (bei der *Telekom* nachfragen). Und man kann die Kreditkarte in den Schlitz stecken (das ist billiger als das Handy).

Für das Telefonat nach Hause lohnt sich die verbilligte Zeit: Mo.- Fr., 21.30 - 8 Uhr; Sa. ab 14 Uhr und So. ganztags.

Im Oktober 1996 ist in Frankreich ein neues Telefonnummernsystem in Kraft getreten. Die 8-stellige Nummer (bzw. die 9-stellige in Paris) wurde durch eine 10-stellige ersetzt, deren erste Ziffer eine Null ist. **Innerhalb Frankreichs ist nun immer eine Null** zu wählen (auch für Paris). **Vom Ausland wird diese Null weggelassen**, es folgen dann also nur noch 9 Ziffern. Falls Sie Irgendwo noch auf eine 8-stellige Nummer stoßen, gilt für unser Reisegebiet eine 0/3 als Vorwahl.

Die Vorwahl **nach** Frankreich, der die 9-stellige Nummer folgt (also ohne Null!), ist aus Deutschland, Österreich und der Schweiz dieselbe, es ist die 0033. Alle Angaben gelten auch für das Mobiltelefon, bei dem Sie im französischen Netz keine Ländervorwahl, dafür aber die Null wählen müssen. Die Auslandvorwahlen **von** Frankreich aus sind:

nach Deutschland	0049
nach Österreich	0043
in die Schweiz	0041

Toiletten

Viele Leser werden dabei nur an die legalen Entleerungsmöglichkeiten für das Chemieklo denken. Eine saubere **öffentliche Toilette** entlastet aber auch das eigene Klo und spart Chemie; darauf kann man gar nicht oft genug hinweisen. Viele *WC public* sind so sauber, dass man sich den Umweg über die Verdünnung mit Chemie schenken kann.

Wir unterstellen einmal, dass jeder, der dieses Buch zur Hand nimmt, sich darüber im Klaren ist, dass auch die „umweltfreundlichen" Chemikalien Kläranlagen und Umwelt belasten. Fast alle Mittel arbeiten nach dem Prinzip, Bakterien zu zerstören. Leider tun sie dieses auch in der Kläranlage, wo aber gerade Bakterien die Abwässer reinigen. Wer auf diese Chemie nicht verzichten kann, oder gar nicht weiß, wie das Mittelchen wirkt (insoweit müsste von den Herstellern die Beschreibung auf den Flaschen verbessert werden), muss unbedingt richtig dosieren, damit die Chemie von den eigenen Fäkalien weitgehend aufgebraucht wird. Bei aller Chemie gilt der Grundsatz: So wenig wie möglich! Der gute Vorsatz nutzt aber dann nichts, wenn man von vornherein so viel Sanitärflüssigkeit in den Fäkalienbehälter kippt, wie es dessen gesamten Fassungsvermögen entspricht. Wenn man dann nämlich bei guter Gelegenheit ein erst halb volles Klo ausleert, ist die Hälfte der Chemie noch gar nicht aufgebraucht. Der verantwortungsvolle Wohnmobilist dosiert (mittels der im Einfüllstutzen der meisten heutigen portablen Toilettenbehälter eingebauten Messeinrichtung) also zunächst höchstens für ein Drittel des Fäkalbehälterinhalts und füllt dann nach Bedarf auf.

Noch besser ist es, zunächst gar keine keimtötende Flüssigkeit einzufüllen, denn einen Tag lang geht es - außer im Hochsommer - auch ohne. Und wer sich umsieht, findet fast täglich eine Toilette zur Entsorgung. Wir haben Sie daher bei den Reisebeschreibungen und auf den Karten immer wieder auf ausgewählte **öffentliche WC** *(WC public)* hingewiesen, an die man einigermaßen nahe heranfahren kann. Ganz Frankreich ist fast flächendeckend mit solchen Örtchen ausgestattet, man muss sich nur die Mühe machen, sie auch zu finden. Und leeren Sie bei sich bietender Gelegenheit das Klo aus, bevor es zu spät ist und Sie mit dem Gesträuch seitlich der Straße liebäugeln müssen.

Leider gibt es im Elsass - außerhalb der Campingplätze - noch zu wenige **Entsorgungsstationen**. Kaum mehr als auf unseren Karten eingezeichnet.

Wir haben in unseren Toilettentank zwischenzeitlich eine **Toilettenentlüftung** eingebaut. Es gibt insoweit zwei Systeme: Bei dem einen wird nur ein dünner Schlauch auf einen in den Entleerungsstutzen eingeklebten Nippel gesteckt, der den lästigen Unterdruck im Fäkalbehälter vermeidet (fahren Sie mal vom Meeresniveau auf 800 m Höhe und öffnen Sie dann unbedacht Ihren Schieber - Sommersprossen sind nicht selten die Folge). Noch wirksamer - und eine der tollsten Erfindungen seit es Wohnmobile gibt - ist die ‚*SOG-Toilettenentlüftung*', bei der ein etwas dickerer Schlauch ins

Freie geführt wird. In diesem sitzt ein kleines, kräftiges Elektromotörchen, das Ihnen beim Öffnen des Toilettenschiebers die schlechte Luft unter dem Hintern wegsaugt. Vorbei sind die Zeiten, in denen sich die restliche Urlaubsbesatzung außerhalb des Wohnmobils die Beine vertreten musste, wenn ein Mitreisender sein Geschäft erledigte. Mit dieser elektrisch gesteuerten Toilettenentlüftung gehören schlechte Gerüche der Vergangenheit an, selbst wenn Sie gar keine oder nur wenig Toilettenflüssigkeit verwenden. Sie finden im Werbeteil der Wohnmobilzeitschriften Bezugsquellen, auch die Campinghändler sind inzwischen bestückt. Einziger Wehrmutstropfen: Die Entlüftungsanlage kostet etwas über 100 Euro, und man muss sie sich beim Händler einbauen lassen, wenn man handwerklich weniger geschickt ist (mein Einbau gelang mir selbst auf Anhieb).

Etwas wundert mich besonders: Ich bin wahrlich mit dem Wohnmobil viel unterwegs, und mir begegnen unzählige andere WOMOs. Aber die Leute, die ich mit einem Fäkalbehälter in einer öffentlichen Toilette gesehen habe, kann ich über die Jahre an einer Hand abzählen. Liebe Leser, geht in Euch! Muss es denn immer der Straßengraben sein?

Tourismus

Ohne Zweifel, das Elsass ist in weiten Teilen vor allem im Bereich der Weinstraße und in Straßburg ein Touristengebiet. Wäre dies nicht so, hätten Sie sich vermutlich weder zu einer Fahrt dorthin entschlossen, noch diesen Wohnmobilreiseführer gekauft. Aber ist das Elsass auch vom Tourismus geprägt, gibt es dort Massentourismus? Wir sagen: kaum.

Wir räumen zwar ein, dass in einigen Orten an Wochenenden oder Feiertagen ein unerträglicher Rummel herrschen kann: Auf der Haut-Koenigsbourg, in Riquewihr, in Kaysersberg und Eguisheim, im Automuseum von Mulhouse und natürlich in der Altstadt von Straßburg. Besuchen Sie diese Orte am besten wochentags und auf keinen Fall an einem Wochenende, in dessen Nähe in Deutschland ein Feiertag liegt. Oder Sie stürzen sich auch ins Getümmel, es macht ja nichts, denn Sie steigen hinterher in Ihr Wohnmobil, und nach wenigen Minuten Fahrzeit ist vom Tourismus nichts mehr zu merken (wenn es nur überall in Frankreich so wäre!).

Der Tourismus hat das Elsass in seiner Gesamtheit noch nicht ruiniert. Freilich treffen wir an entsprechenden Orten auf zahlreiche Andenkenläden, Weinprobierstände und Restaurants, aber - wir nehmen wieder ein paar Orte aus - es ist dem Tourismus noch nicht gelungen, Land und Leuten das für sie Typische zu nehmen und sie touristisch zu glätten. Und es hat den Anschein, als ob dies auch in Zukunft kaum passieren wird.

Es gibt zwei Sorten von auffälligen Touristen, die Klassischen und die Alternativen. Die erste Spezies trifft man allenfalls an den oben genannten

Orten. Es sind die, die überall das deutsche Schnitzel bestellen. Die anderen trifft man als Wohnmobilist dauernd, wir kennen sie aus der Toskana, der Provence und aus Griechenland. Sie wissen alles und kennen sich überall aus, kein Verbot gilt für sie. Sie sind Touristen und beschweren sich über die Existenz von Touristen, welche dieselben Touristen sind wie sie selbst. Sie sind häufig mit dem Wohnmobil unterwegs, aber das Elsass liegt ihnen zu nahe und ist ihnen zu deutsch. Wir treffen dort also selten auf sie. Seltener als auf die klassischen Camper, die mit Trainingshose und Achselhemd. Ein wenig gehören wir aber alle in beide Gruppen.

Der häufigste elsässische Tourist ist der deutsche. Er kommt zu einem Ausflug aus Baden über den Rhein, sein Ausflugsprogramm beginnt selten kulturell, aber es endet bei Schnecken, Choucroute und Gewürztraminer. Bisweilen kann man deshalb lesen, gerade wäre die „dritte Annexion des Elsass" nach 1871 und 1940 im Gange. Wir halten diesen Vergleich für übertrieben. Geld ist (fast) keine Waffe, und im Vergleich zu anderen Urlaubsorten der Deutschen ist es im Elsass so gut wie menschenleer. Unter den vielen gängigen Zielen für Urlauber oder Kurzurlauber, die wir kennen, wurde das Elsass vergleichsweise wenig verdorben. Und für das Wohnmobil ist es geradezu ideal.

Unfall

Eigentlich wollten wir zu diesem Stichwort nichts schreiben. Wann kracht es schon mal? Und wenn, wer sucht dann in seinem Reiseführer nach den richtigen Verhaltensregeln? Aber dann ist es uns selbst passiert: Zwischen Scheibenhard und Lauterbourg, die Grenze in Sichtweite und 500 m entfernt, missachtete Monsieur L. die Vorfahrt, und so gehören wir zu den wenigen Autoren, die zu diesem Thema aus eigener Erfahrung berichten können. Das wollen wir uns nicht entgehen lassen:

Wie durch ein Wunder wurde Monsieur L. nicht verletzt, obgleich sein Peugeot bis zur Windschutzscheibe nur noch aus einem Knäuel von Blech, Motor und Plastik bestand; und da uns auch nichts passiert war - die Beschwerden traten erst nach ein paar Stunden ein, nahm die Polizei den Unfall nicht auf. Sie half lediglich beim Ausfüllen eines gemeinsamen Unfallprotokollbogens, des so genannten *Constat amiable* und übersetzte unklare sprachliche Formulierungen (unterschreiben Sie nichts, was Sie nicht verstehen). Monsieur hatte zum Mittagessen sicher einige Gläschen getrunken, es war halb vier, er lutschte kräftig Pfefferminzbonbons, und die Gendarmen waren die einzigen, die nichts zu merken schienen. Unser WOMO hatte Totalschaden, allerdings nur das Unterteil (wie Sie auf den Fotos bemerkt haben, fuhren wir früher eine Absetzkabine der Firma *Tischer* und konnten uns damals einen neuen Bulli-Pritschenwagen für den intakt gebliebenen Aufbau anschaffen). Mit verbogener Vorderachse „radierten" wir noch bis zur Grenze, von wo wir uns die 100 km bis nach Hause abschleppen ließen.

Den *Constat amiable* führt jeder Franzose mit sich, es wird aber auch von deutschen Versicherungsgesellschaften ausgehändigt. Immerhin waren dort die Daten unseres Kontrahenten vollständig eingetragen. Wenn es hieran schon hapert, können Sie die **Schadensregulierung** fast schon vergessen:

Schreiben Sie sich das Autokennzeichen des Unfallgegners auf, fotografieren Sie es, machen Sie Bilder von der Unfallstelle, den Verkehrszeichen und der Unfallsituation. Notieren Sie sich die Versicherungsgesellschaft und die Versicherungs-Nummer. Sie finden bei jedem französischen Auto an der Windschutzscheibe einen Aufkleber, der die Versicherung ausweist (bei Motorrädern am vorderen Schutzblech). Versäumen Sie es, die Versicherungsgesellschaft an der Unfallstelle zu erfassen und schaltet Ihr Unfallgegner auf stur, sieht es düster aus, denn in Frankreich ist der Haftpflichtversicherer bei den Zulassungsstellen nicht registriert. Achten Sie darauf, dass in den Unfallbogen nur solche Daten aufgenommen werden, die unstreitig sind, unterschreiben Sie keinen Text, den Sie nicht verstehen. Und lassen Sie sich von Ihrer Rechtsschutzversicherungsgesellschaft sofort einen Deutsch sprechenden Anwalt nennen.

Sie haben keine **Rechtsschutzversicherung**? Dann können Sie die Schadensregulierung abschreiben, oder Sie zahlen Ihren französischen Anwalt (relativ teuer) selbst. Denn in Frankreich gibt es keine Erstattung von Rechtsanwaltsgebühren wie bei uns. Ein deutscher Advokat kann ohne die Hilfe eines französischen Kollegen so gut wie nichts ausrichten. Und prüfen Sie, ob Ihr Wohnmobil in Ihrer Rechtsschutzversicherung überhaupt mitversichert ist. Schließen Sie möglichst außerdem eine **Vollkaskoversicherung** ab, denken Sie an die Werte, die Sie durch die Gegend kutschieren (ich bin übrigens nicht von der Versicherungswirtschaft gesponsert).

Auch in unserem Fall musste ein *Avocat* agieren; die Geldsumme, die uns einigermaßen entschädigte, war nach zehn (!) Monaten auf unserem Konto, obwohl es zur Schuldfrage keine Unstimmigkeiten gab.

Falls niemand verletzt ist, der Unfallgegner keine **Polizei** möchte und Sie eindeutig schuld sind, können Sie mit Ihrem Kontrahenten Formalitäten austauschen, ohne die Polizei zu rufen. Dann ersparen Sie sich nämlich mit hoher Wahrscheinlichkeit ein saftiges Bußgeld oder gar eine Kautionszahlung. Ihr deutscher Haftpflichtversicherer wird den Schaden auch regulieren, wenn Sie nur wahrheitsgemäß berichten. Und unverzüglich, das heißt so schnell Sie können, also spätestens am nächsten Tag, müssen Sie die deutsche Haftpflichtversicherung (per Telefon Instruktionen einholen) informieren.

Sie haben ein Wohnmobil **gemietet**? Fragen Sie Ihren Vermieter vor Abschluss des Mietvertrages, ob das Fahrzeug auch vollkaskoversichert ist. Fragen Sie Ihren Vermieter nach der Rechtsschutzversicherung. Falls er keine unterhält, Sie sich aber selbst rechtsschutzversichert haben, beispielsweise für Ihr normales Auto, genießen Sie Versicherungsschutz auch als Fahrer eines fremden Autos, sofern Ihre eigenen Rechte betroffen sind. Dies gilt für den gesamten strafrechtlichen Bereich, also für Geldstrafen, Freiheitsstrafen (manch einem kann der Urlaub nicht alternativ genug sein) und auch für die Durchsetzung Ihrer eigenen Schadensersatzansprüche, wenn Sie einen Körperschaden erlitten haben. Achten Sie darauf, dass Ihre Familienmitglieder in dieser Rechtsschutzversicherung mitversichert sind. Hätte ich nicht eigene Erfahrungen gemacht, ich würde Sie nicht so eindringlich warnen. Weitere Tipps gebe ich Ihnen oben unter dem Stichwort *Notfälle*.

Wanderungen

Wir haben Ihnen bei den einzelnen Touren zahlreiche Vorschläge für Wanderungen und Spaziergänge gemacht. Wenn Sie diese, vor allem die Wanderungen, nachvollziehen wollen, oder wenn Sie sich selbst Wanderrouten zusammenstellen, brauchen Sie **Wanderkarten**. Wir haben es auch schon ohne Karte probiert, ohne uns hoffnungslos zu verirren; das Wandern macht aber dann einfach keinen Spaß, man fühlt sich sehr unsicher. Mit einer Wanderkarte können Sie in dem in ihr dargestellten Gebiet gut und gerne Jahre umherziehen, es handelt sich also um eine echte Anschaffung, die leider auch entsprechend teuer ist und pro Stück circa 9,50 € kostet. Es muss aber sein, und zwar für jedes Gebiet, in dem Sie zu Fuß unterwegs sind. Man kauft die Wanderkarten des *IGN* (die in Zusammenarbeit mit dem *Club-Vosgien* erarbeitet wurden). Sie sind blau und heißen *Carte de Randonnée - TOP 25* und haben, wer hätte das gedacht, einen Maßstab von 1: 25.000. Die Karten sind so genau, dass jeder Trampelpfad und jede Menge in der Natur mehr oder weniger gut markierter Wanderwege eingezeichnet sind. Sie sind in Deutschland nur schwer zu bekommen, an Ort und Stelle aber problemlos. Entweder sehen Sie in einem Buchladen nach oder im Zeitungsgeschäft *(maison de la presse).* Zur Not tun es auch die grünen Karten vom *Club-Vosgien* in 1:50.000.

Im Großen und Ganzen sind die Strecken gut markiert, aber teilweise nicht ganz vollständig, so dass wir fast bei jeder ausgedehnten Tour wenigstens einmal genauer nach dem Weg suchen mussten, ihn aber mit Hilfe der Karte meistens gefunden haben, wenn auch hin und wieder nach kleineren Umwegen.

Die Wälder sind häufig - jedenfalls verglichen mit dem Schwarzwald - einsam. Es ist nicht außergewöhnlich, wenn Ihnen auf einer größeren Wanderung kein Mensch begegnet. Es gibt natürlich auch Wege, die stark begangen sind, insgesamt merkt man jedoch von einem Wandertourismus nur etwas in den hohen Vogesen. Wir wundern uns eigentlich bei jeder Wanderung, dass die Wege nicht noch stärker zugewuchert sind und fragen uns, für wen eigentlich die vielen Wanderzeichen markiert werden. Von der Pfälzer Grenze bis zu den südlichen Vogesen treffen Sie auf ideale Wanderbedingungen. Es gibt in deutschen Buchläden **Wanderführer** mit Vorschlägen für Rundwanderrouten, die mich häufig angeregt haben, zumal man die Empfehlungen mit Hilfe der Karte abwandeln kann. Empfehlenswert - mit schönen Fotos - ist der Wanderführer von Ruth Mariotte *‚Elsass und Vogesen'* aus der Reihe ***DUMONT aktiv***. Wenn Sie dort viele meiner Wege wieder finden, sollte Sie mich nicht des geistigen Diebstahls bezichtigen. Das Buch von Frau Mariotte ist jünger! Vielleicht haben wir nur den selben Geschmack - oder beide einfach die schönsten Wege gefunden. Mein Tipp ist der **Rother Wanderführer** *Elsass*, im Jahre 2004 erstmals erschienen - mit vielen unbekannten und sehr schönen Strecken. Das Buch gibt's beim WOMO-Verlag wie auch den schon älteren Wanderführer von Rother *Vogesen.*

Wasserversorgung

Es gibt in ganz Frankreich viele öffentliche Wasserzapfstellen, allein schon wegen der zahlreichen *WC publics.* Es stellt sich daher kaum die Frage, wo finde ich Wasser als vielmehr wie kommt das Wasser in den Tank? Denn die Wasserhähne kann man oft sehr schlecht anfahren, oder sie haben ein unförmiges Maul, auf das kein Gartenschlauchgewinde passt, häufig kommt beides zusammen. Wir hantieren seit ein paar Jahren mit einer 10 l Gießkanne, es gibt nichts Praktischeres, wenn man das Gartengerät sauber hält und unterwegs Platz dafür hat. Alternativ empfehle ich einen faltbaren Wasserkanister, bei dem das Umfüllen in den eigenen Tankstutzen allerdings schwieriger ist (beliebt ist auch die Spülschüssel-Methode, wenn man einen großen Trichter hat). Für die Schlauch-Technik brauchen Sie einen Plastikschlauch, der wenigstens 8 m lang sein muss. Sie sollten einen Schraubanschluss für 1/2 Zoll und 3/4 Zoll dabeihaben, falls Sie doch mal auf einen entsprechenden Wasserhahn stoßen. Wir verfügen außerdem über verschiedene, etwa 40 cm lange Schlauchenden. Es gibt in den Baumärkten bei uns durchsichtige PVC-Schläuche, bei denen der jeweils kleinere genau in den nächst größeren hineingesteckt werden kann. Mit ihrer Hilfe kann man seinen Schlauch jeder

Dicke eines Wasserhahns, der vorne kein Gewinde hat, anpassen. Notfalls kann man den Schlauch auch in den Wasserhahn hineinstecken. Außerdem gibt es im WOMO-Handel (zumeist mit einem Duschkopf) einen kurzen Schlauch mit einem dehnbaren Gummianschluss, den man über die meisten Wasserhähne schieben kann. Befestigen Sie dieses Gummiteil an Ihrem Füllschlauch!

Damit Sie sorglos durch die Lande fahren können, haben wir auf den Karten zu den einzelnen Touren einige Wasserentnahmemöglichkeiten eingezeichnet und bei vielen Stellplätzen darauf hingewiesen. Gehen Sie aber bitte nicht davon aus, dass Sie dort immer mit Hilfe eines Schlauches Wasser tanken können.

Die meisten Dörfer in Vogesennähe besitzen einen oder mehrere ständig fließende Brunnen oder Waschhäuser. Hier können Sie unbesorgt tanken. Ist das Wasser einmal nicht trinkbar, werden Sie durch ein am Brunnen befestigtes Schild gewarnt *(non potable)*, das bisweilen aber auch nur aus Haftungsgründen montiert worden ist. Und ein Waschhaus ist natürlich auch ein Wäschewaschhaus.

Wir analysieren natürlich nicht die Trinkwasserqualität, dafür entkeimen wir ziemlich regelmäßig mit *Micropur*, einem geruchs- und geschmacklosen Mittelchen, frei von Chlor und Jod, das auch der Veralgung Ihrer WOMO-Wasserleitungen vorbeugen soll.

Wein und Sekt

Das Wichtigste vorab: In Frankreich gilt die **0,5-Promille-Grenze**, und Alkoholkontrollen nehmen zu.

Französischer Wein wird nach bestimmten Kriterien in Qualitätsklassen gruppiert, die auf dem Etikett genannt sein müssen. Die *Appellation Alsace Contrôlée (AOC)*, nur diese Qualitätsklasse kommt ernsthaft in Frage, darf ausschließlich in der grünen Flasche (*Flûte*/*Flöte*) zum Verkauf gelangen. Einige besonders gute Lagen dürfen die Bezeichnung *Grand cru* tragen. Wird Ihnen eine solche Flasche serviert, können Sie einen Spitzenwein

genießen, was nicht heißen soll, dass ein anderer Wein ohne dieses Prädikat nicht auch zur Spitze gehört.

Zur *Appellation Alsace Contrôlée* sind im Wesentlichen sieben Rebsorten zugelassen: Gewürztraminer, Pinot gris (*Tokay d'Alsace*), Pinot noir (Rotwein, der oft gekühlt wie Weiswein getrunken wird), Pinot blanc, Silvaner, Muscat und Riesling. Letzterer gilt zurecht als größter Wein des Elsass. Diesem trockenen, eleganten Wein gilt auch unsere größte Aufmerksamkeit (zunehmend aber auch dem Pinot blanc). Sie haben bei der Aufzählung der

Rebsorten den Edelzwicker vermisst? Man versteht darunter einen Verschnitt (Zwicker) von zwei oder mehr Traubensorten. Der qualitätsvolle Edelzwicker ist der Wein für alle Tage. Da man ihn aus verschiedenen Rebsorten zusammenstellen kann und der Konsument oftmals kritiklos kauft, bekommt man sowohl bei uns in Deutschland wie auch im Elsass hin und wieder miserable Qualitäten, aber auch frische, süffige Weine. Wenn wir aber Wein im Elsass einkaufen, wir wiederholen es, werden wir uns vor allem der höchsten Qualitätsklasse zuwenden.

In der Aufzählung fehlen auch noch der *Klevner de Heiligenstein*, ein Verwandter des Gewürztraminers und der *Crémant d'Alsace*, ein im Champagnerverfahren hergestellter Sekt, der, wenn er gut gemacht ist, an den Champagner heranreichen kann.

Wie kauft man nun den Wein? Möglichst nicht an einem der in der Saison neben der Weinstraße aufgestellten, reißerisch aufgemachten Probierständen, an denen man Sie mit der Aufschrift *Dégustation* (Kostprobe) zum Bremsen zwingen möchte. Genauso schlecht wäre es, in einem Supermarkt ins Regal zu greifen, wo Sie mehr Bordeauxweine finden, weil die einheimischen Käufer es gar nicht nötig haben, den *Vin d' Alsace* im Selbstbedienungsladen zu erstehen. Sie können auch bei einem der unzähligen Winzer anklopfen, sofern Sie jemanden antreffen, was zur Zeit der Weinlese tagsüber schwierig ist. Aber welcher Winzer soll es nun sein? Der, bei dem man schon die hübsch hergerichtete Probierstube von außen sieht? Der mit dem großen, schon fast herrenhausartigen Weingut, oder lieber der mit dem leicht vergammelt wirkenden Anwesen? Von außen sehen Sie gar nichts!

Es gibt nur drei Möglichkeiten: Sie versuchen es auf gut Glück (das rate ich nicht), Sie folgen unseren nachstehenden Empfehlungen oder denen von Bekannten (vielleicht eine bessere Alternative), oder Sie nehmen das Problem strategisch in Angriff: Sie sitzen an einem Elsassabend in einem Restaurant und bestellen sich eine Flasche Wein. Hat sie Ihnen geschmeckt, dann schreiben Sie sich die Sorte des Weins, den Jahrgang und die Lage, ferner den Namen und die Ortschaft des Winzers auf. Wenn Sie zu mehreren sind, können Sie im Restaurant verschiedene Weine testen. Beim Essen macht eine Weinprobe auch viel mehr Spaß als mitten am Tag, wenn man gar keine Lust auf Alkohol hat und noch Autofahren muss - ein ganz wichtiger Faktor! Viele Weine werden auch in halben Flaschen ausgeschenkt, Sie haben dann auch zu zweit die Chance, zwei verschiedene Sorten zu testen. Wenn Sie so einmal eine Anlaufadresse gefunden haben, können Sie vor Ort beim Winzer immer noch verschiedene Rebsorten, Jahrgänge und Lagen verkosten. Passen Sie aber auf, dass es Ihnen nicht so geht wie uns einmal: Wir haben einen wundervollen Riesling *grand cru* eines Winzers namens Greiner getrunken. Wir haben uns den Namen und die Ortschaft aufgeschrieben. Als wir dort bei Greiner zwei Tage später unseren guten Tropfen kaufen wollten, war dieser Wein dort nicht bekannt. Es stellte sich dann heraus, dass es in diesem Ort sieben verschiedene Winzerfamilien mit dem Namen Greiner gibt, weshalb wir unseren Wein nie gefunden haben.

Leider hat im Elsass ein Trend zu süßeren Weinen eingesetzt, den ich sehr bedaure (mein Magen weniger). Das Elsass war früher geradezu ein Muster für trockenen Weinausbau, den inzwischen allzu viele Winzer mit dem Ziel einer besseren Vermarktung aufgeben. Der ungeübte Weintrinker mag es eine Spur lieblicher, so gelten die Weine zwar nach wie vor noch als „trocken" was sie aber in Wirklichkeit gar nicht mehr sind. Man stoppt die Gärung oder gibt nachträglich etwas süßen Traubenmost hinzu, vor allem darf man in Frankreich vor der Gärung zusätzlich Zucker beifügen (Chaptalisierung), wodurch der Alkoholgehalt heraufgesetzt wird (das ist sogar bei den *grand crus* zulässig). Aus einem hintergründigen, frischen und fruchtigen Tropfen wird so ein schwerer Geschmackshammer, der uns blenden soll: Er schmeckt dem Gelegenheitsweintrinker schon beim ersten Schluck, das fördert die Akzeptanz in der breiten Masse.

Bei den nachfolgenden Adressen werden Sie voraussichtlich nicht enttäuscht werden, wobei ich Ihnen bewusst ein paar sehr noble, aber auch schlichte Weingüter aufzähle, viele haben auch sonntags geöffnet:

Ammerschwihr: **Tempé** (Probierstube im *Bürgerturm* am westlichen Ortsrand); Riesling, *Kaefferkopf*; preisgünstig

Barr: **Klipfel**; Riesling, Gewürztraminer

Eguisheim: **Wolfberger** (Winzergenossenschaft am Ortseingang); Riesling, Crémant; hervorragender *Rouge d'Alsace*, anständiges Preisniveau;

Kaysersberg: **Colette Faller** (*Domaine Weinbach* - Richtung Kientzheim); Riesling, Gewürztraminer, Tokay; eines der besten, teuersten und gediegensten Weingüter des Elsass

Kientzheim: **Blanck**; alle Sorten; eines der besten Weingüter des Elsass, entsprechende Preise

Mittelbergheim: **Jean Rohrer**; Silvaner, Riesling, Pinot noir, Crémant; sehr preiswert und freundlich

Pfaffenheim: **Pierre Frick**; milde Bio-Weine, guter Pinot noir, preiswert

Ribeauvillé: **Trimbach** (Richtung Bergheim); *Cuvée Frédéric Emile* und *Clos Sainte Hune*; Spitzenklasse und sehr hohe Preise; **Jean Sipp**, exzellenter Pinot noir rouge, mittlere Preise, *www.jean-sipp.com*

Riquewihr: **Jean Hugel**; Riesling, Tokay, Gewürztraminer; Spitzenweine mit entsprechenden Preisen

Wintzenheim: **Josmeyer**; Riesling, Tokay, Muscat; eines der bekanntesten Weingüter

Zuletzt wollen Sie noch wissen, welches unsere Lieblingsweine sind? Der absolute Spitzenreiter, leider auch preislich - die Flasche kostet über 18 Euro - ist die *Cuvée Frédéric Emile* vom Weingut Trimbach in Ribeauvillé. In den niedrigeren Preisregionen kaufen wir gerne die *Cuvée des Seigneurs* von *Wolfberger* aus Eguisheim. In den letzten Jahren bin ich ein großer Freund des roten Pinot noir (beispielsweise von Pierre Frick aus Pfaffenheim) und des noch roteren *Rouge d'Alsace* geworden, dessen Hauptanbaugebiet bei Ottrott liegt. Ich trinke beide am liebsten leicht gekühlt - und aus Rieslinggläsern.

Und ein absolutes Muss ist der *Crémant*, ein im Champagnerverfahren hergestellter Sekt von *Wolfberger*. Er schmeckt besser als mancher Champagner, und der von uns bevorzugte *Crémant Riesling brut* kostet (nur) etwa 7 Euro.

Mit einem Glas *Crémant* stoßen wir nun, am Ende dieses Buches auf Sie an:

A votre santé !

Der WOMO®-Pfannenknecht

ist die saubere Alternative zum Holzkohlengrill.

* Kein tropfendes Fett,
* Holz statt Holzkohle,
* vielfältige Benutzung –
* vom Kartoffelpuffer bis zur Gemüsepfanne.

Massive Kunstschmiedearbeit, campinggerecht zerlegbar, Qualitäts-Eisenpfanne von Rösle, bequeme Handhabung im Freien, einfachste Reinigung.

Nur 49,90 € – und nur bei WOMO!

Der WOMO®-Aufkleber

WOMO® fan
www.womo.de

* passt mit 45 cm Breite auch auf Ihr Wohnmobil.
* ist das weit sichtbare Symbol für alle WOMO-Freunde.

Nur 2,90 € – und nur bei WOMO!

Der WOMO®-Knackerschreck

* ist die universelle und **sofort sichtbare Einbruchssperre**.
* Wird einfach in die beiden Türarmlehnen eingehängt, zusammengeschoben und abgeschlossen. (tagsüber unter Einbeziehung des Lenkrades, nachts direkt, somit ist Notstart möglich).
* Passend für Ducato, Peugeot, MB Sprinter sowie VW (LT & T4).
* Krallen aus 10 mm starkem Edelstahl, d. h. nahezu unverwüstlich.

Nur 44,90 € – und nur bei WOMO!

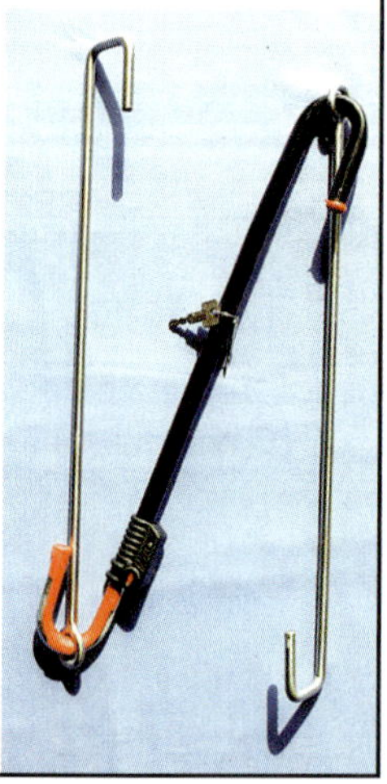